フェミニスト・ファイブ
女権五姉妹
FEMINIST FIVE

フェミニスト・ファイブ

中国フェミニズムのはじまり

Betraying Big Brother
The Feminist Awakening in China
Leta Hong Fincher

レタ・ホング・フィンチャー

宮崎真紀 訳 阿古智子 解説

左右社

フェミニスト・ファイブ

BETRAYING BIG BROTHER

The Feminist Awakening in China

Japanese translation published by arrangement with Leta Hong Fincher c/o Peony Literary Agency through The English Agency (Japan) Ltd

エイダンとリアムへ
そして、世界じゅうで抵抗を続けている私のシスターたちへ

限界を超え決然として、自ら切り開き進む
都において女たち、すぐれし英雄となる
舞台に飛び上がりて新世界へ踏みだす
天、美しき女たちをして神聖なる都を定めしむ

——秋瑾　弾詞《だんし》『精衛石《せいえいせき》』(一九〇五 - 一九〇七年)

目次　フェミニスト・ファイブ

フェミニスト・ファイブ　中国フェミニズムのはじまり

序章

その録音音源は、若い女性が鐘の音のように澄んだソプラノでア・カペラでうたう、中国語の歌声で始まる。メロディはミュージカル『レ・ミゼラブル』の「民衆の歌」だが、女性の権利を訴える歌詞だ。

あなたも私の仲間？
私たちは、世界は平等だと信じている
これは自由と自尊心の歌
全女性たちのための歌なんだ！

二五歳のフェミニスト活動家の李麦子《リー・マイズー》は、二〇一五年四月半ば、中国で人気のメッセージ系SNS〈ウィーチャット〉のフェミニスト・チャットグループで「全女性たちの歌」を拡散した。ほかの四人の活動家たち、武嵘嵘《ウー・ロンロン》、鄭楚然《ジョン・チューラン》、韋婷婷《ウェイ・ティンティン》、王曼《ワン・マン》とともに、一か月以上にわたる勾留から釈放されたばかりだった。その曲は中国のフェミニスト運動のテーマ曲となったのだが、勾留中、ひっきりなしに脅されたり、くり返し取り調べを受けたりしたにもかかわらず、けっしてひるまなかったと、中国政府に宣言する内容だった。

　五人のフェミニスト活動家が逮捕されたのは、三月八日の国際女性デーを記念して、地下鉄やバスでの痴漢行為に反対するステッカーを配ろうとしたからだ。逮捕時、五人の女性はまったく無名と言っていい存在だった。もし勾留されなかったら、彼女たちの活動はこれほど注目を浴びなかっただろう。中国政府はこの名もなき女性たちを厳しく取り締まったせいで、かえって家父長制的権威主義国家に異議を唱える、強力なシンボルを華々しく誕生させてしまった。〈女権五姉妹《ニューチュエン・ウージエメイ》〉（フェミニスト・ファイブ）である。

　中国上層部が、北京ほか二都市で五人の女性たちを拘束することで、国内で芽生えつつあったフェミニスト運動を叩きつぶせると考えたのだとしたら、大きな間違いだった。女権五姉妹逮捕のニュースは、SNSを通じてあっという間に全世界に広まった。米国、イギリス、香港、韓国、インド、ポーランド、オーストラリア各国で、女権五姉妹を支持するデモがおこなわれ、世界の多くの国の主流通信社で彼女たちの逮捕勾留が報じられた。

　女権五姉妹が拘束されたのは、かつて北京で開催された世界女性会議の二〇周年を記念して、習近平国家主席が、ニューヨークでおこなわれる女性の権利に関する国連サミットで共同主催を務める準備をしているときだった。そのためこの拘束は、世界じゅうの人権団体や首脳たちのあいだで話題になった。当時、次期アメリカ大統領の最有力候補と目されていたヒラリー・クリントンは、〈習近平は、フェミニストを弾圧する一方で、女性の権利を話し合う会議を主催するつもり？　恥知らずにも程がある〉とツイートした。米国務長官、ＥＵヨーロッパ委員会、イギリス、カナダ、その他さまざまな人や場所から、拘束されたフェミニストたちの釈放を求める声があがった。米副大統領ジョー・バイデンは、国連女性サミットの準備期間を意味する米政府のハッシュタグを使って、〈女性の人権はけっして抑圧されるべきではない。中国首脳部に対し、女性の権利と#FreeBeijing20Five（女権五姉妹の解放を求めるハッシュタグ）に敬意を払うよう求めよう〉とツイートした。アメリカ国連大使サマンサ・パワーはやはりツイートで、〈中国では、セクハラに反対すると〝騒乱を起こす〟ことになるらしい。騒乱という言葉は、人権のために闘うあらゆるＮＧＯ（非政府組織）を抑圧する〉と主張した。世界規模の外交およびＳＮＳ圧力に直面した中国は、勾留センターに三七日間拘束した五人のフェミニストをようやく解放した。しかし彼女たちはいまも犯罪容疑者として、国の監視下に置かれている。

今回の事件は、若いフェミニストのこんな小さなグループでも、中国共産党がその統治体制を揺るがす深刻な事態と見なすような一石を投じることができる、と世界に示した点で、中国のフェミニズム史上、大きな転換点となった。中国国内では、フェミニスト活動家や大学生、弁護士、労働者、学者たちが、政府の不当な措置に怒り、ショックを受け、騒然としていたし、労働者の権利を擁護するフェミニストの主張によって恩恵を受けていた男性労働者たちも、SNSで女権五姉妹に連帯を表明した。ある男性労働者は、微博《ウェイボー》（中国版ツイッター）に上半身裸の写真を載せたが、カメラに向けた背中には、赤い漢字で、〈大兔（鄭楚然のニックネーム）、君のことが誇らしいよ！　プロレタリアートは君たちに連帯する！〉と大きく書かれていた。

彼女たち以上に若い女性たち――なかには高校生さえいた――が、生まれたてではあるがしだいに大きくなりつつあったフェミニズムの波に積極的に加わりはじめた。それまでは政治的な発言を避けていたような女性たちでさえ、SNSで公然とフェミニストを名乗りだし、政府としてもより厳しく検閲して、女権五姉妹への連帯を宣言するアカウントを凍結しなければならなくなった。〈女権主義者〉（フェミニスト）という言葉がにわかに政治的に危険なキーワードとなり、次から次へと検閲ではねられた。女権五姉妹の一人、韋婷婷は、ウィーチャットに偽名で作ったアカウントで〈獄中日記〉と題し、二〇一五年の勾留期間中の「独裁者《ビッグ・ブラザー》を欺く楽しみ」について、投稿を続けた。本書の原タイトル『*Betraying Big Brother*（ビッグ・ブラザーを欺く）』は、彼女のその言葉を引用したものだ。

本書は、若いフェミニスト活動家をこれまでになく苛烈に弾圧しようとする中国政府と、いま中国各地の都市部に住む女性たちを変化させつつある、広範囲で覚醒するフェミニズム、その二者間の軋轢について考察する。家父長制的権威主義国家と、日常に蔓延する性差別に不満を募らせている普通の女性たちのあいだの対立は、世界第二位の経済規模を誇る中国という国だけでなく、世界全体にさえ、重大な影響をおよぼす可能性がある。

なにしろ、世界の全女性のうち五人に一人近くが中国に住んでいる計算で、その人口は六億五〇〇〇万人にのぼるのだ。もし彼女たちが結婚や出産を拒み、力を合わせて共産党の抑圧に反旗を翻したら、世界経済に波紋が広がるのは間違いない。

習近平国家主席による中国の一強体制は、いよいよ思わしくない方向へ舵を切った。二〇一八年三月一一日、中国の立法機関にあたる全国人民代表大会は国家主席の任期制限を廃止し、習国家主席は終身重任することが可能になったのである。ソビエト連邦や東欧諸国で社会主義が次々に瓦解したにもかかわらず、中国共産党体制が依然として生き延びている理由はいくつもあるが、その権威主義の土台に家父長制が存在していることを、まずは認識する必要があるだろう。要するに、中国の究極のワントップ習近平は、世界じゅうの他の独裁者たちと同様、家父長制的権威主義こそ共産党の存続に欠かせないと考えているのだ。

中国政府は伝統的なジェンダー規範を永続させることに血道をあげ、女性の役割を家の中で家事労働に四苦八苦する妻、母親、子守に限定して、社会不安を抑えこみ、次世代の熟練労働者をせっせと産ませようとする。政府はまた、フェミニスト活動を徹底的につぶそうとしている。男性ばかりが国を牛耳る中国では、女性を支配下に置かないかぎり、国の保安体制が崩壊すると考えているかのようだ。その結果、セクハラに反対する #MeToo ハッシュタグがたびたび検閲の標的となり、中国のフェミニストにとって、これもまた活動の大きな壁となっている。彼女たちの運動の目的の一つは性暴力の撲滅だからだ。

中国の外では、二〇一七年の #MeToo 運動（始めたのはアフリカ系アメリカ人人権活動家タラナ・バーク）が八五か国以上にみるみる広まり、過去にセクシャル・ハラスメントや性的暴行におよんだ、超がつくほどの有力者たちがキャリアを台無しにするケースも出現した。たとえばハリウッドではハーヴェイ・ワインスタインが、TV界では有名ニュースキャスターのマット・ラウアーが、さらにはアメリカの著名な政治家たちも告発された。米辞書出版大手メリアム・ウェブスター社が二〇一七年の〈今年の言葉〉として発表したのも「フェミニズム」で、二〇一六年に比べて検索数が七〇パーセントも上昇したと説明した。

それでも中国ではネット検閲や徹底した公安体制によって、#MeToo 運動が全国に広がることはなかった。二〇一七年一一月、三人のフェミニスト活動家が、女性が街で身に着けることができる反セクハラを訴えるプラカードを配ろうとしたとして、中国南部の都市、広州の自宅から転居を強制された。同じ月、メッセージ・アプリ〈ウィーチャット〉で、上海在住のある女性が、近所の通りで自分やほかの女性たちの体をくり返しさわってきた痴漢常習者について怒りをぶちまけた #MeToo 的文章が、検閲に引っかかって削除された。彼女の投稿は一〇〇万回以上閲覧され、一万件近いコメントが寄せられていたにもかかわらず、投稿後二日もしないうちに、〈規定に反した〉ことを理由に運営側が削除したのだ。この件について彼女がSNSプラットフォーム〈微博〉に投稿すると、ほかのユーザーたちから、ちょっとさわられたくらいで「大げさだ」とか、どうせ「肌を露出し」すぎる格好をしてたんだろうとか、ミソジニー丸出しの非難コメントが殺到した。

二〇一八年一月、中国じゅうの数十校にのぼる大学で何千人という学生たちが、男女問わず、反セクハラを訴える行動を起こそうという MeToo 嘆願書に署名した。しかしその嘆願書の多くが、SNSに投稿されるやいなや、検閲によって削除された。また、二〇一八年三月八日、国際女性デーの深夜に、微博の運営当局は〈女権之声《ニューチュエン・ジョン・ション》（フェミニスト・ヴォイシズ）〉という強い影響力を持つフェミニスト・アカウントを、「注意を要する違法な情報を投稿した」ことを理由に凍結した。翌日、ウィーチャットも同アカウントを削除した。凍結当時、〈女権之声〉は、微博で一八万以上、ウィーチャットでは七万以上のフォロワーがいた。

女性の権利についておおやけに議論できる場がどんどん縮小されているというのに、中国でフェミニスト運動が生き延びているだけでも驚きだ。女性の人権をつぶそうとする中国政府の現在の方針は、一九四九年に中華人民共和国が建国されて以来、共産革命期および毛沢東体制初期にはむしろジェンダー平等が重視されていたことを考えると、とりわけ皮肉である。一九五〇年代から一九七〇年代にかけて、中国政府は男女同権を賛美し、世界最大の女性労働力を誇っていた（国家の生産性を上げるための一種の戦略だった）。ところが一九九〇年代になって経済改革が進むにつれ、国家主導でおこなっていた性差別のない雇用システムが廃止されると、男女格差が大きくなっていった。たとえば政府統計によれば、一九九〇年には、都市部の女性の平均年収は男性の七七・五パーセントだったが、二〇一〇年には六七・三パーセントに落ちこんでいる。

私の初めての書籍、『*Leftover Women: The Resurgence of Gender Inequality in China*（売れ残り女：性差別の復活）』では、地方在住の貧困層から都市部のミドルクラスまで、あらゆる女性たちが、中国史上最高額と言えるほど蓄積された不動産資産からおおむね排除されている状況について描写した。HSBC銀行の報告によれば、中国の不動産の資産価値はいまや国内総生産（GDP）の約三・三倍にのぼるといい、金額に換算すれば二〇一七年末には約四三兆USドルになった。現在のような大きな富の性差が生まれたのは、たとえば不動産権利書に女性の名を記載しないようにする圧力や、女性の不動産所有に新たに設けられた規制など、中国の不動産民有化にともなう数々の性差別要因が原因ではないか、と私は分析する。

改革開放期に入ると、メディアが伝統的なジェンダー規範をこれでもかと展開しはじめた。『*Leftover Women*』で論じたように、二〇〇七年中国政府は、専門職に就いている二〇代後半の独身女性に〝剰女《ションニュー》（売れ残り）〟の烙印を押して、国のためにさっさと結婚して子供を産め、と急かすキャンペーンを打った。しかし、国内外で記録的な数の中国人女性が大学に行くようになったいま、彼女たちは国内に蔓延する女性への差別や不平等な扱いに抵抗しはじめ、フェミニストを名乗る者は増える一方だ。

抵抗運動に身を投じる女性活動家の役割は見過ごされることがあまりにも多いが、中国が彼女たちをいかに迫害しているか、われわれが証人としてしかと見届けることが重要だ。彼女たちの物語は、中国の男性支配層が、フェミニスト運動が大規模化することを極度に恐れる理由を教えてくれる。長年のあいだに傑出した男性人権活動家が大勢現れたが（最も有名なのが、ノーベル平和賞を受賞し、二〇一七年に獄中で亡くなった劉暁波《りゅうぎょうは》だろう）、一般の中国国民は彼らのことをほとんど知らないし、彼らが掲げる抽象的な目標に共感することもできない。しかし、フェミニスト抵抗運動は、長い目で見ると、中国を劇的に変化させる可能性を秘めている――あの国で社会運動というものが今後も存在しつづけることさえできれば。

二〇一二年、一〇〇人ほどのフェミニスト活動家たちが国じゅうでパフォーマンス・アートや直接行動に定期的に参加して、市場改革によってますます拡大していくジェンダー格差について訴えた。取りあげたのは、家庭内暴力（中国には、二〇一六年に初めて施行されるまで反DV法が存在しなかった）、セクシャル・ハラスメント、雇用や大学入試における性差別、女子トイレの少なさなどの問題で、政治的に非難を受けそうにない、人々が積極的に議論したくなるような身近な事柄ばかりだった。そうして中国のフェミニスト活動家たちは少しずつ支援者のネットワークを広げていき、その数は大学生やその卒業生を中心に数千人にもおよんだ。なかには組織のまとめ役として手腕を発揮する者も現れた。こうしたフェミニストの運動は、それに先立つ男性活動家による運動より、共産党政治体制にとってははるかに対処が難しい、大きな脅威となっている。

「フェミニスト運動は女性たちの日常的な不安や問題を扱い、コミュニティを構築することが目的で、一、二人の有名な誰かがみんなを啓蒙し、引っぱっていくたぐいのものとは違うの」フェミニスト・アカウント〈女権之声〉を立ちあげた編集者、呂頻《リュー・ピン》は言う。「中国人女性は日々暮らす中で不公平をひしひしと感じていて、政府がなんとかしてそこから目を逸らさせようとしても、どだい無理な話」

二〇一六年には、中国人女性にフェミニズムを意識させるうえで、すでにソーシャルメディアが重要な役割を果たすようになっていた。政府がどんなにフェミニストの組織化を阻もうとしても、市井の女性たちがどんどん情報を広め、性差別に対する怒りをネット上で表明した。ときには、政府の性差別的プロパガンダをやめさせることにさえ成功した。集会の自由も報道の自由もない全体主義国家で、これだけの批判集団が存在するのは驚くべきことだ。

たとえば、二〇一六年五月に台湾初の女性総統、蔡英文《さいえいぶん》が就任した直後に、中国政府がプロパガンダに失敗した例を挙げよう。共産党系新聞が特集ページで彼女のことを、夫も子供もいない独身女性のせいか「感情的」すぎて、政治的立場も「極端」になりがちだと書きたてた。しかしこの記事は、SNSで女性からも男性からも嘲笑の的にされた。発行後一日もしないうちに、あらゆる中国メディアは批判投稿の削除を命じられた。漏れ聞こえた検閲命令によれば、「不適切」な内容で、「世論に悪影響」をおよぼす恐れがあるためだという。

女権五姉妹の逮捕のニュースを聞いたとき、私はショックを受け、とても心配になった。長年ジャーナリストとして中国についてレポートを続け、のちに北京の清華大学で社会学の博士号を取ったこともあり、中国がこれまで数々の人権侵害をしてきたことはよく知っている。それに、拘束された女性たちの一人とは個人的なつながりがあった。二〇一三年、北京の〈女権之声〉のオフィスでおこなわれたパーティで、李麦子（本名は李婷婷《リー・ティンティン》）と会ったのだ。アメリカ人キム・リーが、DVを理由に有名人の夫、李陽《リー・ヤン》との離婚を求めた裁判で、これを認めた中国裁判所の画期的な裁定を祝うものだった。この裁判のあいだ、李麦子は法廷の外で、血糊で派手に汚したウェディングドレスを着、〈恥を知れ、犯罪者李陽！〉と書いた看板を掲げて立ちつづけていた。裁判でのこの勝利は、北京の裁判所で初めて接近禁止命令が出されたことも含めて、大きな道標となり、やがて二〇一六年に施行されることになる中国初の反DV法につながっていく。

その後私は、女権五姉妹や、その他、北京、広州、深圳、杭州、香港、上海、ニューヨークのフェミニスト運動の立役者たち一人ひとりにインタビューした。性加害に対する人々の意識を高め、女性のための公共スペースを求める目的で、中国国内二〇〇〇キロを徒歩旅行した肖美麗《シャオ・メイリー》、セクハラ反対と書かれた巨大な看板をまとって毎日広州じゅうを歩きまわり、しまいには町から追いだすぞと警察に脅されるはめになった張累累《ジャン・レイレイ》、中国初の性差別訴訟とされる裁判で、賠償金三万人民元（約四五〇〇USドル）を認める画期的な裁定を勝ち取った黄溢智《ホアン・イージー》、〈女権之声〉の創立者で、二〇一五年にニューヨークに亡命した呂頻。ほかにも何十人という労働運動家、大学生、女性の人権専門弁護士らに会って、話を聞いた。

私は、中国のフェミニスト活動家たちの運動への揺るぎない信念、激しい情熱、七転び八起きの忍耐力に胸を打たれた。つねに警察に監視され、警察に脅された大家に立ち退きを迫られることもしばしばだというのに、私が話を聞いた女性たちはたいてい活動をあきらめようとしない。近々に不正をただす夢が実現することも、権威主義的な抑圧が終わることも、実際にはまずないだろう。それでも、政府による弾圧が始まって以来、女性の権利を勝ち取るための彼女たち一人ひとりの闘いはますますヒートアップしているのだ。

彼女たちは中国国内あるいは海外のさまざまな土地に拠点を置いているが、強い連帯を築いてきた。とはいえ、二〇一五年以降、フェミニスト運動の一部の中心メンバーが広州に引っ越して近くに住みはじめ、たがいの身の安全や警察による仲間の迫害に目を光らせるようになった。ほかの都市に住むフェミニストたちも頻繁に連絡を取り合い、同じ町に居合わせるようなことがあると、食事をともにして士気を高め合った。

彼女たちはみな、女性嫌悪《ミソジニー》のはびこる社会や専制国家に果敢に挑みかかるが、家族のサポートを得られないことも多い。幼い頃に虐待されたり、それを目撃したりした人もいる。たとえば実の父親にしょっちゅう激しく殴られたり、学校でミソジニー丸出しで同性愛嫌悪的《ホモフォビック》ないじめを受けたり、小さいときに性的虐待やセクシャル・ハラスメントの被害を受けたり。フェミニストの自覚が芽生えたとき、自分が根底から生まれ変わったような気がしたと彼女たちは語る。そのとき初めて人生に意味を見出し、自尊心が芽生え、ほかの女性たちの意識も高めたいと思うようになったという。

刺激を受けながらも苦しみも多かった本書の執筆のあいだ、私もまた根底から生まれ変わったような気がした。フェミニスト活動家の痛ましい経験談を聞くにつけ、私自身、中国人とアメリカ人のミックスルーツの少女としてオーストラリアで過ごしていた一五歳のときに性的暴行を受けた、胸の底に抑えこんでいた記憶がよみがえってきたのだ。警察国家の弾圧下で生きる女性たちの奮闘は、あらゆる場所に存在する家父長制の抑圧とがっちりつながっているということを、私は内臓レベルで感じていた。私たちの人生経験はたがいにまったく異なるとはいえ、この勇気ある中国人女性たちの話の中には、私があの出来事のあと口をつぐまざるをえなかった同じ痛みと羞恥心が存在するのがわかった。研究者として客観的な傍観者でいつづけるわけにはいかない、フェミニストとして世界じゅうの女性たちと連帯し深い絆を結ぶことが何より重要だと、私は信じるようになった。たとえば中流階級のアメリカ市民である私のように、並はずれた恩恵に浴する者たちは、中国で迫害を受けているフェミニストのシスターたちから学ぶことは多い。私たちはみな、形は違えど共通の敵を相手に闘っているのだ――家父長制という敵と。

約七〇年前に中華人民共和国が建国されてから、共産党は、女性の権利に関するおもな活動はすべて、何らかの形で中華全国婦女連合会という国の公式女性機関のもとでおこなうよう求めてきた。共産党とは無関係に組織的にフェミニスト活動がおこなわれ、複数の都市で若い女性たちの支持者が集まるようになったのは、ようやく二〇一二年になってからだ。政府は、女性の権利を訴える非政府組織（とくに海外から資金提供を受けている組織）を躍起になってつぶしにかかり、フェミニスト活動家のもとへ警察を送りこんで監視したり嫌がらせをしたりし、大学のジェンダーおよび女性学研究にイデオロギーの面から締めつけを厳しくし、SNSのフェミニスト系アカウントを凍結した。本書に登場するのはインタビューした人々のうちごく一部だが、一人の例外を除いて、誰もが本名や普段使っているニックネームで自分を特定できるように書いてほしいと訴えた。

第一章では、二〇一五年三月六日と七日に北京、広州、杭州でおこなわれたフェミニスト活動家の同時逮捕について、経過を詳しく述べる。中国当局はこの二日間に広範囲で一斉逮捕と取り調べをおこなったが、ここでは、のちに〈女権五姉妹〉として知られるようになった女性たちにスポットライトを当てる。彼女たちの中には、ＬＧＢＴＱ権利運動にも深く関わっている人もいる。

　第二章では、中国における近年のインターネットの発展と、多くの中国人女性が急速に人権意識に目覚めたことが、いかに相互に関連し合っているかを解説する。オンラインコミュニケーションに対し、たとえ政府がしつこく検閲したり妨害したりしても、その傾向は抑えられなかったのだ。また、この章では〈女権之声〉の誕生とその影響力を描き、政府が〝フェミニズム〟という言葉を政治的に危険な単語と考えて、二〇一七年と二〇一八年にＳＮＳのフェミニスト・アカウントを厳しく取り締まりはじめたことも示したい。それでもさまざまな困難を乗り越えて、二〇一八年初頭には中国でも #MeToo 運動が盛りあがり、あちこちの大学でセクハラや性加害を糾弾する声が高まった。これは一九八九年の民主化運動以来、最大の組織的学生運動だと言える。

　第三章では、拘束されたときの女権五姉妹の状況が語られる。収監中、彼女たちは精神的に、場合によっては肉体的にも虐待を受けたが、それでもたがいに交流して励まし合う方法を見つけた。なかには、二〇一五年四月に釈放が大々的に報じられたあと、公安警察につけまわされて恐ろしい思いをした者もいた。中国の公安警察は、拘束されたフェミニストたちの家族関係にまで触手を伸ばし、その有能で傍若無人な働きぶりは、共産主義政権下の東ドイツにおける秘密警察《シュタージ》を思い起こさせる。

第四章では、フェミニズムにおける最も重要ないくつかのテーマについて掘り下げる。セクシャル・ハラスメント、性加害、女性への暴力である。女性の権利を求めて闘おうと決めたのは、子供の頃に自分も虐待された経験があったから、と語るフェミニスト活動家が複数存在する。彼女たちは、公安警察にしつこく悩まされつづけていることに加えて、場合によっては男性人権活動家からの旧態然としたミソジニーやセクハラにさえ対処しなければならないのだ。

第五章では、こんにちの中国のフェミニスト運動は、二〇世紀初頭に芽生えたフェミニズムの歴史的伝統の中に位置づけられることを説明する。当時起きたフェミニスト革命の折、男装の麗人だった秋瑾《しゅうきん》は弾詞『精衛石』を書き、中国の女性たちが家父長制的支配の中でいかにもがいているかを描写した。秋瑾は清朝転覆をもくろんだとして斬首刑に処されるが、女性の解放は、一九二一年に中国共産党が結成された革命期初期にもスローガンの一つとしてじつは掲げられていたのだ。しかし、一九二〇年代末には、男性共産主義者たちが「ブルジョワ・フェミニズム」を糾弾し、階級闘争こそ、女権闘争を含むすべてに優先すると宣言した。一九四九年の中国革命後は、中華人民共和国樹立時の国策として「男女平等」が盛りこまれ、新政府は新たな社会主義国を建設するために女性の労働力を積極的に活用しようとした。ところが一九八〇年代から一九九〇年代にかけて市場改革が始まり、計画経済が崩壊すると、ジェンダー格差が大手を振って舞い戻り、こんにちのフェミニスト運動につながるのである。

第六章では、中産階級のフェミニスト活動家が労働問題に関わっている労働者階級の女性たちと手を携えるようになるにつれ、フェミニストの視点が労働権や労働法の社会運動にも浸透していったことについて考察する。二〇一三年に学校で女子生徒たちが受けていた性的虐待について画期的な訴訟が起こされたことをきっかけに、フェミニスト、弁護士、労働者が力を合わせれば強力な反対勢力になりうると知り、共産党が脅威を感じはじめたことにも触れる。

第七章では、家父長制を土台とする一大国家のトップ、習近平が、みずからを〈家国天下《ジアグオ・ティエンシア》（天のもとにある家族国家）〉を統括する、最高権力者にして国父と位置づける姿を示したい。二〇一七年、中国政府が、「外国の敵対勢力」が「西洋式のフェミニズム」を利用して内政干渉しようとしていると警戒したのは、中国の家父長制的権威主義のまさに一例だろう。大学教育を受けた漢族女性をターゲットにした、政府の出生主義プロパガンダは強まる一方で、それもこれも、政府上層部がいまも基本的に、女性を国家繁栄という目標のための生殖の道具と見なしているからだ。中国の権威主義的な人口計画と共産党の生き残りをかけた闘いの根底には、男女差別とミソジニーがあると私は考える。

最終章では、中国でフェミニスト活動家の迫害が強まるにつれ、むしろ消費者フェミニズムの市場価値が高まると考える企業が増えている実情を示す。将来に目を向けると、一世紀以上前の革命期に多くの革命家が亡命したように、主要なフェミニスト活動家が海外に〝戦場〟を移し、中国のフェミニスト運動はしだいにグローバル化しつつある。

習近平が中国で〝過激な男らしさ〟カルトと専制体制を強めれば強めるほど、フェミニズムや女性の人権の弾圧、そればかりか市民社会全体への締めつけが強まるだろう。この傾向は世界の他地域にとっても非常に危険だ。じつは、ロシアやイラン、フィリピン、ハンガリー、トルコなどでも、ミソジニー傾向のある独裁者が、抑圧的な専制政治の一環として女性の権利をすでに縮小しようとしているからだ。米国でさえ、こうした現象が見られる。権威主義が台頭し、長年続いてきた民主主義的規範が崩れつつあり、それがフェミニズムへの反発につながっているのである。

本書は中国にスポットライトを当てているとはいえ、女権五姉妹をはじめとする中国のフェミニズム活動に身を投じる勇気ある女性たちの経験は、私たちすべてにとって教訓となる。彼女たちの話を通じて、中国政府がいかに厳しくフェミニズム活動家を弾圧しているか少しでも明らかにし、世界的な権威主義の台頭を懸念する人なら誰でも、いま中国で起きていることに注目する必要があると訴えたいのだ。ここに挙げた女性たちの声が、世界じゅうの人々の注意を喚起し、みんなが行動を起こすきっかけになれば嬉しい。

1　中国の女権五姉妹

二〇一五年三月六日、国際女性デーを目の前にして、フェミニスト活動家、韋婷婷《ウェイ・ティンティン》が中国当局に逮捕されたとき、彼女は眼鏡を没収され、ほとんど何も見えなくなった。極度の近視なので、相手が誰かは声で聞き分けるしかなかった。公安捜査官は携帯電話とノートパソコンも取りあげ、パスワードを要求した。連れていかれたのは警察署の薄暗い地下で、保温力のあるスノーブーツを脱がされ、わずか五メートル四方ほどの暖房もない小部屋に押しこまれた。外は氷点下まで気温が下がっているというのに。

そして取り調べが始まった。

「セクシャル・ハラスメントに関する反体制運動に携わるのはなぜか」

「女性の権利を求める活動では誰と協力しているか」

「海外のどんな機関から資金援助を受けているか」

韋は、質問に答える前に弁護士と連絡を取りたいと、正面にいるぼやけた人物に言った。

「いまは弁護士と連絡を取ることはできない。理由がわからんのか？　法律がわかってないのか？」

ひと通り取り調べが終わって、これで終わりだとばかり思っていたのに、真夜中に——時計がなかったので何時かはわからなかった——また取り調べが始まった。今回は、韋が話す様子がビデオ撮影された。トイレに行くときでさえ、女性捜査官の監視がついた。

逮捕時、韋はまだ二六歳だったが、生まれて初めて海外に亡命しようかと考えはじめた。無力感が募り、すっかり圧倒されて、途方に暮れていた。そのとき、どこか壁の向こうからぼそぼそと声が漏れ聞こえてきて、彼女は壁に耳を寄せて聞き耳をたてた。驚いたことに、隣室から伝わってくるのは、かつて同じ活動に参加したことがあるフェミニスト仲間、王曼《ワン・マン》の声だった。

うわ、嘘でしょ！　王曼もここにいるんだ！　彼女は思った。韋は大声で看守を呼び、喉が渇いたから水がほしいと訴えてから、また壁に耳を押しつけた。一緒に逮捕されたほかのフェミニスト活動家の声も聞こえた。王曼のほかにも李麦子《リー・マイズー》、李のガールフレンドのテレサ・シュー、過去にフェミニスト活動を手伝いに来ていた大学生数人の声がわかった。

韋婷婷は、〈ウィーチャット〉にペンネームで投稿していた〈獄中日記〉と名づけた文章（のちに消去された）に、そのときの無力感をどうやって乗り越えたか、のちに書き残している。

「鬱々気分に負けるもんか、と思い、行動を起こすことにした。私はいろいろなことを始めた。室内は凍えるほど寒く、なのにスリッパしか履かせてもらえなかったので、キックやスクワットみたいな脚のエクササイズを開始した。それから瞑想もした。前にそこに拘束されていた人たちがボロい壁にあれこれ言葉を刻みつけていたので、壁に近づいて目を細め、何が書いてあるのか調べた。そして室内でくるくる回って踊ったり、歌をうたったりした」

韋は大声でうたった。自分を励ます意味もあったし、ほかの拘留中の女性たちに声を聞いてもらい、あなたは一人じゃない、私も一緒にいると知ってもらう意味もあった。李麦子も、中国フェミニスト運動のテーマ曲『全女性たちの歌』をうたい返した。

私の権利を守れ、私を抑えつけるな
どうして自由を奪われなきゃならないの?
重い足枷から自由になり
女たちにパワーを求めよう!

心が沸きたち、立ち向かう気持ちが戻ってきた、と韋は書いている。「二人の看守が部屋の外でガチャガチャと音をたてながら行ったり来たりするのが聞こえたが、私はビッグ・ブラザーを欺く喜びみたいなものを感じていた」

その晩北京で拘束され、その後三七日間勾留された女性たちが〈女権五姉妹〉として知られるようになるのだが、彼女たちがその一端を担った運動ははるかに大きく広がっていく。

鄭楚然《ジョン・チューラン》は当時二五歳で、若手活動家の一人だった。大学を卒業したての彼女は、中国南部最大級の港湾都市かつ製造業の拠点でもある広州で、まだ両親と暮らしていた。中国のフェミニストの親たちは普通、娘の行動を公然と非難するものだが、鄭の両親は彼女の独立心を尊重した。彼女は親ととても仲が良く、フェミニスト活動のことも含め、何でも話した。何をしても手放しで賛成してくれるわけではないが、世の中を変えたいという娘の行動を支持してくれたので、鄭としても親を悲しませることはしたくなかった。

鄭は、広州の有名大学、中山大学で社会学とアーカイブズ学を学んでいたときからフェミニスト活動にのめりこんだ。フェミニズムやLGBTQの人権に興味を持ったのも大学で、大兔（大ウサギ）というあだ名がついた。やはり大学でレズビアンたち（拉拉《ラーラー》）と交流するようになり、LGBTQ学生グループに参加した。鄭自身は自分をクィアだと考えている。男性とも付き合うが、女性が相手のほうがずっと楽しいと気づいたからだ。

ところが、自分が加わったLGBTQグループには性差別があることに気づく。「男性運営者たちは私たちを見下してたんだ。口ではジェンダー平等とか言いながら、グループ内の女性にはけっして資金をまわそうとしなかった」と鄭は語る。LGBTQの人権団体であれば、フェミニストの視点を持っているのが当然だと考えていたのだ。だから彼女やレズビアンの友人である梁小門《リアン・シアオウェン》、その他の拉拉たちはグループと袂を分かち、独自のクィア・フェミニスト団体〈罪びと-B《シンナー》〉（このBは〝あばずれ《ビッチ》〟の頭文字）を立ちあげた。ほとんどが学生で構成されるメンバーは、協力してさまざまなフェミニズム・パフォーマンス・アートをおこなった。

二〇一二年、彼女たちは、すでに国内で確固とした基盤を築いていた人権NGO〈益仁平《イーレンピン》〉（〝公益、人道主義、平等〟の意味）と連携している、活動家の武嶸嶸《ウー・ロンロン》が主催する〈ジェンダー平等ワークグループ〉に合流した。〈ジェンダー平等ワークグループ〉は、女性用の公衆トイレをもっと増やせと訴える、〈男子トイレ占拠アクション〉を計画した。鄭はここで、李麦子を含む、のちにフェミニスト運動の中心的存在となる活動家たちと出会う。彼女たちは広州市中心部にある男性用公衆トイレを占拠し、いつも長い待ち時間を我慢しなければならない女性たちを、空いている個室に誘導した。

フェミニスト活動家たちが公衆トイレの男女平等というテーマを選んだのは、これなら政治的に危険と見なされないばかりか、共産党に逆らう要素がまったくないと思えたからだ。それに公衆トイレを使ったことがある女性なら、誰もが長い行列に辟易《へきえき》した経験があるはずで、彼女たちの行動への賛同が容易に広がることが期待できた。そうしながら、その根底にある構造的な性差別の問題や、中国社会に生きる女性たちがつねに抑圧下にあるという事実に注目を集めることができる。彼女たちの運動は、新華社通信や『人民日報』といった中国の公式メディアにまで取りあげられた。ニュースメディアにインタビューされたメンバーは、自分たちの訴えへの支援を呼びかけ、のちに広東省の担当者は女子トイレを増やすことを約束した。

二〇一二年、鄭楚然はDVに抗議するバレンタインデー・アクション〈血濡れの花嫁〉を計画した。李麦子、韋婷婷、肖美麗といった活動家たちも参加して、血糊で汚した白いウェディングドレスを着て北京の通りをパレードしたのだ。〝愛は暴力の言い訳にはならない〟といったスローガンが書かれたプラカードを掲げ、当時中国にDVを取り締まる法律がなかったことに抗議するその姿は、かなりショッキングなものだった。（その後、中国は二〇一六年に初めて反DV法を施行した。）また広州では、大学入試における露骨な女性差別に抗議して、公衆の面前で頭を丸める〈禿頭戈女（ボールド・シスターズ）〉アクションを敢行。多くの学部で、女性が入試に合格するには男性より高い得点が要求されていたのだ。（のちに呂頻《リュー・ピン》と、フェミニスト弁護士、黄溢智《ホワン・イージー》が国の教育部に正式な抗議文を送ったところ、こうした方針——男性に対する点数是正措置——は「国益を守るため」に導入されたという回答が返ってきた。）

鄭は大学を卒業すると、広州で〈ジェンダー平等ワークグループ〉の活動を始めた。二〇一五年の国際女性デーの直前、公共交通機関における悪質な痴漢行為を問題にしてはどうか、と考えた。中国政府は性加害に関し、信頼のおける統計値を発表していない。そうやって不透明なままにして、実際にどれだけ性暴力が起きているのかを隠蔽しようとしているのだ。しかし、公共交通機関での痴漢行為の問題は政治的にそこまで危険視されておらず、たとえば二〇一七年八月、国の息がかかっている『中国青年報』紙でも、蔓延する痴漢行為に関する調査結果が報じられ、女性回答者の五三パーセント以上が、地下鉄で痴漢に遭ったことがあると答えた。

鄭はスウェーデン大使館から少額の支援金を受けて、痴漢行為を告発するカラフルなステッカーを印刷し、国際女性デーに地下鉄やバスで配布することにした。たとえばあるステッカーには、悲鳴をあげている女性の漫画が描かれ、その両側に「もし痴漢に遭ったら、キャーと叫べ!」と「スケベ男と闘おう!」という文言がある。また別のステッカーでは、警官の帽子がいくつも描かれて、「痴漢を捕らえろ。おまわりさん、やつらを捕まえて!」と訴える。

鄭のアイデアは魅力的だったので、さまざまな都市でボランティア——その多くが大学生だった——の登録があった。南東部では広州と厦門《アモイ》、首都北京、東部では杭州、南京、武漢、南西部では昆明。鄭はステッカーを印刷する店を手配し、ボランティア登録のあった各都市に速達で送ることにした。「私たちはとても迅速に、そして自発的に行動した」と鄭は話す。「都市ごとに必要だったボランティアはごく少数だった。基本的に、ステッカーを見せる者が一人、写真を撮る者が一人、それで足りたんだよ。写真を報道に流したら、それでおしまい」

ところが二〇一五年三月六日の夜、シャワーを浴びたばかりだった鄭が両親とテレビの前でくつろいでいたとき、ドアを激しくノックする音がした。立たなくていいよ、と鄭は両親に告げた。ドアののぞき穴から外を見ると、階段の吹き抜けに八人ほどの男たちが群がり、階段にさえ数人立っているのがわかって、ぎょっとした。ドアをノックしている男だけが、警官の制服姿だった。

「何ごとですか？」鄭はドアを開けずに尋ねた。

「世帯登録を確認しているんです」男たちの一人が言った。

「登録を確認するだけなら、中に入る必要はないですよね。訊きたいことがあるなら、そこでどうぞ」

沈黙。

数秒待っても返事がなく、鄭はまずいことになったらしいと悟った。すぐに携帯電話で友人の弁護士、梁小門に電話して、何も言わずにそのまま切らずにおき、これから起きることの一部始終を梁に聞こえるようにした。

「ドアを開けなさい」男たちがドンドンとドアを激しく叩きながら命じた。

「捜査令状を提示してもらえるまで開けません」鄭は言った。

「中に通さないなら、あなたを警察署に連行することになる」

男たちは捜査令状はおろか、身分証明書のたぐいもいっさい持っておらず、そこに来た理由も言わなかったので、鄭はしばらく抵抗したが、結局、同行することに同意した。両親の家にずかずか踏みこまれたくなかったからだ。三月七日未明、鄭は広州の警察署で取り調べを受けることになった。数時間後、捜査官たちは彼女を自宅に戻し、反痴漢運動に関するすべての電子メールとスウェーデン大使館との契約書をプリントアウトさせた。それから彼女を警察署に連れ帰って明け方までまた取り調べをし、その日はずっと彼女をホテルに軟禁した。三月七日の午後八時頃、捜査官たちは彼女を別の警察署に車で連れていくと、手錠をかけ、「挑発して騒動を引き起こした」罪で刑事勾留する旨を正式に通告した。何にでも通用する罪状であり、こんな名目で簡単に人を逮捕する中国政府に近年非難が高まっている。三月八日、捜査員は彼女を北京に空路護送し、正式な勾留が始まった。

その頃には、鄭が逮捕されたというニュースは中国のフェミニスト・ネットワークに広まっていた。武嵘嵘は、香港と中国各地を結ぶ南部の都市、深圳を訪れていたが、三月六日の夜一一時頃に梁小門から電話をもらい、直前に電話越しに耳にした様子を聞かされた。じつはその日、武が受けた電話はそれが最初ではなかった。午後の早い時間に国の公安捜査官からメッセージを受け取っていた。国際女性デーにちなんだ活動を中止しろという内容だった。同じ夜、北京にいる李麦子からテキストメッセージが来た。「くそっ、連中がうちのドアを叩いてる」武はすぐに電話をかけ直したが、応答はなかった。すると、痴漢告発ステッカー配布に参加表明してくれた仲間や大学生たちが公安捜査官に拘束されたという、ウィーチャットのメッセージが次々に届いた。

三〇歳の武嶸嶸は、フェミニスト運動ではある意味ベテランだった。杭州で〈蔚之鳴《ウェイジーミン》婦女センター〉を創設する前にも、北京のNGO〈益仁平〉やその他の場所で女性の権利問題に長年携わってきたのだ。最初のうちは、彼女も心配していなかった。自分自身、長年何度も当局の訪問を受けて、事情聴取を受けてきた経験があったのだ。みんな翌朝には釈放されるだろうと思っていた。しかし、李麦子と梁小門からメッセージをもらうと、にわかに心配になり、眠れなくなった。午前三時、彼女は知り合いの広州の公安捜査官に電話を入れてみた。彼の話では、鄭楚然はたしかに取り調べのために連行されたが、まもなく釈放されるという。ところが午前四時、また梁小門から電話が来て、捜査官がファイルや何かを押収するために鄭を一時的に帰宅させたが、その後は一晩じゅうホテルに軟禁するらしいと話した。

夜が明けても拘束された女性たちは解放されず、武嶸嶸は仲間と今後どうするべきか電話で話し合った。杭州に戻るか――それは危険だと仲間たちは言う。あるいは、列車に乗ればすぐに香港だから、事態が収束するまで深圳にいるべきか。（元英領だった香港は一九九七年に中国に返還されて、現在は〝特別行政区〟となり、中国の中では比較的自由に行動できる。とはいえ、近年はその自由もしだいに消えつつある。）〔二〇二〇年には国家安全維持法が香港に適用され、〝一国二制度〟は事実上崩壊している。」武は葛藤していた。〈男子トイレ占拠アクション〉に鄭楚然と李麦子を誘ったのは自分だし、北京にいる韋婷婷と王曼は、女権問題にフルタイムで関わっているわけでさえなく、痴漢告発ステッカーの配布を手伝おうとボランティアで参加してくれただけだ。責任を取らなければならない者がいるとすれば、それは自分だ、と武は思った。ほかの誰より長くフェミニスト活動家を続けているのだ。武は空路、杭州に戻ることを決めた。「甘かったんだ。公安捜査官に事情を包み隠さず説明すれば、誤解が晴れて、ほかの女性たちを釈放してくれると思ってたんだよ」と、のちに述懐している。

武嶸嶸は、炭鉱で有名な山西省の寒村で育った。そこでは幼い少女は役立たずとされ、兄や弟は勉強を続けているのに、学校をやめさせられ働かされることもしばしばだった。母親の体が弱く、農作業ができなかったので、六歳のときから父と一緒に畑を耕した。十代のときに慢性のB型肝炎と診断されたが、二八歳になるまではまず発症しないだろうと医者に告げられた。「つまり二八歳までしか生きられない、という意味だと思ったのだ。だからそれからは毎日を精いっぱい生きて、有意義なものにしようと決めた」と書いている。

親戚もまわりの村人たちも、大学に行きたいという彼女を説得して結婚させようとしたが、武はそういう息の詰まるような故郷の環境から脱出する決意だった。彼女は北京に移り住み、中華女子学院に入学する。そして、福祉系の非営利団体でボランティア活動をし、貧困の軽減やＨＩＶ／ＡＩＤＳ対策のほか、女性の人権問題にも携わった。

武が奨学金を申しこんだとき、故郷の村の役場で居住証明書をとる必要があった。役人たちの多くは彼女の弱みにつけこんで、セクハラをしてきた。助けを求めたくても頼りになる人がおらず、告発する勇気が湧かなかった。「もし被害を訴えたら、後ろ指を指されたり当てこすりを言われたりして、村にはいられなくなっただろうね」

旧正月の休暇に北京でアルバイト探しをしていた一九歳のときに、もう一つ恐ろしい出来事が起きた。雇用主のふりをしたある男に車に誘いこまれ、順義区の人里離れた郊外に連れだされて、レイプされそうになったのだ。なんとか逃げだせたものの、武はその経験に激しく動揺した。「自分がどんなに無力か、だんだんわかってきた……私と同様、フルタイムあるいはパートタイムの仕事を探していたときにセクハラを受けたことがある女友だちが何人もいた」と武は書いている。「一八、九歳の女の子には、護身用に果物ナイフを買うことぐらいしか思いつかなかった」

こうした経験が、武の心の奥に深い傷を刻みつけたのだ。二〇〇七年に社会福祉学の学士号をとって大学を卒業すると、女性の権利をはじめとする社会正義に関わる仕事をしたいと考えた。そして、HIV／AIDS患者をサポートするNGO〈北京愛知行研究所《アイジーシン》〉と、女性と子供の権利を擁護するNGO〈益仁平〉の北京オフィスで働きはじめる。二〇〇九年、武は、鄧玉嬌《ドン・ユージアオ》事件をめぐり、愛知行研究所初の大々的な女権キャンペーンをおこなった。鄧玉嬌はスパ・カラオケ店で働いていた二一歳の女性で、彼女をレイプしようとした湖北省の政府官僚を刺殺したのだ。『南方都市報』に掲載された鄧の談話によれば、その官僚は彼女の下半身の衣服を剥ぎ取り、ソファーに押し倒して、札束で顔や肩を叩きながら罵ったのだという。鄧は身を守るために、相手の首をポケットナイフで刺し、殺害した。

微博ができる前だったにもかかわらず、事件はインターネットをおおいに騒がせた。#MeToo 運動の盛りあがりの前兆とも言えるほど、ブログやコメント欄には、若い女性への共感と腐敗した暴力官僚への怒りにあふれた投稿が押し寄せた。連中は女性に性的暴行を働いても、いつだって何の罪にも問われないのだ。

「そもそもどうして彼女が法廷に立たなければならないのか？　やつらは彼女をレイプしようとしたのだ……レイプされそうになったら、誰だって身を守ろうとするものだ」『中国日報』のウェブサイトに投稿されたあるコメントはそう訴えた。

「政府官僚がどうしてそんなに金を持っているのか？　つかみ合いのあいだ、［その官僚は］鄧を札束でひっぱたいていたのだ。普通に給料をもらって生活している役人がそんな大金を手に入れたら、もう少し寛容になるものでは？　彼は公費か着服した金を使っていたのだろうか？」と『人民日報』のウェブサイト、People.com.cn で、あるブロガーが書いている。

「彼女は何があっても無実だと、心の底［から］思う。なぜなら、レイプに抵抗し自分の尊厳を守るためなら、過剰防衛などというものは存在しないからだ」と女権活動家の叶《イエ・ハイイエン》（葉）海燕は書いている。

鄧玉嬌への連帯を示すため、北京の大学生たちが挑発的なパフォーマンス・アートを企てた。白いシーツにくるまれ、猿轡《さるぐつわ》をされた女性を運んできて地面に寝かせ、〈誰もが鄧玉嬌になりうる〉という言葉でまわりを囲んだのだ。武はまた、政府官僚が女性をレイプしても罪に問われないという深刻な問題を浮き彫りにしたこの鄧玉嬌の事件について、有名な女性人権弁護士、郭建梅《グオ・ジエンメイ》と公開討論会をおこなった。運動の一環として、多数の女子学生たちが鄧の状況に理解を示し、女性の人権を尊重しろと訴える陳情書に署名した。最終的に、鄧は裁判で勝利を収めた。二〇〇九年六月、法廷は、鄧が「気分障害」を患っていることとやみずから警察に出頭して自首したことを考慮して、彼女を無罪とし、釈放を命じたのである。

その後、女権問題に取り組む武は、性加害だけでなく、家庭内暴力のような問題にも活動の場を広げた。北京での〈血濡れの花嫁〉パレードの運営に協力し、二〇一二年のＤＶ反対署名運動にも関わり、一万筆を集めた。彼女はチームとともに、雇用における性差別と対決する運動を始め、公務員の採用試験のときに女性だけが婦人科の検査を受ける義務があることに抗議するパフォーマンス・アートをおこなった。採用応募するとき、女性だけに性感染症の検査が必要とされ、月経周期について立ち入った質問までされる。一方で、男性にはそれが免除されているのだ。

こうした過去の活動が公安捜査官の目に留まったせいで、三月七日、武の乗った飛行機が杭州に着陸した瞬間に、背の高い制服警官が乗りこんできた。警官は通路をつかつかと進み、武の座席のところまで来ると、身分章を見せた。「公安部から派遣されてきた者だ。ただちに同行してもらう」

機内が騒然とするなか、警官に腕をとられて進んでいった武は、一団のパトカーが派手にサイレンを鳴らし、ランプをぴかぴかさせて滑走路に群がっているのを目にして、ぎょっとした。パトカーの横では大勢の人々が待ちかまえ、捜査官数人が彼女を取り囲むと、パトカーへ誘導した。警察のカメラマンがカシャカシャと写真を撮り、歩いていく彼女をビデオ撮影した。まるで、ギャング団を警察が一斉検挙するTVのリアリティショーみたいだった。

武は気分が悪くなった。じつは直前に、B型肝炎の症状が出たため二週間近く入院していたのだ。それにひどく喉が渇いていた。

「水を一杯いただけませんか」彼女は頼んだ。

「分をわきまえろ！」捜査官が一喝した。

杭州の警察署でも、水がほしいという武を捜査官は無視し、凶悪犯罪か何かのようにフェミニスト活動について取り調べを始めた。「痴漢反対活動を取り仕切っているのは誰だ？あんたの女性センターに誰が資金提供してる？」

どんな活動をするときにも主催者を明らかにしないのが、フェミニスト活動家の戦略だった。当局が何らかの罪状をでっちあげる可能性があるからだ。当初、武は、主催者が誰かは知らないとしらばっくれていたが、資金提供者について訊かれだすと、もしかして連中は重大な刑事事件として立件しようとしているのではないかと不安になりはじめた。だから矛先《ほこさき》を逸らそうとした。

「施設の理事長を捕まえたいんですよね？　それならもう確保しているじゃないですか。私が蔚之鳴女性センターの創設者ですから」武は言った。「勾留されているほかの女性たちはみんなただのボランティアです」。これでほかのフェミニスト活動家は拘束を解かれるのでは、と期待した。

取り調べは続いた。武は水を求めつづけ、体調が悪いと訴えた。喉を潤し、B型肝炎の薬を飲む必要があったのだ。しかし捜査官たちはそれをずっと無視し、彼女に毒づき、わめき散らすばかりだった。「まるで敵《かたき》みたいに人を扱う相手とはこれ以上話はできないと思ったよ」彼女は言う。だから相手が怒鳴るあいだ、武は口をつぐみ、黙りこんだ。やがて彼らは武を蔚之鳴女性センターに連れていき、徹底的に捜索して（言っておくが、捜査令状も逮捕状も一度だって見せなかった）、パソコンや携帯電話をすべて押収し、その後彼女を昨夜と似たような勾留センターに移送した。

のちに、公安捜査官たちは彼女の自宅も捜索して、夫まで尋問したことを知る。しかし、四歳の息子のおもちゃが家じゅうに散乱していたおかげで、USBを数個と一部の書類をかろうじて押収できただけだった。武の息子は、ママはどこに行ったのと父親に尋ねた。「出張で遠い外国に行ったんだ」と父親は答えた。

翌日の国際女性デーには、武はますます体調が悪くなり、空腹だったうえ、薬が切れたせいで頭が朦朧《もうろう》として、自分がどうやって杭州から連れだされたかほとんど思いだせなかった。とにかく、その日のうちに列車で北京に移送され、「挑発して騒動を引き起こした」罪で刑事勾留された。

ここで武嶸嶸は、それぞれ別の監房に入れられていたとはいえ、ほかのフェミニスト活動家たちと合流することになった。ある独房には鄭楚然が、別の房には韋婷婷がいて、どちらも眼鏡を没収されていたのでまわりがよく見えない状態だった。

二日前に武にメッセージを送った李麦子もそこにいた。北京の自宅でガールフレンドのテレサ・シューと寝る準備をしていたとき、警察がドアを叩きだしたのだが、李はそれほど心配していなかった。まだ二五歳ながらもう何回も事情聴取を受けたことがあり、声をたてなければそのうち連中は行ってしまうと思っていた。でも相手はしつこかった。テレサがうっかりトイレの水を流したとき、警官たちは鍵を開けろと怒鳴りだし、仕方なく李はドアを開けた。五、六人の男たち——制服警官もいたが、平服の捜査官もいた——が無作法に押しかけてきて、李が手に持っていた携帯電話を取りあげ、アパート内を捜索して電子機器を押収した。テレサは下着姿だった。

「小娘がなんてはしたない」捜査員の一人が怒鳴った。

「はしたないだって？」李も怒鳴り返す。自分が〝小娘〟と見下され、侮辱される分にはかまわないが、ガールフレンドのことなら許しがたい。「ここは自分の家だよ？　下着でいて何が悪いんだよ？」

抗議もむなしく、二人は警察署に連行された。そこで初めて、それがいつもの事情聴取とは違うと気づいた。警察署員に血を抜かれ、尿検査をされ、指紋と掌紋を取られた。ダウンコートとスノーブーツを脱がされると、暖房のない取調室に一人きりで押しこまれた。彼女の取り調べを始めた二人の男は自己紹介もせず、制服も着ておらず、勾留の理由も明らかにしなかった。李の勤務先である益仁平センターを支援している外国資本のことばかり延々と尋ねつづけるところを見ると、どうやら相手は公安捜査官らしいと李は結論した。それでも彼女は協力を拒んだ。

「取調官たちは、戦場で華々しい勝利を飾ったかどうかしたみたいに得意げだったよ」李はのちに軽蔑もあらわに言った。なんとか口を割らせようと、ある取調官は彼女を部屋の外に連れだし、「全体像を見せようとした」。鼻高々な様子で、その晩だけであんまり大勢のフェミニスト活動家を拘束したので、取調室が足りないぐらいだと言った。李はフェミニストの同志たち――韋婷婷、王曼、その他ボランティアたち――の姿を認めたが、もちろん言葉を交わすことは許されなかった。でも、自分には一つ有利なことがあるとわかっていた。逮捕されたほかのフェミニストたちは全員が近視で、眼鏡を押収されてしまった彼女たちは

「〝盲目〟だったんだよ」と李は冗談めかして言った。でも李の視界は完璧だったので、心理的にとても強みになった。「目が見えると有利なのは、取調官の顔がはっきり見えることだよ」のちに彼女は話した。「それって、相手にとってはプレッシャーだよね。だって、連中としては、顔を覚えられたくないんだもん」

　取調官の一人は、自分は大学の学位を二つも持っているんだと自慢してみせた。売られた喧嘩は必ず買う李だから、からかわずにいられなかった。「ってことは、国を出ることもできるんじゃないの？」

　つかの間、彼はしゅんとした。「それは無理だ。だが、たとえ中国から出られなくても、ここでうまくやっていけるよ」

「へえ、ほんとに？」と彼女は揶揄《やゆ》する。「夢見ることは大事だよ」

　やがて李は、強情を張っても相手は折れないと悟り、戦術を変えることにした。わっと泣きだしたのだ。「まあまあ、落ち着いて」と取調官は言い、口調をやわらげた。このとき李は気づかなかったのだが、じつは取調室の壁の一つはマジックミラーになっていた。そして、テレサが隣室に座らされていたのだ。テレサも近視だった――ほかの女性たちと同様、眼鏡を没収されていた――が、李がそこにいることはおぼろげながらわかった。

「ただの不良娘のくせに！」取調官がテレサをなじった。「このフェミニスト・グループの中でどの女を知っているか話せ！　二四時間後にはどうせ釈放される、そう高をくくってるのか？　せいぜい行けるとしても北京四環路までで、そこでまた捕まって連れ戻されるのがオチだぞ」
　そのあいだずっと、テレサは無言のまま相手を睨《にら》みつけていた。翌日、彼女は釈放された。まだ学生で、社会学の修士課程にいるからだ、と捜査官たちは説明した。ただし、釈放の条件として、宣誓書に署名をさせられた。〈私は心の底から国を愛しています。私は心の底から共産党を愛しています。共産党の活動を支持します。どんな非政府団体にも近づかないと約束します。ＮＧＯ〈益仁平〉の北京オフィスに近づかないと約束します〉
　しかし李はテレサほどツイていなかった。反痴漢ステッカーを配る程度で一日以上拘束されることになるなんて、予想もしていなかった。だって、彼女も仲間の活動家たちも共産党に逆らうようなことは何もしていないのだから。もう二四時間我慢すればいいだけ、そうすれば釈放される、と自分に言い聞かせていた。
　二四時間後、捜査官たちは彼女に荷物をまとめて一緒に来いと告げ、地下道に入っていった。さらに何人か捜査官たちが加わり、前後を挟まれた。「後方の連中は、私が逃亡することをすごく警戒しているみたいだった。そのとき、どうやら家に帰してはもらえないみたいだとわかったよ」。地下通路から出ると、通りでミニバンが待っていた。中にはすでに韋婷婷と王曼が乗っていて、捜査官がその両側に座っていた。そうして彼女たちは海淀区勾留センターに移送された。

収監された五人目の女性、王曼は、幼いときから活発で反抗的な子供だったので、両親や教師たちは、ちっとも言うことを聞かない王曼に手を焼いていた。「女の子なのに、なんでこんなにやんちゃなの？」といつも叱られてばかりだった。しかし、さすがに思春期になる頃には彼らの言葉が身に染みて、おとなしく勉強に打ちこんだ。ところが、国際関係学の修士号を取得し、京都に留学までしたというのに、職場ではあからさまな性差別に直面した。最初は天津の有名高校に就職し、英語教師として勤務しはじめたが、そこでもポストを得るには女性は修士号が必要なのに、男性は学士号でかまわなかった。王はそんなダブルスタンダードに憤慨して退職した。その頃には二七歳になっていて、中国都市部に住む二〇代後半の女性たちのご多分に漏れず、さっさと結婚して、〝剰女《ションニュー》（売れ残り）〟の烙印を押されないようにしろ、というプレッシャーを感じはじめた。でも、どんな男性と付き合ってもピンとこない。彼女は、自分には何か大きな問題があるのではないかと感じるようになっていた。

「おまえは頑固すぎるし、極端すぎるし、普通じゃなさすぎるし、とにかく何もかもやりすぎるんだといつも言われてきた。だから結婚相手を見つけられなかったんだと思う」と彼女は言う。「三〇近い女なら結婚するのが大事な仕事だ、それができないなら、まわりのみんなをがっかりさせるか、自分ががっかりするか、どちらかだ、と言われた」。二〇一〇年、王は、貧困問題を扱う北京のＮＧＯから仕事のオファーをもらった。すぐにフェミニスト活動家たちと交流するようになり、自分の物の見方がいかに偏っていたかを教えられた。「驚いたよ。性格に欠点があるせいでこんなふうになるんだ、と思いこんでいたことはみんな、じつは構造的な性差別が原因だったと知ったんだ。すごい解放感だったよ！」彼女は言った。

まもなく彼女はフェミニスト運動に積極的に参加するようになる。たとえば広州での〈男子トイレ占拠アクション〉では、中国でフェミニストがストリート・パフォーマンスを活用する意義について記事を書いた。このことがのちに彼女にずっとついてまわることになる。勾留中、捜査官はこの記事を何度も本人の前で読んで聞かせ、まるでそれが国に「歯向かい」、「海外の敵対勢力」（一般に米国や英国のような国に対して使う言葉）の手先としていいように利用されている証拠だと言わんばかりだった。

二〇一五年三月六日の夜、公安捜査官は、当時三三歳だった王を北京の海淀区警察署の地下――のちに女権五姉妹と呼ばれるようになる李麦子らほかの活動家も同地区に拘束されていた――へ連れていき、眼鏡を奪った。自分を捕らえた連中も周囲の様子もはっきり見えなくなり、言いようのない恐怖がじわじわと胸に広がった。

取り調べが始まった。取調官はくり返し、彼女が所属する貧困問題解消をめざすNGOに提供されているEU研究資金について尋ねた。長い取り調べが終わったとき、これでやっと家に帰れると思ったのもつかのま、独房のような部屋にまた連れていかれた。眠ろうとしたものの、寒いうえ空腹すぎた。ずっと食事らしい食事をしていなかった。冬だというのに、部屋唯一のベンチにいる彼女のところにエアコンの木製の羽根板越しに吹きだしてくるのは、凍えそうな冷風だけだった。ここ数年は薬も飲んでいなかったが、じつは心臓に先天的な障害がある王は、急に気持ちが弱り、体調に不安を感じはじめた。その晩、時計がないので何時だったかはわからないが、この恐怖にこれ以上耐えられないとふいに思った。

そのとき、鍵のかかった独房のドアの向こうから韋婷婷の声が聞こえてきたのだ。

「喉がからから！　水をちょうだい」韋はそう大声で言うと、中国の古い民謡『茉莉花《モーリーホワ》（ジャスミンの花）』を大声で歌いだした。

美しき茉莉花よ……
どうかおまえを摘ませておくれ
ほかの誰かにも楽しんでもらうために
茉莉花よ、ああ、茉莉花よ

王は韋の歌声を聴き、壁の向こうに活動家仲間がいるのだと知って、心の中で感謝しながら恐怖を乗り越えた。

2　インターネットとフェミニストの覚醒

〈女権五姉妹《ニューチュエン・ウージエメイ》〉が勾留されると、すぐにほかのフェミニスト活動家たちは微博やウィーチャットといったSNSで連帯キャンペーンを始めた。世界的にはツイッター、フェイスブック、インスタグラム——どれも中国国内では禁止されている——で#FreeTheFiveというハッシュタグが怒涛のように広まったが、国内の活動家は、女権五姉妹の顔をかたどったお面をつけて街を闊歩する女性たちの写真を投稿した。

「写真を撮るときは、公共の場でごく普通の生活を送っているような場面を想定し、彼女たちが自由になって、レストランで食事をしたり、市場で買い物をしたりしているかのような演出をしたんです」中国フェミニスト運動の中心的存在、肖美麗《シャオ・メイリー》は説明する。彼女は二〇一三年と二〇一四年に北京から広州まで二〇〇〇キロメートル以上を徒歩旅行することで、性加害に抗議し、女性用の公共スペースの拡充を訴えた人物だ。

最初に投稿されたのはビートルズの『アビーロード』のパロディで、李麦子《リー・マイズー》、武嶸嶸《ウー・ロンロン》、鄭楚然《ジョン・チューラン》、韋婷婷《ウェイ・ティンティン》、王曼《ワン・マン》のお面をかぶった女性たちが横断歩道を渡っている写真だった。キャプションには、〈三月七日、フェミニスト活動家たち、逮捕される――第一日目〉とあった。第二日目の写真には、女権五姉妹のお面をかぶった五人の女性が公衆トイレの前に立っている姿があり、〈男子トイレ占拠アクション〉を思い起こさせた。別の日の写真では、お面をかぶった五人の女性が地下鉄の駅でそれぞれ紙コップ入りの紅茶を持って列車を待っている。これは、警察が扇動者とされる者たちの取り調べをおこなうことを意味する、「お茶に誘う」という符丁を表現している。毎日新しい写真が投稿されて、勾留されてから経過した日数が記された。〈私たち全員を逮捕することなんてできないよ!〉キャプションの一つにはそんな言葉もあった。

フェミニスト活動家たちは、中国じゅうのほかの人々にも、微博やウィーチャットにオリジナルの写真を投稿して、女権五姉妹との連帯を示してほしいと訴えた。北京では、警察や平服の捜査官たちがフェミニスト活動家を熱心に探しだしては取り調べをおこなっていたので、その頃には、投稿される五人の女性の写真は、撮影後にフォトショップで女権五姉妹のお面を顔に重ねたものになっていた。広州ではまだ取り締まりが緩かったので、活動家たちは実際にお面をつけて、たとえばショッピングセンターや交通量の多い通りの交差点といった生活感のある公共の場で、写真を撮ることができた。こうした活動家たちは、公安の捜査網を回避するためたいていは匿名を通したが、たとえば〈女権之声〉のアカウント運営者として知られる呂頻《リュー・ピン》のように、海外を拠点とする者たちは本名を使った。

中国のインターネットには徹底的な監視および検閲体制がしかれており、外の世界とは〈グレート・ファイアウォール〉によって遮断されている。文字どおりすべての通信系企業に検閲者が潜りこんでいて、共産党を攻撃する、あるいは「社会秩序を乱す」ようなSNS上の投稿を削除するよう要請している。デジタル著作権の専門家レベッカ・マッキノンが「ネットワーク化された権威主義」と呼ぶこの体制下では、インターネット企業は、問題のあるユーザーの個人情報を定期的に警察に渡している。無数の検閲者たちが、女権五姉妹の逮捕をあからさまに取りあげている投稿や報道をせっせと削除したが、それでもSNS上で全面禁止することまではしなかったので、学生や労働者、学者、（男性も含む）人権活動家たちの連帯を示すメッセージや写真は出まわりつづけた。女性工場労働者はみずからの写真をポストし、「セクハラと闘おう！　セクハラをやめろ！　［女権五姉妹を、］そして中国人女性労働者を支援しよう」と訴えた。厦門のある男性労働者は、〈厦門の労働者は武嵘嵘、李婷婷、王曼、鄭楚然、韋婷婷を支援します〉というプラカードを持った自分の写真を撮った。（検閲官がこれらの写真を削除したが、鄭楚然のボーイフレンドでのちに夫となった労働運動家、危志立《ウェイ・ジーリー》が収集し、そのうちの何枚かについて、労働運動のオンラインプラットフォーム Libcom.org で言及した。）

長年のあいだに女性の人権を訴えるさまざまな運動をとおして支援を受けた人々も、やはり彼女たちに連帯を表明した。なかには、労働者階級の権利を擁護する運動で鄭楚然（大兔）と出会った人たちもいた。女権五姉妹に対するある嘆願書は、一一〇〇人以上の署名を集めた――表立って名前を書けば危険だとわかっているのに。発起人たちはその嘆願書を、女権五姉妹がいる北京の海淀区勾留センターのほか、海淀区公安部、地方検察局、中華全国婦女連合会に送った。

提出された嘆願書はほかにもある。〈中国女性弁護士公益協同ネットワーク〉というフェミニスト弁護士グループが署名を集めたもの、さらには、人権弁護士一〇〇人近くが署名したもの。数か月後、中国政府はこれに参加した人々をはじめとする人権弁護士を弾圧しはじめ、何百人もの弁護士を一斉検挙した。その中には、女権五姉妹の一人の弁護を担当する王宇《ワン・ユー》も含まれていた（第六章参照）。

インターネットで展開するこうした連帯の運動はとても意味深い。どんなに検閲がしつこくても、中国でフェミニスト活動家の新世代が台頭したのは、二〇〇九年に微博が、二〇一一年にウィーチャットが誕生したことと切っても切り離せない。国内外の大学に行く女性たちの数が記録的に増加するにつれ、自分はフェミニストだと明言はしないにせよ、オンラインという場で社会に蔓延する性差別や不当な扱いを告発しはじめたのだ。インターネットは、実際に自分がいる職場や家庭ではできないさまざまな考えを自由に探究する場を提供し、国じゅうにいる同じような考えを持つ女性と知り合うことを可能にした。国の公安機関による徹底した検閲体制の中でも、勾留中の女性たちへ支援の輪がこれだけ広がったことは、女性にはたがいにつながり、国じゅうに存在している同じ考えの持ち主同士で協力するパワーがあるということを見せつけたのだ。

微博の〝ビッグV（認証済みアカウント）〟と呼ばれる人気アカウントさえ、一連のフェミニスト運動や今回の女権五姉妹の逮捕で沸き起こった大きな潮流のおかげもあって、フェミニズムの覚醒を身をもって体験していた。『ウォールストリート・ジャーナル』紙の中国版ウェブサイト編集主幹、袁莉《リー・ユエン》は、微博で有名〝ビッグV〟になった最初の女性の一人で、約二五〇万人のフォロワーがいる。彼女の経験は、中国人女性のあいだにフェミニズム意識を広めるうえでSNSがいかに重要か、如実に物語っている。

袁莉は、中国西部にある寧夏《ねいか》回族《かいぞく》自治区の首府、銀川《ぎんせん》で生まれ育ち、新華社通信の海外特派員としてアフガニスタン、タイ、ラオスで数年勤務したあと、米国の大学院で学んだ。ジョージ・ワシントン大学では国際関係学、コロンビア大学ではジャーナリズム、それぞれの修士号を取得したのち、ニューヨークの『ウォールストリート・ジャーナル』紙で科学技術担当記者となる。二〇〇八年に北京に移り、『ウォールストリート・ジャーナル』中国版ウェブサイトの刷新をまかされて、翻訳者を大勢雇い、中国語版コンテンツを充実させた。当時は中国の一般市民もツイッターやフェイスブック、国内の主要ミニブログ・プラットフォーム〈飯否《ファンフォウ》〉にアクセスすることができた。しかし二〇〇九年六月、中国政府は、天安門事件が二〇周年を迎えるに当たり、政治的に危険なニュースやツイートがどっとあふれることを恐れ、ツイッターをはじめとするオンラインサービスを一時的に遮断した。

すると二〇〇九年七月六日、中国北西部に位置する新疆ウイグル自治区で、イスラム教徒であるウイグル族と多数派の漢民族のあいだで大規模な衝突が起き、一五六人が死亡、負傷者は一〇〇〇人以上にのぼった。これは中国国内では、天安門事件以来最大級の内乱だった。広州の工場でウイグル人労働者と漢族労働者のあいだで諍いが起きてウイグル人二人が死亡した事件について、政府に捜査を求め、自治区の首府ウルムチの大きな広場で抗議デモが起きたのだ。ウイグル人の多くは、漢族中心の共産党が彼らの私生活や宗教習慣にあれこれ口を出し、漢族武装勢力が町を年じゅうくまなく監視している現状にひどく憤慨していた。

中央政府は、この余波をコントロールしなければならないと気づいた。そこで大々的な保安上の弾圧を始め、ウルムチほか新疆ウイグル自治区のインターネット・サービスを停止して、今回の内乱の情報が拡散するのを防ごうとした。当初、締めつけは新疆ウイグル自治区に限定されるものと思われたが、まもなく当局は中国全土でツイッターとフェイスブックへのアクセスを遮断した。こんにちに至るまで、この措置は解除されていない。

同じ月、元ジャーナリストでＩＴ企業幹部の曹国偉（チャールズ・チャオ）はもともと新たに中国版ツイッターを立ちあげる準備をしていたが、これは大きなビジネスチャンスだと直感し、すぐに飛びついた。ツイッターとフェイスブックが恒久的に禁じられて数週間が経過した二〇〇九年八月、チャオは〈新浪微博《スーナー・ウェイボー》〉を開設した。複雑な利用者およびソフトウェア検閲システムを搭載した、国内向けソーシャルメディア・プラットフォームである。新規参入者として、微博は、映画俳優や有名な実業家、業界人など、社会的に影響力のある人々にアカウント開設を熱心に呼びかけた。二〇一〇年初頭、袁莉も微博幹部からアカウントを取得するよう促された。はじめのうちは気乗りがしなかった。自分はあくまでジャーナリストであり、個人的な意見は公開したくないと思ったからだ。それでも結局は折れた。二〇一〇年一〇月、開始から一年少々経過したところで、微博ユーザーは五〇〇〇万人にふくれあがっていた。以来、利用者はうなぎ登りに増え、二〇一七年一二月には、毎月定期的に利用しているユーザーは三億九二〇〇万人に至った。ツイッターの全世界利用者の合計数をすでに超えていた。

「はじめのうち、微博を使うのは正直怖かったんです。記事を投稿したあとは、寄せられたコメントを見る気になれなかった」袁莉は言う。「なんでそんなに自分の意見を押しつけてくるんだ？　偉そうにご高説を垂れやがって。女の分際で！」「女なら、もっと控えめになるべきだ」みたいなことを書いてくる人たちがいた。当初は、そんなふうに目立つことに居心地の悪さを感じていたが、二〇一一年初めに〈アラブの春〉が始まると、微博上で積極的に議論するようになった。ちょうど寧夏回族自治区の実家で旧正月を過ごしているときのことだった。夜更かししては、トルコやエジプトで起きている革命について投稿した。

「両親は、私が二重生活を送っていたことを知りませんでした」袁莉は言う。「昼間は父母と家で食事をしたりおしゃべりしたり、普通に過ごしていた。ところが夜になって、〔エジプト大統領ホスニー・〕ムバラクのことで事態が緊迫すると、私は何時間も投稿を続けて、毎晩、夜中の二時、三時まで起きていたんです」

袁莉はこのサイト開設初期のことを〝微博の春〟と呼ぶ。中国にいる多くの人々が、ネット上で社会問題を真剣に議論できる新しいオープンな場に興奮し、毎日何時間もそこで意見を交わした。「あの頃、誰もが微博に夢中になり、『このプラットフォームをどう使えば国を正しい方向へ導き、新たな中国を形作れるのか?』と考えていました」彼女は言う。「中国は、いろいろな面で、過去にどんな国も経験したことがないような大きな変化を迎えようとしていました。社会面、政治面、経済面で逼迫《ひっぱく》した問題が無数にあり、それをおおやけの場で議論できる権利を手にして、みんなわくわくしていたんです。誰もがオンラインで意見を闘わせ、ときには不快な気持ちにもさせられましたが、とても面白かった。さまざまな考えが衝突してビッグバンを起こしていました」

袁莉のフォロワーは二〇一二年までに倍々で増えていき、いつしか二〇〇万フォロワーを抱える〝ビッグV〟の仲間入りを果たした。フォロワーが増えるにつれ、彼女は中国の構造的な問題点を暴くことに夢中になっていった。たとえば、この国にはびこる多くの不平等や人権の欠如――そこにはもちろん女性の人権問題も含まれた。一方、『ウォールストリート・ジャーナル』紙の中国版ウェブサイトも大変な人気を博していた。

二〇一一年の末、袁莉から連絡があり、『ミズ』誌の私の特集記事「中国の〝売れ残り〟女性たち」を中国語に翻訳してネットに掲載したいという申し出を受けた。私はそこで、中国政府が、高学歴の独身女性を貶めてさっさと結婚させようと、故意に性差別的なプロパガンダ・キャンペーンをおこなっていると論じた。記事が（無検閲で）中国版『ウォールストリート・ジャーナル』紙ウェブサイトにアップされると、中国国内でその日最も閲覧されたニュース記事となり、初日だけで何万ビューも稼いだ。英語版の私の元の記事よりはるかに多くの注目を集めたのだ。

長年袁莉はみずからをフェミニストとは名乗っていなかったが、微博では、中国社会やプロパガンダにあふれる性差別という中国特有の病を公然と批判した。たとえば、『人民日報』の微博アカウントは、二〇一六年、若妻が毎朝これから仕事に行く夫のために用意する、じつに手の込んだ朝食の写真を、毎日投稿した。〈びっくりするほどバラエティに富んでいる――三か月以上、毎朝違う献立を考えるなんて！〉とキャプションは褒めちぎり、奥さんは本当に料理上手なので、夫が外食したいと思ったことは一度もないと記した。袁莉はこれに皮肉なコメントをつけて投稿した。「女性のために男性が朝食を作ったっていいのでは？」「ヒラリ別のときには、男性ばかりの世界の首脳会議の写真をアップして、こう書いた。

ー・クリントンやアンゲラ・メルケルのような……女性のリーダーが増えたら、世界はもっと安定し、平和になると心から信じている」彼女はしばしば、中国の女性たちは、方々から押しつけられる結婚のプレッシャーに負けてはいけない、と訴える。「独身でいたって何も怖くありません。〝売れ残り〟になるのがいや、ただそれだけの理由で結婚を急がないで。他人の押しつけのままに一生を終えるなんて、自分への裏切りです」袁莉の投稿は検閲に引っかかって削除されることもままあるが、政府を厳しく批判するアカウントがときどきそうなるように、アカウントごと〝消える〟ことはけっしてなかった。

袁莉は私生活の話や写真もよく微博のアカウントにアップした。二〇代の初めに勢いで結婚したが、数年後に離婚してからは二度と結婚もしたくないし、子供もほしくないと思っていた。独身女性としてどんなに楽しく生活しているかおおいに喧伝し、とくに一人旅の楽しさを訴えた。インドやタイのような場所を一人で冒険する、わくわくするような写真の数々を投稿した。「私にとって自由はとても大切で、何ものにも束縛されたくないんです」と語る。

二〇一三年、袁莉は微博の〝トップ一〇〇インフルエンサー〟の一人に選ばれ、BBCの『中国SNS〈微博〉のスーパースターは誰か?』と題した報道番組でも取りあげられた。若い女性たちから、結婚しなくても楽しく生きられると教えてくれてありがとうございます、と感謝され、「微博でフォローしています。あなたの言うとおり、両親に結婚を無理強いされるいわれはないし、独身でけっこう、と思っています」といった言葉をかけられた。

　フォロワーが増えるにつれ、オンライン上でミソジニー的な嫌がらせも増えた。袁莉はなるべく気にしないようにした。（私自身、二〇一一年に微博のアカウントを取ったときにも、「誹謗中傷にいちいち反応しないほうがいいですよ」と助言をもらった。）たとえば、料理があまり好きじゃないと投稿すると、知り合いのある男性はこんな返信をしてきた。「夫が見つからないのも当然だな！」なかには、おまえは祖国の〝裏切り者〟だ、アメリカのパスポートを持っているんだろう（彼女は中国籍）、と非難する者もいた。彼女の投稿内容は批判的すぎると思うらしい。彼らは微博上で好ましくない人物を敵としてリストアップした。彼女のことを「外野からヤジを飛ばす扇動者」と呼ぶ者もいた。

　寄せられる誹謗中傷の中には、彼女の仕事用の微博アカウント@YuanLiWSJを使って、性差別的な言葉遊びをしてみせるものも多かった。この最後の〝WSJ〟は『ウォールストリート・ジャーナル』の短縮形だが、「生理用ナプキン」を意味する中国語weishengjin（衛生巾《ウェイションジン》）の略語としても通る。ヘイト行為をする連中はこれに飛びついた。「血のついた生理用ナプキンの写真を添えて、『おまえの言うことは筋が通らない。それはおまえが女だからだ』と言ってきました」袁莉は言う。こういうミソジニー的嫌がらせの一部は、ネット上の世論を操作しようとする、政府に雇われたか、ひそかに焚きつけられた連中のしわざだと彼女は考えている。政府に賛同する投稿を一つするたびに〇・五人民元もらっているネット世論誘導集団の存在が中国共産党系紙『環球時報』で報じられて以来、こういう連中は〈五毛党《ウーマオダン》〉と呼ばれ、世に知られるようになった（もっとも実際にそのとおりの金額をもらっているわけではなく、比喩的な表現である）。

「しばらくのあいだ、〈五毛党〉の連中は本当にたちが悪かった。インド旅行が楽しみだと書くと、旅先で輪姦されろといくつもコメントがつく。それが何日も続きました。敵はものすごく大勢いるみたいに見えたけど、明らかに組織的なものでした。だって、コメントがどれも似たり寄ったりだったから」

袁莉は、最悪の脅しの数々を家族に見せたくなくて、数えきれないほどのアカウントをブロックしたが、それにももちろん限界があった。幼い姪っ子までおばが受け取る敵意あふれるコメントに気づき、「どうしてこんなに大勢の人がおばちゃんをいじめるの？」と尋ねてきた。（私も微博で女性の権利に関する投稿をしたあと、輪姦してやるという脅迫をいくつも受けた。それはフェミニストを自任する女性投稿者たちの多くが通る道だ。）二〇一二年に習近平が党総書記に就任すると、ソーシャルメディアの可能性に希望を見出していた袁莉ほか多くの微博のインフルエンサーたちは失望することになった。

二〇一三年、政府は〝ビッグV〟のアカウントに対し、微博での発言は監視されていると警告しはじめた。有力なオピニオンリーダーの一人で、中国系アメリカ人の投資家、チャールズ・シュー（またの名を薛必群《シュー・マンズー》）には一二〇〇万フォロワーがいたが、売春婦と関係を持った罪で二〇一三年八月に逮捕された。その後、受刑者用のつなぎ服を着て、手錠をかけられた姿で中国国営放送に登場し、「無責任な内容の投稿を広めていた」と告白した。生まれたのは中国だがアメリカ国籍を持っているシューは収監され、二〇一四年に「健康上の理由」で釈放された。新華社通信に言わせると、シューの逮捕勾留は、「すべてのビッグVへの警告のように思える」という。袁莉の友人たちもSNSの投稿のせいで次々に逮捕され、その後釈放された。「みんな、自分のやった犯罪にしろ、やらなかった犯罪にしろ、無理やり白状させられた。政府は、たとえ起訴はせずとも、ネット上で唱えた異議を組織ぐるみで弾圧することに成功したんです」彼女は言う。

袁莉は、友人たちの微博への投稿を読めないことが多くなった。投稿が削除されたわけではないのに、彼女のアカウントから友人たちの投稿が見えなくなっているのだ。自分のタイムラインでは問題なく見えているのに、彼女の新しい投稿が読めないと人から言われることもしばしばだった。二〇一三年頃にフォロワーが二四〇万人に到達するとすぐに、微博運営側から制限がかかり、以来その人数でぴたりと動かなくなった。ほかの人たちのフォロワー数もやはり制限されていることを、袁莉は知っている。「微博の幹部役員にそれについて尋ねてみたんです。すると、今後私みたいなタイプの人は、インフルエンサーとして好まれなくなる、と彼は認めました」。二〇一三年一一月、中国語版『ウォールストリート・ジャーナル』のウェブサイトは、ロイター通信ともども、どれとは明記されていないが政治的に危険な記事があったとして、検閲によって閉鎖された。(『ニューヨーク・タイムズ』紙や『ブルームバーグ・ニュース』紙など、ほかの外国紙の中国語版ウェブサイトは、中国政府幹部の家族資産を調査追及する記事を掲載したため、二〇一二年にすでに閉鎖されていた。)

女権五姉妹が逮捕されたあと、袁莉も、ほかの大勢の人々同様、微博でこの件に怒りを表す投稿をし、みずからをフェミニストと称しはじめた。「二〇〇八年から二〇一五年まで中国に住んでいたあいだ、最初の数年はこの言葉に違和感がありました。だって、それこそ私は教科書どおりのフェミニストだったから。シングルで、子供がいなくて、男性たちをビビらせる存在」フェミニストという言葉は、中国ではいろいろとネガティブな意味合いが強く、たとえば中国のベンチャーキャピタル市場やIT業界における性差別みたいなことをテーマにコラムを書くと、ミソジニー丸出しの誹謗中傷が殺到した。「中国の男たちはみんな、女はもう充分強くなったと考えているんです。『中国には女性への偏見などない。いまだに不平等が放置されているだなんて、どうかしてる』と彼らは言う」と袁莉は話す。

「中国語に、大男子主義《ダー・ナンズー・ジューイー》(男性優位主義)という言葉があるけれど、男たちは私を女性優位主義者と呼んだものだった」と彼女は言う。香港に移って、中国科学技術コラムニストという新しい仕事を始めたとき、長いあいだおおやけにフェミニストを名乗らなかったのは、自分を守ろうとしていたからだと振り返った。「でも、いろいろなことが起きて、友人たちが刑務所に入れられるはめになった。それで思ったんです。私はフェミニストだし、堂々とそう名乗らなきゃ、って」。二〇一八年四月、彼女は『ニューヨーク・タイムズ』紙初のアジア科学技術コラムニストに採用された。いまも定期的に微博に投稿を続けているが、これが大きな社会変革を起こせるプラットフォームだとはもう思っていない。

より洗練されたハイテク検閲検索体制がインターネットにしかれても、フェミニスト活動家たちは、ネット上でもそれ以外の場でも、運動を継続発展させる新たな方法を模索しつづけている。中国で最もめざましいフェミニストのソーシャルメディア・プラットフォームである〈女権之声〉の創設者、呂頻は、フェミニストを自認する若い女性が増えはじめた時期が、二〇一一年に〈女権之声〉が微博にフェミニスト関連記事を熱心に投稿しはじめた頃と一致する（女権之声のアカウントは二〇一八年に凍結された）のは、けっして偶然ではないと話す。

呂頻が一九九四年に北京に移り住んだのは、山東大学で中国語学と古典文学の修士号を取得した直後のことだった。一九九五年の世界女性会議が開催される直前に、『中国婦女報《ジョングオ・フーニュー・バオ》』誌の記者として働きはじめたのだ。彼女は記者証のおかげで、北京中心部から遠く離れた懐柔区に追いやられた会場での各種会議に出席することができた。でも、当時はまだ自分をフェミニストだとは思っていなかった。

「あの頃中国にはまだインターネットがなく、一般市民は世の中で何が起きているのかほとんど知らなかったの」呂頻は語る。「国連女性会議は一部の人にとってとてもいい機会になったとは思うけれど、出席できたのは国内のごく少数の人たちだけで」、ほとんどは政府の役人や中華全国婦女連合会に関係している高度な専門家だった。『中国婦女報』は「共産党にとっての女性への懸け橋」だと呂頻は表現する。彼女や同僚記者たちは女性のニーズにもっと目を向けさせるために頑張って記事を書いたが、共産党のプロパガンダを広める義務も果たさなければならなかった。「目的がまったく正反対よね」と彼女は言う。たとえば、地方で暮らす女性の貧困について記事を書けば、そういう苦境を克服するため共産党がどんなふうに女性に手を貸しているか、記さなければならなかった。

こういう仕事上の経験と相まって、個人的な覚醒が起きた。『中国婦女報』では党の求めに応じなければならなかったが、その一方でフェミニスト理論を熱心に読み漁りはじめた。その間にも、恋人の住まいに引っ越して、数年間同棲した。「初めはほかの普通の人たちと同じような考えだったから、結婚しようと思ってた」ところが二人の関係に問題が起きるようになると、フェミニズムという政治的信条と私生活がますます結びつくようになり、結婚への抵抗感が否応なく強くなっていった——恋人だけでなく、相手がどの男性であっても。「時とともに、私は普通の人と違う、結婚願望がまったくない、と気づいたの」。二人は婚約を解消し、呂頻は結婚という制度そのものと袂を分かつことに決めた。結婚は女性に無償労働というくびきを押しつけるものだと考えたからだ。とくに、既婚女性の法的権利がしばしば踏みにじられる中国という国では。

呂頻は二〇〇四年に『中国婦女報』を辞め、NGO〈婦女伝媒監測網絡〈メディア・モニター・フォー・ウィミン・ネットワーク〉〉に加わり、メディアにおける性差別に、より直接的に働きかけることができるようになった。二〇〇九年に微博が開始された頃に、呂頻もほかとは一線を画すメディア・プラットフォーム〈女権之声〉（当初は〈ウィミンズ・ヴォイシズ・ジャーナル〉あるいは〈女声報《ニュー・ション・バオ》〉と呼ばれていた）を創設した。ここには、DV被害者への支援不足、職場での性差別、セクシャル・ハラスメントなど、女性を支えるさまざまな記事が網羅された。当初〈女権之声〉には、一般からの反響がほとんどなかった。二〇一〇年には微博のアカウントが作られたものの、ほぼ休眠状態だったので、フォロワーは数百程度だった。しかし二〇一一年半ば頃になって、呂頻とスタッフたちは、女性の権利に関する投稿をもっと頻繁にしてフォロワーを増やそうと決めた。

転機は二〇一一年八月にやってきた。中国の最高裁判所にあたる最高人民法院が、婚姻法に新たな法的解釈を加えて、基本的に中国革命期に築かれた礎をひっくり返した。夫婦の共有財産の概念の変更である。一九五〇年のもともとの婚姻法では、財産や、たとえば離婚の自由などの権利について、女性に男性と同等の権利が与えられていたが、二〇一一年の曖昧な文言による新たな法的解釈では、法的な異議がなければ、夫婦の財産の所有権は、権利証書に名前が記載された者——通常男性——に無条件で帰するとされたのだ。

〈女権之声〉は、この解釈を既婚女性の財産所有権を著しく妨げるものとして、法的側面から批判する意見を次から次へと投稿した。たとえばフェミニスト弁護士、李莹《リー・イン》は、この新解釈された婚姻法を「男の法律」と呼んだ。権利証書の大半は男性名義になっており、つまりそれは、離婚の際、夫婦の共有財産の所有権がそのまま男性のものになることを意味するからだ。〈女権之声〉はほかにも、かつては当然自分のものでもあった夫婦共有財産の所有権をあっさり失うという事実にあわてた既婚女性たちの怒りの声も投稿した。

微博の〈女権之声〉アカウントは、フェミニスト活動家たちがストリートアクションを起こすと、そのときの写真や発言、メディアの記事などもつねに取りあげた。たとえば二〇一二年に大学入試のジェンダー不平等に抗議した、広州での〈禿頭戈女（ボールド・シスターズ）〉や、性的虐待に人々の関心を集めるために肖美麗が二〇一三年と二〇一四年に北京から広州まで徒歩旅行した〈美麗的女権徒歩（ビューティフル・フェミニスト・ウォーク）〉など。やがて〈女権之声〉アカウントは、微博で一八万超、ウィーチャットで七万超のフォロワーを獲得するまでになり、フェミニズムの考え方に関心を寄せる人がどんどん増えた（二〇一八年に〈女権之声〉のアカウントが凍結されるまでは）。共産党が〝フェミニスト〟という言葉を敵視していることを考えれば、このフォロワー数はかなりのものと言えるだろう。微博の大物インフルエンサーの天井知らずの数値には比べるべくもないが。

二〇一五年に女権五姉妹が逮捕された直後、ネット上で起きた最大の抗議活動は中国の大学生によるものだった。広州の中山大学――鄭楚然の母校――のある学生グループが、拘束されたフェミニストに連帯する公開の嘆願書に勇敢にも本名で署名したのだ。嘆願書は初め、微博とウィーチャットに投稿された。検閲で削除されると、学生たちはそれを暗号化して拡散した。

フェミニズムや性差別についてオンラインで議論するグループは、いまやありとあらゆる場所に存在しています。フェミニズムは、市民の誰もが口にするホットな話題とまではいきませんが、こうした議論は私たちを奮起させ、勇気づけてくれます……この社会に広く根づいている性差別や女性の客体化を考えると、鄭楚然やその友人たちの奮闘はポジティブなエネルギーにあふれ、社会の発展が反映されたものです。中山大学は、このような理想主義を抱えた情熱的な学生を輩出していることを誇りに思うべきです。

この嘆願書は中山大学の学生と卒業生だけで一〇〇筆の署名を集めたが、結局大学側は、おもに成績に罰点を与えるという形で、署名した学生を罰した。

嘆願書は中国国内のほかの多くの大学にも広がり、大学当局は署名をした全学生を学内で調査しはじめた。広州大学の学生課は国内SNSにこんな通知を出した。〈国内一〇大学の学生が嘆願書に署名をしたとの報告がありました。至急すべての教育機関で学生や教室内サークルを徹底的に調べ、指導のうえ行動を止める措置をとってください〉

『ニューヨーク・タイムズ』紙のディディ・カースティン・タトローによれば、嘆願書に署名した広州大学の学生たちは、大学職員との〝指導〟ミーティングに呼びだされ、個人記録に〝悪い成績〟が残り、将来の学業や就職に悪影響がおよぶ恐れがあると脅されたという。警察と公安捜査官は中国じゅうのキャンパスに展開し、女権五姉妹を支援するメッセージを投稿したり、フェミニスト・キャンペーンにボランティアとして参加したりした学生を探しだし、脅してまわった。

杭州の浙江《せっこう》大学で博士課程に在籍していた猪西西《ジュー・シーシー》は、自分が公安に目をつけられることはまずないと思っていた。杭州当局が女権五姉妹の武嵘嵘を拘束したとき、猪は、国際女性デーの痴漢反対ステッカーが入った箱を大学寄宿舎の自分の部屋に隠したらどうかと提案した。すると、二〇一五年三月七日、公安捜査官から面会したいという電話がかかってきた。猪は口実を作って途中で電話を切ったあと電源も落とし、ほかのさまざまな都市にいるフェミニスト活動家たちと同じように、一時的にどこかに身を隠すことに決めた。

当時二七歳だった猪は、武漢で政治経済を専攻する大学院生だった二〇一二年以来、熱心なフェミニストとして活動していた。その二〇一二年、中国では公務員になるとき女性だけが婦人科の検査を義務づけられているという性差別に抗議して、デモを敢行したのだ。猪ら女性グループは、地元役所の人事院の前で、股に書かれた〝検査〟を表す漢字に大きな赤いバツ印をした紙のパンツをはいて立つ、パフォーマンス・アートによる抗議活動をおこなった。女性たちは〈お股の検査反対！〉とか〈月経周期についての質問お断り！〉と書かれたプラカードを掲げた。彼女たちは、女性限定の検査は性差別であり、雇用の男女平等を定めた法律に反していると訴えた。

彼女はそのあと杭州に移って、浙江大学で行政学の博士課程に入った。そこで武嶸嶸と仲良くなり、武嶸嶸が創立した〈蔚之鳴婦女センター〉でもときどきボランティアをしていたのだ。杭州を出て一週間ほど身を隠すと、そろそろ大学に戻って、公安捜査官があきらめたかどうか確認してみようと考えた。自分は婦女センターの正規職員ではなく、まだ学生なのだから、少しは目こぼししてもらえるだろうと高をくくっていたこともある。

ところが杭州に戻り、電話の電源を入れたとたん、共産党員の顧問から電話がかかってきた。（中国ではほとんどの大学生に、〝政治的姿勢〟を監視する党の顧問がつく。これは大学の学業におけるチューターとしての顧問とは別である。）顧問はキャンパス内にある自分のオフィスに彼女を呼びだし、公安部から言いつかったかなり手厳しい指導をきっぱりと言い渡した。

「丸々一週間キャンパスを留守にしたのはなぜだ？　知り合いの誰が姿を消した？　痴漢反対キャンペーンを計画したのは誰だ？」

猪は丁重な態度で知らないふりをした。しばらくして、顧問は猪を解放した。すると、公安捜査官からじかに電話が来て、キャンパスで会いたいと言われ、彼女は承諾した。共産党顧問のオフィスにやってきた捜査官は、武嵘嵘が逮捕された夜に蔚之鳴婦女センターで押収した痴漢反対ステッカーの束ほか、ジェンダー差別に関するパンフレットを持参し、犯罪現場で発見された証拠品か何かのように、前にずらりと並べた。

捜査官は、とくに婦人科検査に抗議する武漢でのデモの写真に興味を示した。猪が中央で腕組みをしている写真だ。これをよく見てほしい、と捜査官は言った。「ここに写っているのはあなただね？　この武漢での活動を計画したのは誰かな？　ここにいるほかの女性たちは？」公安捜査官は、一二人の女性が参加していた、という陳述書に署名をするよう猪に命じた。そんなに大勢はいなかったと猪は話し、書かれている参加者数を減らしたうえ、やけに煽情的な文章のトーンをやわらげないかぎり署名はしないと突っぱねた。相手は同意し、書き直された陳述書に猪が署名すると、やっと彼女を解放した。

猪はあちこちに電話をかけ、公安捜査官や共産党顧問たちが、この数年間に何らかのフェミニスト活動に参加したことがある、文字どおりすべての学生を取り調べたと知り、驚いた。そして、また取り調べのために呼びだされ、自分の証言が現在拘束されている女性たちを刑事告発する証拠として使われるのではないかと、急に不安になった。だから再び杭州から避難することに決めたのだ。

四月初旬、女権五姉妹の拘束が一か月を過ぎた頃、猪の大学のチューターから連絡が来て、いますぐ大学に戻らないと、博士課程を続けるうえで「問題が起きる」恐れがあると告げられた。いまのところ、あなたの度を越したフェミニスト活動は成績に影響してはいないが、「気をつけ」なければいけない。そこでしぶしぶ大学に戻ると、共産党顧問にオフィスに呼びつけられた。今回彼から言い渡されたのは最後通牒だった。「公安に全面的に協力しないと、大学を退学処分になるぞ」。猪が共産党顧問のオフィスに出向くと、そこには彼女に陳述書への署名を強要した公安捜査官もいた。

捜査官は、彼女のフェミニスト活動や博士論文のテーマである中国における家庭内暴力について尋問した。「なぜ研究テーマにＤＶを選んだ？　その研究は、君が反ＤＶ活動に参加していることと関係しているのか？」今度は猪も、こんな脅しにやすやすと怯えるまいと腹を据えた。男性優位主義者の公安捜査官の圧力なんかで、論文テーマを変更したりするもんか、と。

二〇一七年六月、『サウス・チャイナ・モーニング・ポスト』紙によれば、共産党の思想監視役である中国共産党中央紀律検査委員会は、「政治統制が緩すぎる」主要大学一四校の一つとして、浙江大学を批判したという。そこで九月、浙江大学は学生や研究者たちに、〝社会主義核心価値観〟を示し、〝正しい考え方〟で世論に影響を与えるようなブログその他オンラインコンテンツを発表するよう促す通知を出し、そこには、ネット上で広く拡散する、社会主義を促進するコンテンツであれば、査読付き学術誌で発表される論文と同等の業績と見なされる、とも付け加えられていた。浙江大学の共産党宣伝部長、応飈《イン・ビアオ》は、オンラインコンテンツに関する新たな方針は、大学を「共産党のリーダーシップの重要拠点」とするという習国家主席の目標を推進するものだ、と語った。

中国政府が国じゅうの大学で思想統制を厳しくしても、SNSでフェミニストを標榜しはじめる若い女性はますます増えた。そしてまた、女性の権利についてオンラインで議論するのは漢民族女性だけではなかった。チベット人の若い女性たちも、ウィーチャットで彼女たちならではの苦しみを吐露するようになっていた。チベット人女性は少数民族として漢民族が支配する共産党政府に弾圧されるだけでなく、同じコミュニティ内の男性たちからも抑圧されていたのだ。

たとえば研究者のシェイ・キーホウは、二〇一六年にウィーチャットでチベット人の女性たちが、高地に住む女性によく見られる〝赤いほっぺ《ブラトー・レッドネス》〟を消すことについて盛んに議論していた例を分析した。漢民族の色白の肌が美しいという新たな価値観が広まりだしたことが理由だった。「美の基準が単一になりがちな昨今では、若いチベット人女性の多くがホワイトニング化粧品を使い、真っ赤な口紅をつけて、果てしないダイエットプログラムにつねにいそしんで、消耗している」キーホウが訳した、若いチベット人女性のブログにそんな記述がある。「いまもほっぺたが赤い一部の女性たちは、こうした傾向のせいで、ごく自然な容貌に気まずさを感じたり、自信を持てなかったりしている」キーホウはチベット人女性がウィーチャットで化粧品や〝赤いほっぺを消す〟エステ産業について話すのは、「漢民族の支配する文化および国家の日陰で暮らす、チベット族が経験する葛藤」が反映されていると論じた。

ウイグル人女性のあいだでも、とくに母親たちを中心に、ウィーチャットで活発に議論するグループができていた、と研究者ディルヌール・レイハンは記している。彼女によれば、ウイグル人女性たちは、できるだけ組織的政治活動とは見えないよう、議論グループへの男性の参加を禁じていたという。女性たちの議論の内容は、「世俗主義と宗教について、ホモセクシャリティや……他国の少数民族政治、ウイグルのアイデンティティの未来など」と、かなりきわどい話題もあった、とレイハンは書いている。〈ウームン〉というネット上のウイグル人アカウントが、フェミニズムやLGBTQコミュニティを大々的に支援する「リベラルな若者たち」のグループを創設した。しかし、二〇一六年に新疆ウイグル自治区委員会書記に新たに就任した強硬派の陳全国《チェン・チュエングオ》は、ウイグル人のインターネット利用を弾圧し、ウィーチャット上のウイグル人議論グループもみな閉鎖されてしまった。

二〇一六年三月、女権五姉妹逮捕から一年が経つ頃には、多くの女性たちがSNS上でフェミニストを名乗るようになり、とうとう微博はその単語を含むアカウント名の申請を数か月間、禁止した。ウィーチャット・アプリのフェミニスト・チャットグループは、行動に「気をつけろ」という匿名の警告を受け取った。広州に住むフェミニスト活動家の張累累《ジャン・レイレイ》は、弁護士と協力して、複数のフェミニスト・アカウントを削除した微博を提訴したが、北京と広州どちらの裁判所もこの訴えを却下した。数か月後、微博はこうしたアカウントをこっそり復活させた。

すると今度は、二〇一七年二月、検閲が〈女権之声〉の微博アカウントを三〇日間閉鎖した。表向きは、この措置は、このアカウントが、三月八日の国際女性デーに米国でドナルド・トランプ大統領に抗議する女性たちのストライキが予定されているという記事を投稿したことに対するもの、とされている。中国のフェミニストたちは、運営側からの通告を微博で回覧した。〈こんにちは、先日の投稿が国の法律や規則に反していたため、利用者様のアカウントは三〇日間、凍結されます〉。〈女権之声〉創始者の呂頻は、微博はこの投稿を口実に、オンライン上でどんどんふくれあがる中国人フェミニストの声に釘を刺そうとしたのだと考えている。中国政府がフェミニストのSNSアカウントをこんなふうに躍起になって厳しく規制するのは、フェミニストたちがあらゆる中国人女性の切羽詰まった訴えを上手にすくいあげ、それが主流世論を不安に陥れているせいだ、と呂頻は言う。

「女性たちがいざフェミニズムに目覚め、共産党のプロパガンダを信じなくなったら、もう二度ともとには戻らない」と彼女は続ける。二〇一八年三月に〈女権之声〉が閉鎖、中国のフェミニスト運動は、広範なネットワーク、柔軟性、熱心さという点で、この数十年で最も強力な社会運動になると彼女はすでに信じていた。「そもそも［亡命したり、投獄されたりした］

中国の人権運動家たちは社会に広く支持者がいるわけではなく、基本的にはそれぞれ独立した活動家で、国内で大きなうねりを起こすような力を失っていたの。でもフェミニスト運動は違う。私たちのコミュニティはとても大きく、メッセージを求める声も膨大だから」

こんにちのフェミニスト活動家たちはもはや、中国国営メディアのミソジニーを告発する旗振り役をわざわざ務める必要さえなくなった。というのも、この数年のあいだに、一般の女性たちが（男性たちも）みずから性差別や性暴力を非難する勇気を持つようになってきたからだ。たとえば二〇一六年四月、北京のイーテル・ホテルで、男が女性の首や髪をつかんで廊下を引きずっていく様子を複数の監視カメラがとらえた。〝ワンワン〟と名乗るその女性は幸い最後に逃げることができ、この動画を微博や動画シェアサイト〈ヨウク〉に投稿した。この動画は何百万ビューという視聴数となり、怒りのコメントが怒涛のごとく寄せられた。女性が襲われたことに人々から激しい抗議が起き、とうとう北京警察は重い腰を上げて犯人の捜査を始め、ホテル側はのちにセキュリティの甘さやカスタマーサービスの杜撰《ずさん》さについて、謝罪を余儀なくされた。

二〇一六年九月には、大規模な女子学生団体を持つ北京師範大学のある学生が、この一〇年以上のあいだに起きた少なくとも六〇件の性加害やセクシャル・ハラスメントについて、微博で日時、場所、頻度を一万三〇〇〇語で詳細に報告した。その中には、副学部長が女子学生たちに薬を盛って性暴力におよんでいたケースまで含まれていた。また、#MeToo に似た二〇一七年五月のアクションでは、中国最大の投資銀行の一つ、中国国際金融のシニア・アナリストが、女性インターンたちにセクシャル・ハラスメントをおこなっていたとして停職処分を受けた。彼が女性たちに送った猥褻《わいせつ》なメッセージのスクリーンショットが匿名で微博に投稿されたのだ。

しかし、インターネットがこんなに厳しく規制されていなかったら、フェミニストのメッセージはもっと大勢の人々に届きつづけただろう。米国では、タラナ・バークが始めた #MeToo 運動は、二〇一七年に『ニューヨーク・タイムズ』紙と『ニューヨーカー』誌で、ハリウッドの大物プロデューサー、ハーヴェイ・ワインスタインの女性を食い物にするセクハラ行為について徹底的な調査報道がおこなわれたあと、一気に広まった。しかし中国では、報道の自由が制限されているうえ、インターネットの厳しい検閲制度もあって、ニュースメディアが同じような調査をすることはできない。

それでも二〇一八年一月、この世界規模の結束の時代にあって、フェミニスト運動は弾圧にも屈せずに、男ばかりが揃う支配者たちに対し、独特な形で反旗を翻して、中国版 #MeToo 運動が盛りあがった。数十校にのぼる国内の大学で、フェミニスト活動家や大勢の学生たちがインターネットへの厳しい検閲に対抗して、世界の #MeToo 運動の潮流に乗り、キャンパスでのセクハラ行為をやめさせようとしたのだ。

七〇校ほどの大学の八〇〇〇人以上の女子学生や卒業生がただちに参加したこの MeToo

陳情によって、中国の若い世代の女性たちが「性差別や性的抑圧が当たり前のように横行していることに激怒している」ことがはっきりした、と非営利団体〈アジア・ソサエティ〉のオンライン・マガジン『チャイナ・ファイル』に呂頻が書いている。「ネットワークでつながったこのゲリラ運動は、検閲に配慮している点やメンバー個人の自主性に委ねられている点で、何かの団体が中心になって計画し実行するキャンペーンよりはるかに有効だった」

フェミニスト活動家の肖美麗も、母校に向けてMeToo陳情をおこなった大勢の卒業生の一人だ。「教育施設でのセクハラがあまりにもひどいので、声をあげるしかなくなったのです。中国の大学は、学内でのセクハラ行為を防ぐシステムを構築することが急務です」北京にある中国伝媒大学に対する彼女の陳情にはそんな言葉がある。肖の陳情は、それが微博とウィーチャットに投稿されるや否や、検閲に引っかかって削除された。すると、この活動に加わった複数の女性たちが、母校の共産党員顧問が、この陳情のことで彼女たちの元指導教授に圧力をかけたと告発した。そのせいで教授が女性たちに連絡をよこし、このMeToo陳情は「海外の敵対勢力」の影響なのかと尋ねてきたという。

この手の質問は、二〇一七年五月、中国共産党の公報であるウェブ版『人民日報』が「西側の敵対勢力」が「西側独特のフェミニズム」を利用して中国の女性問題に嘴《くちばし》を挟もうとしていると警告して以来、しだいに当たり前になりつつあった。中華全国婦女連合会の副主席、宋秀岩《そうしゅうがん》は、女性の権利問題担当の党役員は現在「深刻な政治的苦境」にさらされており、習近平国家主席の指示に従って、西側イデオロギーの侵入をただちに防がなければならない、と発言したとされる。

さまざまな妨害はあれど、セクハラ防止を訴えるネット上の声は、大学教育を受けた高学歴の女性たちから、工場労働に就く女性たちへと広がりはじめた。二〇一八年一月末、アジアにおけるアップル社の主要納入業者〈フォックスコン〉の工場でライン作業をおこなっている匿名の女性が、同僚たちから頻繁にセクハラ行為を受けていることについて、女性の労働権について取りあげているウェブサイト〈尖椒部落《ジエンジアオ・ブールオ》〉に「フォックスコンの女性労働者である私は、セクハラ防止システムを求める」と題した文章を寄せた。女性は、国内のほかの女性たちがセクハラに抗議したというニュースに勇気をもらって、「この許しがたい不当なシステムに抗議」したいと考えた。雇用主に、自分のような被害者が頼れるきちんとした窓口を設置してほしいと彼女は訴える。そして、「男性たちも、同じ国で暮らす女性の状況にもっと目を向けてほしい」とも書いた。

#MeToo への検閲がどんどん厳しくなるこの状況を見かねた中国人フェミニスト活動家の七七《チーチー》は、検閲官の目を避けるために、絵文字を使って、「米」を意味する「🍚」（ミー）と「ウサギ」を意味する「🐰」（トゥー）を重ねて、ハッシュタグ #RiceBunny「🍚🐰」（ミートゥー）――「Me Too」と読みが似た中国語――とするアイデアを提案した。

すると微博は、二〇一八年三月八日の夜遅くに終わった国際女性デーの祝賀会のあと、

〈女権之声〉のアカウントを消去するという、思いきった策に出た。翌日、ウィーチャットは〈女権之声〉のグループメッセージ・アカウントを削除した。これは女権五姉妹の逮捕からちょうど三年経った日のことだった。微博アカウントが凍結されただけでなく、ウィーチャットは、〈女権之声〉の微博アカウント再開を求める投稿の多くも消去した。二〇一七年に微博が〈女権之声〉アカウントを凍結したのは一か月間だけだったが、二〇一八年の措置は、本書が発刊された時点では永久に続きそうな気配だ。

二〇一七年七月一三日にノーベル平和賞受賞者で、収監中だった劉暁波《りゅうぎょうは》が進行した肝臓がんの治療を受けられずに亡くなったとき、蝋燭の絵文字を投稿して彼の死を悼んだ女権五姉妹の一人である李麦子の微博アカウントも、すでに削除されていた。（李麦子は、その後、別の微博アカウントを開設した。）さらに中国は、二〇一八年までに世界でも最先端とされる監視技術――たとえば顔認証や虹彩認証などのシステム――を採用し、そうした技術を市民生活に驚くほど深く広く浸透させて、莫大なスケールの〝デジタル独裁国〟を作りあげている。

二〇一八年四月、いくつかの大学でMeToo陳情をまだ続けている粘り強い学生たちがいて、大学当局に対し、セクハラや性的暴行事件におざなりに対処して適当にごまかすなと訴えた。

中国最高学府である北京大学で、当時大学教授だった沈陽《シェン・ヤン》にレイプされたと家族や友人に話したあと一九九八年に自殺した文学部の学生、高岩《ガオ・イエン》の事件について、八人の学生グループが情報開示を求めた。沈はすでに北京大学を辞め、疑いを否定していたが、大学側は、一九九八年に彼の「学生と教師間の不適切な関係」について警告したことを認めた。

情報開示要求した学生の一人、岳昕《ユエ・シン》によれば、四月二二日の深夜、彼女の共産党員顧問がひどく取り乱した様子の母を連れて北京大学外国語学院の彼女の学生寮の部屋に現れ、これ以上あの二二歳の学生レイプ事件について騒ぐのをやめろと警告してきたという。岳は母親とともに家に送り返されたが、自分が受けた脅迫についてネット上で告発し、これがあっという間に拡散された。「午前一時に私の顧問が母を連れていきなり学生寮の部屋に来て、私を叩き起こし、携帯電話やパソコンから情報開示要求に関するデータをすべて削除しろと脅してきた」

顧問は、君の行動は「反体制的」と見なされ、「外国勢力」と関わった罪に問われる恐れがあると岳に警告した。母は大学当局から娘さんが自殺しかねないと言われて、心底怯えていた、と岳は書いている。

北京大学のほかの学生たちも、同級生が不当に脅迫されたことに腹を立て、校内の掲示板に岳昕との連帯を呼びかける大きな文字で手書きしたポスター〝大字報《ダーズーバオ》〟を掲示した。そこには「大学当局の男性各位に尋ねたい。あなたがたはいったい何を恐れているのか？」と書かれ、かの同窓生は、歴史に名高い一九一九年の五四運動（第五章参照）の精神で行動していると訴えた。彼らの行動は、一九七八–七九年の〈北京の春〉や一九八九年に学生たちが起こした（しかし天安門事件によって抑圧された）民主化運動を思い起こさせた。学内の警備員たちはすぐさまポスターを剝がし、翌日、北京大学は、その〝大字報〟が掲示された場所にさっそく監視カメラを取りつけた。

リークされた検閲指示によれば、当局は各中国メディアに対し、「北京大学の大字報事件について、報道を控えることを要請する……いわゆる〝連帯〟を表明するコンテンツをSNSでシェアすることを禁じる」と警告したらしい。しかし、ネット上の支援者たちはそうした検閲を拒みつづけ、学生の大字報の画像を横向きや逆向きにしたり、場合によっては、暗号通貨に使われるブロックチェーン技術で暗号化したりして投稿した。

交流したくても障壁は増える一方だったから、中国のフェミニスト運動はもっと頻繁に発信できる場を国外に持つ必要があると呂頻は思い、国の妨害の入らない〝新たな活動の場を開く〟ことに専念している。みずから国外に出ることで、八方ふさがりの運動に新風を呼びこめると信じた彼女は、二〇一五年に女権五姉妹が拘束されたあと、ニューヨークのコロンビア大学の客員研究員となり、その後、オールバニーにあるニューヨーク州立大学でジェンダー学専攻の修士課程に入った。そしてその間に、複数の仲間とともに米国を拠点とする初の中国人女権団体〈チャイニーズ・フェミニスト・コレクティヴ〉を設立した。

「たとえこれまで表立って反共産党を訴えてはこなかったとはいえ、党側はいまでは私たちをそう見なしてる……いよいよ対決モードに入ったってわけ」米国を新たな拠点とした呂頻は、その立場を利用して、中国当局の厳しい監視下にあったこれまでより自由に意見を表明するようになった。国外に出た中国人フェミニストが、国内のフェミニストたちのために女性の権利に関するさまざまな情報を中国語で、しかも無検閲で発信する貴重な発信源になると同時に、この運動を続けるためにも新たな活動家を増やす原動力になることを望んでいる。

いざ海外に脱出すると、中国国内のネットワークは活用できなくなるとはいえ、インターネットがあれば（少なくともいまのところは）国内コミュニティとつながるのはそう難しくない。とくにすでに広範に広がった中国フェミニスト・コミュニティはさまざまなSNSや暗号メッセージ・プラットフォームを使って、いまや全世界に驚異的な協力網を広げているのだ。

「私たちが米国でこのグループを立ちあげなかったら、中国のフェミニスト運動はかなり消極的なものになってしまうと思う」呂頻は言う。「中核を成す運動家たちの立場はとても危ういもので、いつ警察に踏みこまれて、誰がまた逮捕されるかわからないのよ。それは今日かもしれないし、明日かもしれない」

3　拘束と解放

二〇一五年の国際女性デーに、女権五姉妹のメンバーたちは北京の海淀区勾留センターに正式に収容された。武嵘嵘《ウー・ロンロン》はまず杭州で逮捕拘束され、そこで健康診断を受けてから、翌日北京に空路移動した。それに先立つ数週間、B型肝炎で入院していたため、健康診断で異常が見つかり、海淀区の捜査官は逃亡を防ぐために彼女に大仰な足枷を取りつけたうえで、警察病院に搬送した。ところが、武の入院を求めた捜査官たちに対し、無料で人を入院させられるような病床はないと病院側は受け入れを拒否した。「わざわざここまで容疑者を運んできたのに入院を認めないとは、とんだ無駄足だ！」捜査官たちは病院スタッフにわめき散らした。仕方なく武を連れて海淀に戻り、そこで看守に彼女を監視させることにした。どうやら彼女はトラブルメーカーで、そのせいで病院に拒絶されたらしい。「この女は政治犯だから、話しかけるな」看守は武の同房の勾留者たちに告げた。

看守は武の足枷ははずしたものの、眼鏡を没収し、床で寝かせた。公安捜査官の取り調べは一日に三回おこなわれ、最後は必ず真夜中に始まった。自分はB型肝炎で、薬が必要だし、睡眠に邪魔が入らないようにしなければならない、と何度も訴えたが、連中は相変わらず夜中に彼女を叩き起こして取り調べを始め、薬も与えようとしなかった。

取り調べの様子はたいていビデオ撮影されたが、男性捜査官の中には、彼女を罵って動揺させてから録画ボタンを押す者もいた。

「おまえたちが中国女の人権を要求したりして少女たちの心を毒さなければ、俺たちは昔みたいに三人も四人も妻が持てたんだ」

ときには直接攻撃を受けることもあった。

「白状しないなら、男子刑務所に押しこんで輪姦させるぞ！」

武は男性取調官たちにうんざりし、もはや自分の健康状態さえどうでもよくなっていた。しかし、輪姦の脅しは効かないと気づいた取調官たちは、戦法を変え、家族のことを持ちだしはじめた。

連中は彼女の四歳の息子についてここには書けないようなことを言い、彼女を震えあがらせた。

さすがの武ももう耐えきれなかった。嗚咽が抑えられず、しゃべれなくなった。すっかり取り乱した彼女を、取調官たちは監房へ戻した。その晩、武はまったく眠れず、体調も悪化する一方だったし、気力もなくなっていた。

彼女は曹順利《ツァオ・シュンリー》のことを思いだした。曹は中国の人権問題に関する報告書の公開を求めて外務省の外でデモをおこなったあと、二〇一三年九月に逮捕された。罪状は、「挑発して騒動を引き起こした」罪だ（女権五姉妹の逮捕時に使われたのとまったく同じ文言）。彼女は肝炎と結核を患っていたが、やはり薬を取りあげられた。二〇一四年三月に意識不明になったあと、病院に急いで搬送されたが、数日後に死亡した。私もまったく薬を飲んでない。医者にも診てもらえない。そう武嵘嵘は思った。曹順利みたいに、ここで死ぬんだ。

まもなく武は吐血したが、医師の診察を求めても無視された。ようやく診てもらえたのは、三月一六日に弁護士との接見が許されてからだった。


女権五姉妹の別の一人、王曼《ワン・マン》も先天性の心臓疾患を抱えていたが、やはり治療を受けさせてもらえなかった。王が勾留センターに到着すると、公安捜査官が彼女のパソコンに保存されていたデータや電子メールを徹底的に調べた。以前すでに隅から隅まで調査したというのに。

「白状しろ！　おまえは外国勢力に利用されてたんだ！」連中は怒鳴り、所属するNGOがEUから資金援助を受けていたという、ただそれだけの理由で彼女をスパイ呼ばわりした。

一人娘だった王は、のちに、自分が拘束されていたあいだ、捜査官たちが母親にも不当な圧力をかけていたことを知った。ある捜査官は、弁護士を解任して罪を告白するよう王に呼びかける母を、ビデオ撮影することさえした。両親を長々と事情聴取したのは連中のくせに、おまえのことをひどく心配していると王に告げた。「なんて親不孝で身勝手な娘なんだ。おまえのせいでご両親はとても苦しんでいるんだぞ！」

毎晩取り調べが終わると、王は眠れないまま横になり、取調官の非難を一つひとつ思い返して、自分が何か間違いをしたとしたらそれは何だったのか、くよくよ考えた。一週間後、王の顔色が急に真っ青になり、彼女を医者に診せる必要がある、と同房の仲間たちが看守に訴えた。王は検査を受け、得体の知れない薬を与えられ、さらに数時間、取り調べを受けた。翌朝、看守は彼女の足首に足枷をつけると、警察病院に連れていき、点滴を受けさせた。

夜間は、ベッドに鎖でつながれた。昼は相変わらず取り調べが続き、供述書に署名しろと捜査官に怒鳴りつけられた。でも彼女は拒んだ。ひどく取り乱し、精神的に崩壊する寸前だった。とうとう取調官たちは、彼女を診察した医師から、これ以上取り調べを続けるわけにはいかないと申し渡された。三月二〇日、王の弁護士は、連日の長時間にわたる取り調べで、王は心臓疾患が悪化したと声明を発表した。人権団体〈ヒューマン・ライツ・イン・チャイナ〉によれば、弁護士は「現在は体調も管理され、危険な状態は脱したが、これ以上王曼の拘束を続けることは不当だ」と話したという。

勾留された三人目のフェミニスト、広州出身の鄭楚然《ジョン・チューラン》もまた、三七日間におよぶ勾留生活によって、長期にわたる健康被害を被った。鄭は、勾留中の精神状態を、〈プージエ〉という俗語を使って表現した。「広州では、歩いている人がすっ転んで、通りの真ん中でひどい格好で倒れちゃったとき、この単語を使うんだ」と彼女は説明する。「すっかりパニックになって、頭がどうかしそうだったよ」

李麦子《リー・マイズー》は捜査官に脅されたり屈辱的なことを言われたりしても、相手をあざけりつづけて抵抗していたが、自分はそんなにタフじゃない、と鄭楚然は感じた。何より両親のことが心配で、捜査官たちは彼女のそんな孝行心を利用した。「スパイ罪に問われるぞ。それはおまえの両親も同じで、二人とも一生監視される暮らしを送るんだ。今しも両親のところに警察が送られる」

警察が両親にいったい何をするのか。鄭には見当もつかなかったし、眼鏡を没収されて取調官の表情が見えないせいで、脅しがいっそう恐ろしく感じた。でも、公安捜査官による広州の実家の両親への嫌がらせは、ほとんど功を奏さなかったことがあとでわかった。鄭のボーイフレンドや彼女の労働運動団体の支援者ネットワークが、二人の無事を頻繁に確認してくれたおかげだった。

すると捜査官たちは彼女に、活動家仲間の武嵘嵘が慢性のB型肝炎の悪化で体調をかなり崩していると告げた。それからというもの、鄭は日課の取り調べのあいだずっとあられもなく泣きつづけた。あまりにも取り乱していたので、哀れに思った年上の収監者仲間たちが、娘のように世話をしてくれた。まもなくストレスのせいで髪が束になって抜けた。夜眠れず、うとうとしても、勾留センターの夜中の勤務シフト交替でしばしば起こされた。二五歳の彼女はこれまでおおむね健康に暮らしてきたが、膝が硬くなり、体を動かすたびにコキコキと音がした。不安が消えず、動悸がした。

鄭は、目が見えなくなったらどうしよう、と不安で仕方がなかった。ド近眼なので、ずっと目をすがめていないと何も見えないからだ。活動家仲間まで逮捕されたことで、自己不信と罪悪感に苛まれてもいた。結局のところ、痴漢に抗議するステッカーを配ろうと提案したのは自分だからだ。思いつきを胸にしまっておけば、みんなこんな苦痛を味わわずにすんだんだ、と思った。

医療行為を受けられないことや家族まで脅されることと同じくらいつらかったのは、勾留がいつまで続くかわからなかったことだ。当初、韋婷婷《ウェイ・ティンティン》は、数日もすれば釈放されるだろうと思っていたので、感情に蓋をし、いまの経験を人類学者の目で観察して、これは一種のフィールドワークなんだと考えようとした。しかし、勾留は数日ではすまないといざわかると、取り調べがくり返されるうちにいやでも不安が募り、ひどく混乱した。彼女も眼鏡がないと事実上何も見えず、監房の外で何が起きているのかまったくわからなかったからだ。まもなく、金属製のドアのところで手錠がぶつかる音がすると、たとえ同房の仲間と話をしている最中であっても、体が固まって動かなくなるようになった。「扉のところでその音がすると、取り調べのために外に連れだされるとわかっていたからです。もし私の番でなければ看守はそのまま通りすぎるので、ほっと息をつきました」と彼女は話した。

女権五姉妹の中で最もけんかっ早い最後の一人、李麦子は、取り調べの最初の週は黙秘を通し、彼女を拉拉《ラーラー》（レズビアン）だの売女だのと呼んで攻撃する捜査官たちをただあざ笑うだけだった。「穢れてるとか、売春婦とか、レズビアンとか、好きなようにわめくといい。私は屁とも思わないから」彼女は言った。

相手は彼女を親不孝者と罵った。「あんなに貧しい両親に育ててもらいながら、感謝のかけらも見せない悪い娘だ」と怒鳴り、その後じかに両親を脅した。公安捜査官たちは李の父親に、勾留されている娘に宛てて、その許しがたい振る舞いを諭し、フェミニスト活動をやめるよう促す手紙を書けと命じた。しかし、手紙を見せられた李は、たとえば「みずからのおこないを徹底的に正し、新しく真人間に生まれ変わりなさい」というような、やけにこねくりまわした華美な表現を目にして、誰かに言われたことをそのまま書いたのだとすぐにわかった。

強烈なスポットライトを備えた特別な取調室に連れていかれたこともあった。そのスポットライトで至近距離から目を照らされ、李は目が開けられず、涙が止まらなくなった。目を閉じているしかない彼女を、相手は「外国勢力」のスパイとなじった。

「は？　私はジェンダー差別と闘ってるんだよ。それが今度はスパイになったわけ？」李は言った。

「おまえは国を覆そうとするスパイだ！」捜査官たちは怒鳴った。

五年の禁固刑になると言われたときも、当初李はひるまなかった。計算するかぎり、刑務所に五年いたとしても釈放されたときまだ若いし、塀の中では中国の刑法を勉強して過ごせばいいと思ったのだ。ところが、いや、刑は八年から一〇年にはなるだろうと相手が言いだすと、もはや冷静ではいられなくなった。拘束されるあいだ、ストレスにさらされる時間と単調な時間が交互にやってきた。

「一日じゅう監房に閉じこめられていると、取り調べのために外に出してもらうのが待ち遠しく思えることとさえあった。何もすることがないのにただ閉じこめられているのって、本当に退屈なんだ。でも、取り調べに呼ばれるたび、それはそれで不安になって動悸が収まらなくなるんだよ」と彼女は話す。そこで自分を落ち着かせるための対処方略《コーピング・ストラテジー》を編みだした。毎朝取り調べに連れだされるときと夜寝る前に、必ず「忍耐、勇敢、辛抱と唱えるんだ。毎日をやり過ごすのに、このおまじないが頼りだった」

幸い、女権五姉妹には世界じゅうから連帯の波が押し寄せた。武嵘嵘の弁護士は、彼女には医療措置がただちに必要だという声明を発表し、夫は、彼女が二月に一二日間入院したことを証明する治療歴を公表した。また、北京のある医師が武のカルテを個人的に調べ、彼女は毎日投薬を続けないと肝臓に支障が出るかもしれないと警告した。一六人の支援者が、武嵘嵘の治療を求める手紙を勾留センターに送り届け、彼女たちも逮捕されて一日勾留された。しかしこうした世間の圧力が功を奏したらしく、公安捜査官はとうとう武の体調が悪化していることを認め、警察病院に彼女を搬送した。しかし入院中でさえ、武は午後六時から午前六時まで病院のベッドに足首を鎖でつながれ、夜中にトイレに行くときには病院のベッドをトイレまで引きずっていき、用を足すと、またベッドを引きずって病室に戻らなければならなかった。

世界じゅうから寄せられる女権五姉妹拘束への抗議の声はいつまでもやまず、支援者たちによる #FreeTheFive 運動のデモ行進が世界各地でおこなわれ、中国政府のフェミニスト活動家への弾圧に反対した。四月初旬、女権五姉妹は起訴される予定だったようだ。もともとは「挑発して騒動を引き起こした」罪に問われていたものが、もっと罪の重い「衆人を集め、公序を乱した」罪に変更され、最大で五年、場合によってはもっと長期の禁固刑が言い渡される恐れがあった。中国政府は外部から人権問題を指摘されても耳を貸さないことが多いが、個々の反体制者を釈放したり、亡命を許したりすることも、ときにはある。中国当局が女権五姉妹の釈放を決めた正確な理由はわからないが、おそらく、ニューヨークで開催される北京女性会議二〇周年記念の国連「北京＋20」会議を主催する準備を進めながら若いフェミニストたちを拘束するのは、習近平にしてもあまりにも厚顔かつ偽善的で、中国の大きなイメージダウンにつながると考えたからではないだろうか。

中国刑法で定められている最大限の拘束期間である三七日のあいだに当局が起訴できなかったため、弁護団は釈放を請求した。四月一三日夕方、北京当局は「取り調べを一時中断」し、保釈金によって五人のフェミニスト全員を釈放すると突然発表した。彼女たちは、「衆人を集め、公序を乱した」罪で捜査中の「犯罪容疑者」とされ、政府の許可なく旅行することを一年間禁じられた。

こうして公式には釈放された五人だが、嫌がらせは続いた。それも釈放のほとんど直後から。

北京で釈放された夜、武嶸嶸は数人の捜査官に空港まで連れていかれ、セキュリティチェックを通過するあいだ、余計なことを言うなと釘を刺された。「空港で人に話しかけられても無視し、われわれに話をさせろ」捜査官が命じた。飛行機が杭州に着陸したとき、彼女はその足で警察署に連行され、捜査官の一人が彼女を尋問するあいだ、別の一人がビデオ撮影した。

「武嵘嵘、勾留のあいだ待遇はどうだった？　処方どおりに薬を与えられたか？」

公安捜査官に取り囲まれ、ビデオカメラに向かって話すうちに、武は、もし相手の気に入らないことを言ったら家に帰してもらえないのではないかと怖くなり、ぼそぼそとつぶやいた。「はい、きちんと扱ってもらえました」

今後は当局に従いますと誓わされている自分の姿がカメラに収められていることを思うと、武はしだいに気持ちがふさいだ。

本当は大声でわめきたかった。「あんたたちは理由もなくあたしを三七日間も拘束したんだ！　あたしは床に寝かされていた。薬さえ奪われて、下手をしたら死んでたんだ！」

それでも武は口をつぐみ、捜査官の気に入るように答えた。

「武嵘嵘、これからもパフォーマンス・アートをおこなうつもりか？」

「今後は社会のためになることだけおこないます」武はロボットのように答え、録画が進むにつれ吐き気が強くなっていった。

武の夫が彼女を迎えに警察署に来ると、捜査官たちは、これからは社会にとって〝有害な〟ことを妻にさせませんという誓約書に署名を求めた。「もし妻がまた似たようなことをしたら、今度はおまえに責任を取ってもらうからな！」捜査官の一人が夫に警告した。武は、自分などそこにいないみたいに、連中が夫を激しくなじるのを聞いて、ますます気分が悪くなった。なぜ彼らは私がしたことで夫を責めるわけ？

むかむかしている武をよそに、夫はようやく家族が再会できたことに胸を撫でおろした。武の息子は、彼女が勾留されているあいだに四歳になり、やっとママにまた会えて大喜びしていた。武はことあるごとに泣き崩れたが、息子は母親の心の傷を理解するには幼すぎた。

女権五姉妹はすっかり有名になり、武の私生活もいつしか世間に知れ渡っていたため、息子が四歳の誕生日を迎えることを多くの支援者が知っていた。だから、誕生日を祝い、お母さんの回復を祈る誕生日カードが殺到していた。

「ママ、どうしてこんなに大勢の人がぼくにカードを送ってくれたの？」息子は尋ねた。

「ママはとてもいい人だから、みんなに好かれてるの。だからあなたのことも好きなのよ。それで誕生日も祝ってくれた」武がそう話すと、息子はとても喜んだ。

でも、最悪なことが起きるのはこの後だった。

釈放されて二週間もしないうちに、北京の公安捜査官が杭州にやってきて、武を再び取り調べたのだ。自分たちがここに来たことは、杭州の公安捜査官には言うなと口止めをされた。（本来、管轄外の市民を取り調べするときには、その土地の公安当局に連絡を入れなければならない。）捜査官たちは武をホテルの一室に連れこんだ。中に入るなり、武は恐怖に駆られた。窓には暗幕がかかり、照明も薄暗く、北京の勾留センターの取調室を真似て長テーブルがいくつか配置されていたからだ。そして彼女の取り調べが始まった。捜査官たちは、NGO〈益仁平《イーレンピン》〉の創設者である陸軍《ルー・ジュン》について尋ね、彼女を〝反体制的〟フェミニスト運動に引きこんだのは陸だと言わせようとした。やろうとしていることは、海淀区勾留センターの捜査官たちと同じだった。武はそれを拒んだ。

連中は彼女を怒鳴り、罵り、その猛烈さはもはや人間とは思えないほどで、もはや獣がすぐ近くで立ちふさがり、何時間も吠えたてているかのようだった。それから今度は彼女に叩頭《こうとう》を三回させた。地面に頭をついて相手に忠誠を示す中国伝統のしぐさだ。この杭州のホテルの一室での出来事は、勾留中以上に恐ろしかった。武が泣きだすと、「そうやって泣きつづけるかぎり、家には帰せない」と脅された。

八時間後、彼女はようやく解放された。夜道を一人で歩く武は、寄る辺なく、混乱していた。さまよえる幽霊のように、どこをどう歩いているかもわからなかった。ヘッドライトにかっと照らされたとき、道端でつまずき、そのまま車の前に倒れこもうかとさえ思った。携帯電話が鳴ったのはそのときだ。夫からの電話だった。彼女は通話口でただただ泣いた。

武嶸嶸はそれまでおおやけには、勾留中のひどい扱いについて言及したことはなかった。自分や家族にさらに危害が加えられるかと思うと、恐ろしかったからだ。しかしその晩、何時間も部屋に閉じこめられて心身を揺さぶられたあと、もはや金切り声をあげずにはいられなかった。沈黙で喉が詰まりそうだった。声をあげて、本当は何があったのか話さなかったら、そのまま倒れて死んでしまうと思った。武は、浙江大学の大学院生である友人の猪西西《ジュー・シーシー》に連絡し、取り調べがどんなに苛烈だったか、話を拡散してほしいと頼んだ。「私は精神的に崩壊する寸前です。もし明日私から何の知らせもなかったら、それは死んだしるしだと思ってください」武の声明文にはそう書かれていた。猪は人権弁護士やフェミニスト・コミュニティにこれを送り、それがSNSで広がった。「ずっとびくびくしている弱虫になるくらいなら、抵抗して自由を手に入れる道を選んだんです」武はのちにそう説明した。

女権五姉妹の一人、鄭楚然も、北京で釈放されたあと広州に空路で送り返されたとき、やはり心に深い傷を負っていた。その後の数週間はショック状態にあり、一人になるのが怖くて、自分はもう勾留されていないということさえきちんと認識できないほどだった。ノックの音を聞くたびに動悸が激しくなった。また逮捕されるのではと怯え、勾留センターの取調官のぼんやりした暗い影に取り憑かれていた。そういう状況をさらに悪化させたのは、公安捜査官が何かというと彼女を「食事」やら「お茶」やら「おしゃべり」やらに招き、電話であれこれ質問してくることだった。もう脅してきたり、正式に取り調べをしたりはしなかったが、そうやってつねに彼女の不安を煽りつづけた。自分を支援するために来てくれた友人が、公安に連れ去られやしないかと鄭は心配で仕方がなかった。

公安捜査官の要求に唯々諾々と従い、従順な下僕のように振る舞っている自分は、一種のストックホルム症候群を患っているのだと思えた。「連中は私を国の飼い犬にしようとしていたんだ。それって、いろいろな意味で、勾留中にやつらがしたどんなことより醜いと思う」香港に住む友人たちが、ＰＴＳＤに少しでも対処できるよう、カウンセリングを手配してくれた。そうして鄭はゆっくりと、自分を苦しめ、踏みにじった男たち一人ひとりに復讐しようと思えるようになった。のちに彼女はそのとき空想した復讐の数々を思いだし、ジョークを飛ばしたが、自分が受けた不当な扱いへの根深い怒りを掘り返し、それを表現することで、トラウマを癒すことができたのは間違いなかった。夏の終わりには、恋人と結婚し、仕事を始める心の準備ができた。もっとも、政府が彼女の刑事容疑を取り下げないかぎり、女性の人権ＮＧＯでは働かないと両親と約束していた。

二〇一五年の末にかけて、鄭は北京に旅行に行くつもりでいたが、人口政策のためのいつもの確認です、という口実のもと、公安捜査官が義母の家に現れた。鄭は激怒し、彼女の監視担当の主任捜査官に電話をかけると、「何か訊きたいことがあるなら、私に直接言ってくればいいでしょう？　義母に迷惑をかけないで！」と憤慨して告げた。でも捜査官の訪問は目的を果たした。当局は鄭の親類縁者までしっかり監視していること、彼女はいまもまだ刑事容疑者であること、彼女の関係者は誰であれ嫌がらせを受ける恐れがあることを改めて念押ししたのだ。

四月一三日の夜中に釈放された王曼は、北京の勾留センターの捜査官たちに天津に近い町にある両親の家に車で送ってもらった。到着したのは午前二時か三時頃だった。数時間後、ようやく試練の日々が終わったと王が思ったちょうどそのとき、天津から新たな捜査官が現れて、あるカフェの個室に彼女を連れだした。そこは窓がなく、北京の勾留センターの取調室にわざわざ似せていた。そしてまた取り調べが始まったのだ。「私は体調が悪くて、心臓の持病があるんです。お願いだから休ませて」彼女は懇願した。結局捜査官は、心臓発作でも起こされたら困ると思い、彼女を解放した。しかしその前に、これからも取り調べは続くぞと脅すのを忘れなかった。「また来るからな」捜査官の一人がそう凄んでみせた。

しかしそれはこけおどしに終わった。たぶん世論の広がりに恐れをなして、手控えたのではないかと王は考えている。とはいえ、それでも天津の捜査官たちは王の母親にくり返し電話をかけ、娘についてメディアから何か訊かれても答えるなと警告した。王の北京のアパートでは、警察がルームメイトを脅して追い払い、さらには家主に王の〝犯罪歴〟を教えたので、彼女は立ち退きを強要されて天津の実家に戻るほかなくなった。

王曼にとって今回の出来事でいちばんつらかったのは、友人の多くが離れていってしまったことだ。とても近しい仲間の中でも、業務開発の仕事をしていたときから知っているがフェミニスト・コミュニティには入っていない人たちは、自分はフェミニストだとは思っておらず、彼女の行動は過激すぎると考えた。彼女を拘束した政府は間違っているが、彼女にも非があるという認識なのだ。「いままでとても信頼していた、恩師を含む友人たちの中には、私がどんな経験をしたか理解できず、私とはもう関わりたくないと考える人もいたんだ」王は言う。「彼らにどんな圧力がかかっているかよくわかっているけれど、それでも受け入れるのがとてもつらい」

王は仕事も、アパートも、普段の仲間たちも、北京での自立した生活も失い、彼女や母親を監視する公安捜査官からはいまだにしつこく電話がある。王は、逮捕されるまでに起きたことを何度も思い返した。自分の活動は、それまで考えていたほど、この国の発展に貢献してはいないのかもしれない。私の仕事に疑いの目を向ける人たちのほうが正しくて、あんなことが起きたのはやっぱり自分のせいなのかも。

それは一種の麻痺状態に近く、勾留中よりはるかに苦しくて、いっそ勾留センターに戻りたいとさえ思った。「施設の中ではすべてが白か黒かで判断がついた。自分は無実で、何も悪いことはしていないとわかってたから、とにかくこの苦境を乗り越えて、釈放されるのを待つ、ただそれだけだった」ところがいざ外に出てみると、これまで信頼していたたくさんの支援者を失い、悲しみと失望に襲われることになった。

王は慢性的な不眠症になり、ＰＴＳＤの影響でベッドから出られないことが増えた。カウンセラーにも何度か相談したが、「自分の過去を振り返り」、逮捕につながった行動の「責任をとり」なさいと言われた。専門家からそう告げられると、ますます自己不信が募った。でも、そうしてもがき苦しんでいたときに手を差し伸べてくれたのが、活動家仲間だった。彼女たちは心の支えになってくれた。あなたは何も悪くない、ときっぱり告げ、あなたの仕事にはとても重要な意味があったと言ってくれた。それに、優秀なセラピストも紹介してくれた。仲間の中には、わざわざ天津にまで足を運んでくれて、母と話し、娘さんは犯罪者でも何でもないし、むしろ中国の女性の権利向上のために力を尽くしてくれたと伝えた者までいた。

「シスターフッドは、私が私自身になり安心できる安全な場所を提供してくれた」と彼女は話す。「フェミニストの連帯が私を救ってくれたんだ」。二〇一六年、王は香港大学で社会福祉学の修士課程に入った。彼女の中で、フェミニズムこそが社会を動かし、変えてくれるという信念がいよいよ強まっていた。

「中国の多くの女性たちは、フェミニズムというのは毛嫌いすべきもの、醜いものだと教えこまれていて、フェミニストというレッテルを貼られたくないと思ってる。でも、危機的状況では、フェミニズムこそが本当の頼みの綱になるんだ。溺れかけている女性を、この命綱が水から引きあげて、救ってくれる。私はフェミニストたちの連帯をそんなふうに感じてるよ。文字どおり、私たちの命を救ってくれるんだ」

4　あなたの体は戦場だ

釈放されることになった夜、李麦子《リー・マイズー》は、たとえば個人に供与された毛布や食器など、センターで使っていた私物をできるだけ持ちだそうとした。彼女の持ち物を検査していたある看守が、どうして収監されたいやな記憶を思いださせるものをわざわざ保管したがるのか、と尋ねた。「お嬢ちゃん、ほんとに物好きだな」と彼は言った。

勾留センターの内部の様子を再現して一般公開したいんだ、と李は答えた。「スプーンはここ、ボウルはここ、毛布はここ」とのちに彼女は説明した。「一種のパフォーマンス・アートだよ。誰でも部屋に入ることができて、そこでどんなふうに眠り、食事をし、取り調べを受けるか、私が説明する」

看守たちはその晩、七時か八時頃から李の所持品検査を始め、終わったのは真夜中近くだった。彼女は取り調べの様子を逐一紙切れに書き留め、それをレギンスのゴム部分に隠していたが、看守に見つかって没収された。検査がようやく終わると、李はすべての持ち物を二つの袋に分けて運ぶことにした。左手には、勾留センターで支給された洗面用具やコップ、ボウル、スプーン、洗面器、弁当箱、右手には毛布とマットレスパッド。

二〇一五年に会ったとき、李は勾留センター内で何がどこにあったか、まだよく覚えていて、時間をかけて細かい地図を描いて私に教えてくれた。まず、三月六日の夜に彼女たちが勾留された警察署内の様子。取調室は六部屋あったと言い、マジックミラーを備えた大部屋を描くと、テーブルやベンチまでそこに加えた。次は海淀区勾留センターの二階だ。李は各監房の号数を覚えていた。彼女が一一〇五号、隣の一一〇六号には知人は入っておらず、鄭楚然《ジョン・チューラン》が一一〇七号、韋婷婷《ウェイ・ティンティン》が一一〇三号、王曼《ワン・マン》が一一〇一号だった。言葉を交わせないように、全員がわざと別々の監房に入れられていたが、取り調べの行き帰りに一瞬たがいの姿が見えた。武嵘嵘《ウー・ロンロン》は仲間とは離れた、センターの別エリアの監房一二〇三号にいた。彼女はフェミニストとして最も古株で、まとめ役だと思われていたらしい。

二〇一五年一二月、女権五姉妹のほかのメンバーの中にはPTSDの治療を受けた者もいたが、李にそれについて尋ねると、その手の心理療法が効くとは思えない、と鼻で笑った。勾留センターの内部をこまごまと描いたイラストを見たとき、それがつらい記憶に対処するための彼女なりの方法なのかもしれない、と私は思った。女権五姉妹を一か月以上拘束することで、中国政府は彼女たちの主張を封じこめただけでなく、身体の自由をも思いのままにしたのだ。

勾留センターでは食事も貧しく、それにストレスも加わって、逮捕時にもともと痩せていた李は、勾留中に体重がさらに五キロ近く落ちてしまった。釈放にあたって、娘の活動をやめさせるよう、公安捜査官が両親にくり返し迫っていたことを知った。捜査官たちは二人を自宅から連れだし、北京からかなり離れた田舎に住む李のおばの家に自宅軟禁して、外出や買い物、自分で料理することさえ禁じ、毎日監視役がテイクアウトしてきた弁当を食べさせていたという。

勾留センターを出たあと、李もまた郊外のおばの家で両親とともに過ごすことになり、事実上、家族全員が自宅軟禁状態となった。李のガールフレンドのテレサはなんとかして李と会いたいと思ったが、捜査官たちが家をつねに監視し、人の訪問をいっさい許さなかった。李と連絡を取る手段として唯一思いついたのは、李の父親に直接電話をすることだけだった。「われわれが監視されていることを知らないのか？　二度と電話をかけてくるな！」李の父親は怒鳴りつけた。

二日後、テレサはようやく李と二人で会うことを許された。李が勾留中どんなに傷ついたかよくわかったから、それ以上つらい思いをさせたくなくて、そのとき悩んでいたことを口には出さなかった。話したら、李はきっと黙ってはいないはずだからだ。女権五姉妹は世界じゅうのメディアから注目されており、彼女たちの担当弁護士の中には、この一方的で不当な拘束について海外のジャーナリストから頻繁にインタビューを受ける者もいた。しかし、男性弁護士の一人に問題が生じていた。「私たちの代理人を務めていた何人かの弁護士の中で、彼がいちばん頼りがいがあったし、親切だったの」テレサは言った。「話を聞いてほしいと言うと、いつでも耳を傾けてくれた」彼女は完全に彼を信頼していたので、身の安全を確保するために北京を離れて中国北東部にあるハルビン市に移ったらどうか、と提案されたとき、すぐに従った。

知り合いもいない、遠く離れた寒い町ハルビンで一人きりでいると、テレサはひどく不安になった。政府に厳しく監視されていて、フェミニスト仲間と連絡をとるのは危険だったから、みんながどうしているのかもわからなかった。定期的に話をするのはその弁護士だけ。毎朝最初にするのは、メッセージ・アプリを開き、ガールフレンドや同じように拘束されている女性たちについて彼から何か新しい知らせはないか、確認することだった。

しだいに弁護士は露骨な性的コメントをするようになり、テレサと李との関係を空想して、あれこれメッセージを送ってきた。新しいニュースはないかと尋ねると、情報がほしければ、君のセクシーな写真を送れと強要した。テレサは自分がひどく踏みにじられたように感じたが、孤独で無力で切羽詰まっていたから、はじめのうちは弁護士のセクハラを我慢していた。対立するのが怖かったのだ。女権五姉妹の釈放を世間に訴えるうえで、その弁護士を全面的に頼りにしていた。まもなく彼女は、その弁護士が公安と結託して自分を取り調べ、貶める悪夢を見るようになった。

そうするうちに、その弁護士の振る舞いはまさに職権の乱用だと気づいたテレサは、彼のセクハラメッセージのスクリーンショットを撮り、近しい友人に転送した。「この［弁護士からの］メッセージ、本当に気持ち悪いんだけど、いまはこれを問題にする気力がないの。だから私の代わりに保存しておいて」とメッセージを添えた。このスクリーンショットが、過去に同じ弁護士からセクハラを受けたことがある別のフェミニスト活動家の目に偶然入ったのだ。

そのフェミニストは方々に話を聞いてまわり、かの弁護士があちこちでセクハラをおこなっていたことを暴いた。弁護士のセクハラを打ち明けたら〝仲間を裏切ることになる〟と泣き寝入りしそうな、活動家になったばかりの若い二〇代のフェミニストばかりを狙っていたのだ。でも、何人かが集まって非公開のチャットグループを作り、その弁護士にどう対処するべきか話し合った。彼女たちは連名で、彼のセクハラを告発するメッセージを本人に送りつけた。弁護士はそのグループに個人的に謝罪する返信をし、あなたたちの誰も傷つけるつもりはなかったと訴えた。そのときテレサは、謝罪は真摯なものだと感じ、それ以上彼を追及しなかった。

ところが女権五姉妹が釈放された直後、ハラスメント被害者の一人が、あの謝罪のあとも弁護士がセクハラを続けていたとテレサに打ち明けた。テレサは弁護士とじかに会って話をつけようとしたが、彼は面会を拒んだ。これに対応する形で、弁護士は微博で謝罪文を公開したがすぐに削除し、自分は何も間違ったことはしていないと訴えて、逆に「冗談が通じない」としてフェミニストたちを攻撃した。

テレサは、弁護士が勤務している北京の人権NGOの代表者と話をし、はっきりセクハラとわかるメッセージの数々を見せた。証拠を目の当たりにした代表者は、わかってくれたようだった。テレサはそれに勇気をもらって、組織として弁護士の責任を追及し、全職員にセクハラ防止教育をおこなうべきだと話した。「私たちが将来セクハラや性暴力といった案件に対処するようになったら、あなたの組織に先頭に立って弁護を引き受けてもらいたいと思います」と彼に告げた。

ミソジニーに政治的立場は関係ない。歴史的にも、革新的と考えられていた男性活動家たちが、みずから携わる人権運動の中で女性たちを黙らせ、見くびり、嫌がらせさえして、根深い性差別意識をあらわにしてきた。これから描写する出来事は、米国を含む世界じゅうの多くの場所で起きうることだ。テレサの場合、人権団体の代表者は、このあと組織内でどう対応すべきか話し合う会議を開く必要があると彼女に告げたが、結局その会議のあとに届いたのは残念な知らせだった。「彼がセクハラをしたと感じているのはあなただけなんです。組織内のほかのメンバーはそう判断しなかった」彼によれば、弁護士は懲戒は受けることになるが、組織に留まるという。「われわれは、一度の裁定で彼に死刑を宣告する裁判官じゃない。もう一度チャンスを与えないと。どうか辛抱して、彼に考える時間をあげてほしい」

テレサはすっかり失望した。でも、こんな不当なことがあっていいのかという思いがふつふつと湧き、怒りがこみあげた。「彼に時間を与えろ？　じゃあ私はどうなるの？」彼女は憤慨した。そうするあいだに、この弁護士についての不愉快な出来事を李麦子に隠しておけなくなった。彼女はまだ勾留時のトラウマから回復の途上にあったが、この知らせに腹を立て、心底がっかりした。まさにセクハラ反対を掲げて勾留された自分をはじめとするフェミニストの女性たちの代理人をしながら、ガールフレンドにセクハラをし、それをごまかしていたという男の存在そのものの究極の皮肉に、打ちのめされていた。そんなやつが最悪の危機にあった自分を弁護するはずだったのだ。

「今回のことで、人間がどれだけ卑しくなれるのか、よくわかったよ」李は言う。弁護士は、李が勾留センターから解放されればすぐに真実をつきとめるとわかっていたはずだから、彼がなぜああいう行動に出たか、考えうる説明は二種類しかない。あまりにも無知で、セクハラとは何かわかっていなかったか（メディア上で女性の権利やジェンダー平等についてべらべらしゃべりまくっていたとはいえ）、あるいは李が釈放される可能性はまずないと思っていたか。「彼の行動には本当に吐き気がした」彼女は言う。

しばらくして、そろそろこのことを公表する潮時だと思ったテレサは、仲間のフェミニストたちに、例の明らかなセクハラ発言のスクリーンショットを微博に匿名で投稿するゴーサインを出した。多くの人々——大多数は男性——が、弁護士をセクハラで非難するのは不当だ、中国の人権問題解決というもっと大きく、もっと「重要な」目標の達成を遅らせることになる、と主張した。見ず知らずの人々が、彼の行動が「本当に」セクハラかどうかあれこれ意見を並べることに嫌気がさし、そういうミソジニーむきだしなコメントは無視しようとした。その一方、この恥辱を克服する支えになってくれた活動家シスターたちの強い連帯感には心から感謝した。

人権団体やＬＧＢＴＱの権利団体の内部で、女性の権利を人権だと本当の意味で考えていないことをあらわにする男性活動家がよくいる。私がインタビューしたフェミニスト活動家の中にも、人権活動家でありながら性差別をする男性のことを非難する人がいた。男性主体の人権団体では、「団結」を保つという口実でほかの男性のセクハラをうやむやにするケースがある。しかし、肖美麗《シャオ・メイリー》や猪西西《ジュー・シーシー》、趙思楽《ジャオ・スーロー》らフェミニストたちは、この人権弁護士のミソジニー的嫌がらせを公然と非難する声明を出した。

鄭楚然は、釈放された数か月後、人権弁護士について熱のこもった書簡をＳＮＳで公開した。「あの男性弁護士は、正義やら平等やらご大層なスローガンを並べておきながら、私の仲間《シスターズ》たちにセクハラをしていたんです！　私はセクハラ撲滅を掲げて収監されたというのに、シスターたちにセクハラしたあんたがまんまと法の網をかいくぐるなんて、けっして許さないからね！」男性公安捜査官がおしなべてそうだったように、男性人権弁護士の多くは、あんなのは真剣な活動家ではないとして、李麦子やテレサら〝お嬢ちゃんたち〟を軽くあしらった。テレサによれば、ジェンダー意識がそれこそ低い連中は、李とテレサが本当に拉拉（レズビアン）だとは信じようとせずに、「これという男と出会ったことがないだけだ」と言って、二人の親密な関係を揶揄したという。

「中国人男性のほとんどが、セクハラの最も基本的な概念さえ理解してないの。だから、私たちがおおやけの場で、［弁護士を］徹底的に叩くことはとても重要だと思う。さもないと、彼は将来、何かもっとひどいことをやらかすかもしれない」とテレサは言う。

「人権の旗を振りかざしてヒーローぶっているくせに、女性にハラスメントをし、傷つけておきながら、評判に傷一つつかずに弁護士として活動を続ける、こういう男たちが大勢いるんだよ」鄭楚然は私に言った。

中国にどれくらいセクハラが広がっているかがわかる信頼できるデータはないが、注目すべき調査結果もある。国営の英語ニュース・ウェブサイト『シックスス・トーン』によれば、二〇一六年、NGO〈中国家族計画協会〉が一万八〇〇〇人近くの学生を調べたところ、大学生の三割以上が性暴力やセクハラを経験したことがあり、最も一般的なものとして「口頭でのセクハラ」、「キスを強要されたり、プライベートな部分をさわられたりした」、「無理やり服を脱がされたり、プライベートな部分を露出させせられたりした」などが挙げられた。二〇一八年三月、〈広州ジェンダー教育センター〉（女権五姉妹の韋婷婷が創設した）と〈中国女性映画フェスティバル〉が共同で四〇〇人以上の女性ジャーナリストを調査したとき、八割以上が上司や同僚から「望んでいない性的行為、性的要求、性的言語、性的な非言語的あるいは身体的接触」の被害を受けたことがあると回答した。また、労働問題に関するNGO〈中国労工通訊《ジョングオ・ラオゴントンシュン》〉によれば、二〇一三年の調査では、広州の七割近い女性工場労働者がセクハラを受けた経験があることがわかった。（この調査をおこなった〈向陽花女工センター〉も、女権五姉妹の逮捕のあと、閉鎖された。）

何十年も前から中国で家庭内暴力やジェンダー差別と闘ってきた、百戦錬磨の女性人権運動家である馮媛《フォン・ユエン》は、「中国の九九パーセントの女性」が何らかのセクハラを経験したことがあると考えている。しかし中国の法律にはセクハラのはっきりした定義がなく、被害者が法廷で訴えたくても事実上不可能なのだ。中国の#MeToo運動（と女権五姉妹の逮捕勾留）が厳しい検閲にさらされたことからしても、セクハラは依然として政治的に危険な話題と見なされていることがわかる。

中国政府によれば、四人に一人の女性が家庭内暴力を受けたことがあるというが、活動家に言わせれば、実際にはもっとはるかに多い。中国では二〇一五年一二月に初めて全国的な反DV法が成立し、二〇一六年に施行された。しかし馮媛が設立した団体〈為平《ウェイピン》（平等）〉の法律施行後二年間の調査によれば、この法律では禁止命令を出すのがきわめて難しく、あまり有効に使われていないうえ、国内にあるＤＶシェルターもまったくと言っていいほど活用されていない。加えて、この法律には性的暴行が含まれず、夫婦間レイプは犯罪と見なされない。だから、セクハラや性暴力、ＤＶなどの経験こそが中国のフェミニスト活動家を生んだと言っても、驚くには値しないだろう。

中国の多くの子供たちと同様、李麦子が生まれた家庭にも昔から暴力が横行していた。三歳になるまでは、北京郊外の延慶区の山地で、大好きなおばあちゃんに愛されて暮らしていた。たった一人の孫娘を溺愛していたおばあちゃんは、李をおぶってどこへでも連れていき、一日じゅう畑仕事をするあいだもずっとおんぶしてくれていた。しかし、夜になって帰宅した祖父が、祖母をいつも殴った。祖父は子供たち——李の父やおじ——のことも殴ったので、子供たちも家庭内暴力は普通のことだと思って育った。だから李の父親も母を殴った。

李が三歳になったとき、もっと北京に近い順義区の別の村に両親と移り住んだが、七歳になるとまた山地へ送り返され、おじの家から学校に通った。彼女の家族は順義区に土地を持っていたわけではなく借地だったので、戸籍（戸口《フーコウ》）がまだ延慶にあり、国の法律によって、李はそこで学校に通わなければならない決まりだったのだ。しかし李のおじは暴力的で、李より四歳下の自分の娘にはけっして手をあげないくせに、李のことはしょっちゅう殴った。冬に寝床を暖める炉（火炉《カン》といい、田舎では一般的な暖房手段）に李の宿題用の本をくべて燃やしてしまったことさえあった。

「おじが私に暴力をふるったのは、私には自分というものがあり、彼に従わなかったからなんだ」李は言う。「おじは私に家事をさせようとしたけれど、私は、やだよ、なんであたしがおじさんのために働かなきゃなんないの、と言って拒んだ」李はおじの暴力のことを両親に訴えたが、鼻であしらわれ、何もしてもらえなかった。李は孤立無援で、自分はよそ者だと感じたし、友だちもいなかった。とても貧しい学校だったから、一人の先生が六学年全部を教えなければならなかったほどだ。

とはいえ、李が四年生のときに一家がようやく家を買い、家族のもとに戻ってからも、問題は続いた。そんな年端もいかない頃から、李は自分が男の子より女の子のほうが好きだと気づき、ほかの子たちも李を「ちょっと違う」と感じて、頻繁にいじめた。「殴られたら殴り返せ」と父からは言われた。

ある日、李が畑で落花生を収穫していると、いつも彼女をいじめる村の少年にまた嫌がらせをされ、とうとう堪忍袋の緒が切れて、少年をぶってしまった。すると少年の鼻から血が噴きだした。「その子の家族もみんなまわりにいて、一部始終を見ていたけれど、私は気にしなかった。だって頭に来てたんだもん」それを見た少年の兄がやってきて、李をはたいた。すると李の父親がその兄を殴った。「全部人前で、みんなが見ているところで起きたことだよ。もちろん私も見てた」李は言った。「その子の兄さんに申し訳なく思うべきか、やったと喜ぶべきかわからなかった。でも恨みを晴らしてもらって胸がすっとしたのは確か」。その出来事以来、李はいじめられても必ずやり返した。相手が女の子でも男の子でも関係なかったし、自分より体がずっと大きく、力の強い男でもかかっていった。「孤立無援でも怖気づいちゃだめ。絶対に降参しないし、言いなりにもならない」

一方、李の実の父親は、母親だけでなく彼女のことも殴りだした。父は身長一八〇センチ以上ある大男で、力も強かったが、この頃には李も父親を怖いと思わなくなっていた。中学生だった当時、ある日の夕方に、李は好きだった女の子の家に遊びに行き、気づいたらもう夕食の時間になっていた。夕食に遅れると、父は烈火のごとく怒る。「結局のところ、私もまだ女の子だったしね」李は皮肉まじりに言った。彼女は自転車にまたがると、大急ぎで自宅まで突っ走り、八キロ近い道のりを一五分で走りきった。玄関に現れた彼女を父親はさっそく怒鳴りつけ、一方李はすぐさま両手をこぶしに握って構え、一歩も引かない覚悟で父の目をまっすぐに見つめた。父親にいきなり蹴り飛ばされた彼女は、食堂から隣の部屋まですっ飛んだ。「私は泣いたけど、謝りはしなかった」

高校生になり、たしか一七歳ぐらいだっただろうか、夕食の席で父親と口論が始まり、李は席を立って寝室にこもった。「このくそ女!」父親はそうわめいて、娘を罵りつづけた。李も負けずにわめき返した。すると父親は台所に行き、なんと大きな包丁を高々と掲げて寝室に戻ってきた。どちらも小柄な李の母親と祖父は、体の大きな父親の両側に立ち、父を李から遠ざけようと必死に抗った。「いますぐ逃げなさい！　早く！」母が懇願した。

李はちっとも怖くなかったけれど、実の父親が娘に包丁を振りあげていることにショックを受けて、体が動かなくなっていた。「やりなよ！　あたしを切り刻めばいい！」大胆にもそう言い放った。そのとき李は母親のパニックに駆られた表情に気づいた。いまにも気を失いそうな顔色だ。そこまで怯えた母をいままで見たことがなかったので、さすがに逃げることにした。

自転車でその頃好きだった女の子の家に行ったが、ドアをノックするのが恥ずかしくて、外の暗闇の中でしゃがんでいた。やがて女の子の父親が外に誰かがいるのに気づき、表に出てきた。「そこにいるのは誰だ？」李は「おじさん！」と声をあげたが、友人の父親には李のことが見えず、また家に入ってしまった。

このまま誰にも助けてもらえないんだ、と李は思った。地元の小学校の隣にある公園に自転車で行き、草地で眠ることにした。でも、季節は秋も半ばで、夜になると気温がぐっと下がった。やがて李はこれ以上寒さに耐えられないと思い、おばの家に行って朝まで過ごした。

翌朝、学校に向かった李は、外で母親が彼女を待っているのを見つけた。

「心配そうな母の顔を見て、こんなに母を苦しめている自分を後ろめたく感じたよ。父が死のうと知ったことじゃないけれど、これ以上母をつらい目に遭わせることはできなかった」

李は家に帰り、それからというもの、父は二度と彼女を殴らなくなった。「私は一人っ子だから、もし私が家出でもしたら家に帰ってこないかもしれないと思って、不安になったんだろうね。父にとって、自分では状況をどうすることもできないと思った、初めての体験だったんじゃないかな。だから暴力をやめたんだよ」。李の父親は妻を殴ることもやめたが、玄関の鍵をかけて家から締めだすなどの心理的な嫌がらせは続けた。

李は中国の古都、西安にある長安大学に入学したが、彼女の人生が一変したのはそのときだった。ほかのクィアの学生たちと友人になり、レズビアンだということをカミングアウトし、LGBTQ人権団体の活動家になった。フェミニズムにも目覚め、LGBTQコミュニティの中にフェミニストとしての視点を取り入れようとした。二〇一二年、学部生最後の年に数々のフェミニスト・アクションに参加した（当時、彼女や仲間の活動家たちは、あえて〝抗議運動〟という言葉を使わないようにしていた）。二〇一二年、警察は、北京中心部で〈男子トイレ占拠アクション〉に参加するボランティアのまとめ役を務めた彼女を逮捕したあと、彼女への懲戒処分を求めて長安大学に報告した。共産党への入党を拒んだクラスでたった一人の学生だった李は、すでに問題児として知られていた。大学の副学長が李をオフィスに呼びだし、正式に警告した。フェミニスト活動をやめるなら、作業研究者として月に一二〇人民元（約二〇USドル）を支給するが、どうかね？　李はこれを拒絶し、やり返した。「そのままお返ししますよ。私の自由を返してくれたら、二五〇人民元をお支払いしますが、いかが？」二〇一二年の終わりに大学を卒業するときには、自分はレズビアンのフェミニスト活動家になり、中国で女性の権利と平等を勝ち取るのが使命だと心に決めたのだった。

二〇一三年に私が初めて会ったとき、李は北京のNGO〈益仁平《イーレンピン》〉でフルタイムで働きはじめていた。彼女の狭いオフィスのすぐそばにある、北京特有の細い路地〝胡同《フートン》〟の小さな飲茶レストランで食事をしながら、私は彼女の飛ばす卑猥な冗談を聞いていた。中国のフェミニスト運動に加わっている、性的に既存の枠からはみだした大勢の女性たちについて、彼女は話した。みんな「ストレートで入ってきて、〝曲がって〟出ていくんだよ」と言って彼女は笑い、フェミニズムは女性の心を解放し、ライフスタイルには別の選択肢があるんだと教えてくれると説明した。ストレートの男たちと話をするのは本当に疲れるよ、と彼女は不平をこぼす。中国には〝直男癌《ジーナン・アイ》〟(「ストレート男性優位主義《ショーヴィニズム》」とか「有害な男らしさ」に似た意味)がはびこっているから、と言って、かかかっと大笑いした。

それでも、二〇一五年の拘留期間中に、父親のことを許す気になったという。弁護士から、李が逮捕されて公安捜査官に夜遅くまで取り調べを受け、まともに眠らせてもらえず、とにかく全般的にひどい扱いを受けていると聞かされると、父は怒り狂い、そういうことが続くなら、娘の敵討ちのために銃を取る覚悟だ、と言ったらしい。「そう聞いて、感激しちゃって。瞬間湯沸かし器みたいなんだよね。昔からいつもそうだった」

つねに因習を打破しようとし、孝心《こうしん》という中国の伝統的な道徳観をいつも揶揄する李が、父親を許すのは驚きだった。人前ではDVやセクハラに反対を唱えながら、個人的には、父親は純粋に自分を愛してくれていたのだと信じた。自分や母親に暴力をふるったのは、男性優位主義者として育てられたからだと彼女は考えた。そして、喧嘩好きで暴力的な父親のおかげで、彼女自身、勾留中に公安捜査官と闘う覚悟ができたのではないかと感じることもあった。

いまや李は、自分の父親よりはるかに強大な脅威――家父長制的権威主義国家の政治暴力――と出合い、闘うならこちらのほうがはるかに危険な敵だと感じている。さまざまな側面で迫害を受けてきた李の独特な過去を考えれば、かつて自分を殺しかけた人に相矛盾する気持ちを抱くのも理解できる。「なぜフェミニスト活動家になったのかとよく訊かれるけれど、私にしてみれば、いままでだってずっと闘争してきたんだ。闘争することが日常だった。もし闘争をやめたら、私が私でなくなってしまう」

私がインタビューしたフェミニスト活動家の多くは、成長過程でさまざまな嫌がらせを受けた経験を持ち、それがいま誕生しつつあるフェミニスト運動に深く関わる原動力になった。白菲《バイ・フェイ》もその一人だ。上海で中学生だった一三歳か一四歳頃、同級生は男の子の噂話ばかりしていたが、彼女にはまるで興味が持てなかった。惹かれるのはいつも女の子で、でも誰にも言えないので、学級長の女の子への恋心を日記に記した。その日記が人に見つかり、それ以来彼女はつねに同級生の激しいいじめのターゲットになった。「いじめと聞いてみなさんが想像するようなことは、何でもされました。尖ったもので全身を刺される、顔に唾を吐きかけられる、四つん這いにさせられておしっこを飲まされる」白は言う。彼女はとても小柄――大人になったいまも一五〇センチに満たない――で、同級生よりはるかに小さいせいで余計にいじめられやすかったこともある。

初めて顔じゅうを傷だらけにして血まみれで帰ったとき、母親は「いったいどうしたの？喧嘩でもしたの？」と尋ねた。白が同級生にいじめられたと答えると、父親は娘を軽蔑するように見下ろした。「おまえが弱虫だからこういうことになるんだ。悪いのはおまえだ。他人のせいにするな！」

両親の反応に、白は深く傷ついた。一人っ子で友だちもいなかったから、それからというもの、たとえ学校でひどい目に遭っても長年誰にも言わなかった。明らかに怪我をしていても、大丈夫かと声をかけてくれる先生は一人もおらず、中学高校時代をとおしていじめは続いた。「あの当時、私はただただ恐怖の中で生きていました」と彼女は言う。「あんまり恐ろしくて、鏡に映る自分の顔さえ見られませんでした」

白がいじめのことを両親に告白した直後から、父は愛人のところに入り浸りとなり、めったに家に帰らなくなった。小学校しか出ておらず集合住宅の清掃の仕事をしていた母は、夫に顧みられなくなった悲しみで娘にも注意を払わなくなった。白は極度の鬱状態になり、自殺について頻繁に考えるようになった。絵を描けば、いつも黒一色だった。一度は実際に手首を切ったが、未遂に終わった。

とはいえ、かろうじて高校を卒業し、上海の華東師範大学に入学して社会学を専攻する。「同性愛は病気ではない」と言ってくれるすぐれたセラピストとも出会った。レズビアンであることをカミングアウトし、エイズ活動家として活躍する万延海《ワン・ヤンハイ》（中国政府の弾圧を受け、二〇一〇年に渡米）が設立した、ＨＩＶ／ＡＩＤＳに関するオンライングループ〈愛知行《アイジーシン》研究所〉に参加しはじめた。このＨＩＶ／ＡＩＤＳ擁護コミュニティで白が活発に活動するようになると、やはり〈愛知行〉に参加していた武嵘嵘を紹介された。

二〇一一年、ちょうど白が大学を卒業する頃に妊娠中の武が上海に立ち寄ったとき、白は彼女に宿を提供した。夜二人で話をするうちに、白は武の寛大さに胸を打たれ、中学高校時代に受けた激しいいじめについて打ち明けた。話にじっくり耳を傾け、いままで自分が経験したことがないような共感とやさしさを示してくれた武に、白は感謝の気持ちで胸がいっぱいになった。「私たちのフェミニスト運動に参加しない？」自分の過去を話し終えた白に、武が言った。

「フェミニズムって何？」白は尋ねた。

「とにかく来て、自分で確かめてみなよ」武は答えた。

「そうやって、初めはそれが何かもわからずに参加して、すごく大きな意味がある活動だと知った。ほんとに人生ががらりと変わったんです」白はのちに私にそう話した。

武は白を杭州でおこなわれたフェミニスト講習会に誘った。そこで白は呂頻《リュー・ピン》や李麦子のようなほかの活動家に出会ったのだ。こうした講習会ではしばしば、グループを作って一人ひとりが過去に経験した性差別や嫌がらせ、その他不当行為について語り、ほかのメンバーがそれを聞くという、意識高揚法が取り入れられた。

新たなフェミニスト仲間に力をもらい、白は性加害やDVといった問題を告発する運動に参加するようになった。たとえばあるとき、DVが関係する事件が世間の耳目を集めた。四川省の田舎に住む李彦《リー・ヤン》は長期間DVを受けつづけたすえに二〇一〇年に夫を殺害し、死刑を宣告された。夫は習慣的に彼女の頭を壁に打ちつけ、顔や脚に煙草を押しつけ、レイプし、しまいには指を切り落とした。ある晩、夫は彼女をエアライフルで殴り、殺してやると脅した。そこで揉み合ううちに彼女が銃を夫から取りあげて殴り倒して殺害、その後手足を切断したのである。李の弁護士は、彼女が警察や地元婦女連合会に何度も助けを求めても、くり返し夫のもとへ戻されて「我慢しろ」と諭され、とうとう万策尽きてこういう事態に至ったのだと訴えた。

白菲は、李彦の死刑と反DV法がないことに抗議するフェミニスト・シスターのグループに加わった。彼女たちは白い包帯で体を巻き、裁判所の前で横たわって、〈私は次の李彦になりたくない〉と書かれた看板を掲示した。このアクションはフェミニストたちによって複数の都市でくり返された。白は李彦の減刑を求める嘆願書への署名を集め、北京の最高人民法院にこれを届けた。二〇一五年四月、この件について世論を盛りあげようと熱心に働きかけたフェミニスト活動家や弁護士たちがついに勝利を収め、四川省の裁判所は、李彦が家庭内暴力の被害者だったことを認めて、刑執行の延期を決めた。白菲にとって、李彦の支援運動やその他のフェミニスト・アクションこそが自分を癒す重要な要素となっていた。

「フェミニスト・コミュニティを通じて、いままで私がずっといじめや嫌がらせを受けてきたのは、私のせいじゃないと理解しはじめたんです。そうしてようやく自分の価値に気づき、自尊心を持てるようになりました」

女権五姉妹が釈放されて六か月後、私が上海で白菲に会ったとき、彼女は『財新《ツァイシン》』誌でアーティストの梁瑩菲《リアン・インフェイ》が発表した、同性愛嫌悪による嫌がらせを取りあげたフォト・エッセー『ペインフル・ワーズ』で、被写体を務めたところだった。とても美しいモノクロのハーフヌードの写真で、椅子の上で脚を抱えて体を丸めた彼女の全身に、同級生や父親からかけられた悪意に満ちた言葉――変態、異常者、「悪いのはおまえだ」――が書きこまれている。

女権五姉妹が逮捕された数日後、白菲が秘書として勤務していた会社に、彼女宛てに警察から電話がかかってきた。上司は彼女の横に立ち、警察の質問に答える彼女の言葉に聞き耳をたてた。

「何か活動に参加する予定だったのか?」警官が尋ねた。

「活動って何のことですか?　私は何も知りません」彼女は答えた。

じつは、杭州でおこなわれる国際女性デーのイベントに参加するつもりで、ウィーチャットでフェミニスト仲間と連絡を取り合っていたのは事実だった。それでも白はすべて否定し、警察はそれ以上追及してはこなかった。その必要はなかったのだ。上司はすでに彼女が〝問題児〟だと知ってしまったのだから。白が電話を切るとすぐに上司はフェミニスト活動についてあれこれ質問をしてきて、ただちに彼女を解雇した。

「上司は私を危険人物だと思ったんでしょう。フェミニスト活動は危険だと」白は言った。じつは彼女には以前にも警察とのあいだでいざこざがあった。二〇一四年九月、普通選挙権を求めた香港の民主化運動〈雨傘運動〉（英領だった香港は、一九九七年に中国に返還され、それを機に数々の自由を奪われた）を支持するコメントを微博に投稿したのだ。上海警察が白のアパートにやってきて、パソコンや携帯電話の中身を全部消去し、香港の反政府主義者への支援表明は厳禁だと言った。そして、中国国民として政府に忠誠を誓う誓約書に署名を強いられた。

白は、私たちが会った二〇一五年一一月の時点で依然として無職で、秘書か事務の仕事を探していた。しかし、ジェンダー・ニュートラルな彼女の外見――ベリーショートの髪型、ノーメイク、ベストとスラックスという装い――のせいで求職は難航していた。「その手の職種の求人では、上手にメイクし、ロングヘアーで、ワンピースを着ているような女性らしい女の子が求められるんです」と白は言った。「雇用の場に深刻な性差別があるせいで、私には一つも求人が来ないんですよ」

幸い母親が、白がレズビアンであることをカミングアウトして七年が経過してようやく、娘の性的指向を受け入れてくれた。上海の自宅で白のガールフレンドを同居させてくれさえしたのだ。母親が大きな寝室を使い、白と恋人は小さな部屋で共同生活した。

「ガールフレンドが仕事に行っていないときには、三人でテーブルを囲んで一緒に食事をし、とても楽しく暮らしています」白は言う。「私の彼女、母の機嫌をとるのがすごくうまいんですよ」

長年学校で同性愛嫌悪から来る激しいいじめに遭ってきたとはいえ、自分は「運がいい」と感じている。「中国の学校ではいじめはよくあること。私はいじめに遭った大勢の一人で、同じような嫌がらせを経験する人はほかにもたくさんいる。だけど、そこから脱けだせる人はそう多くはないんです。武嶸嶸やほかのフェミニスト・シスターたちに会えたのは信じられないほど幸運だった。彼女たちのおかげで今日まで続く道を歩いてこられたんです」

そんなに暗澹《あんたん》とした毎日を過ごしていながら、感謝の気持ちを持てる白菲に私は驚かされた。そして、インタビューの文字起こしをするために録音した女性たちの声を何度も聞き返すうちに、彼女たちの心にトラウマを植えつけたさまざまな物語の何かがトリガーとなって、私自身ずっと記憶の底に埋めこんでいた一五歳のときの恐ろしい出来事がよみがえってきたのだ。中国都市部に住む女性たちについてのこれまでの調査では、いかに「個人的なことは政治的なこと」か、明らかにしようとしてきた——とくに結婚をめぐる選択と限界について。ところが、これはまさに究極の皮肉だが、私自身、子供時代のトラウマが自分に与えていた暗い影響に気づけていなかったのだ。出来事を忘れていたわけではないが、その恥辱を誰にも認められず、心の奥に鍵をかけて閉じこめていた。ずいぶん経ってから唯一夫に打ち明けただけだ。しかし、中国のフェミニストたちのインタビューが私の記憶を掘り起こしはじめた。そしてセラピストの手を借りて、十代初めのその経験が私の自尊心をどれほど粉々にしたか、少しずつ理解していった。

私の母は、ベトナムで育ち渡米した中国人移民だった。母の一家はベトナム戦争でばらばらになった。難民として米国に渡った者、香港に行った者、海で命を落とした者、私の母のように、戦争が始まる前に米国に移住した者。父は米国で生まれ育った白人だ。両親とも中国研究者で、私が六歳のときにオーストラリアに移り住み、一九七〇年代初めから私と兄を連れてたびたび中国に出張した。

事件が起きたのは、地元オーストラリアのキャンベラで、私がパーティに残った最後の女子になってしまったときだった。一五歳だった私は、決まりを守る中国人娘で成績優秀な生徒という役割に嫌気がさしていた。だから、両親が寝たあとに寝室の窓からこっそり脱けだしたのだ。近所の知り合いの男性が外で待っていて、私をパーティに連れていってくれることになっていた。彼は、当時私が熱をあげていた一七歳の男の子も来ていると教えてくれた。

午前一時になる頃には、友人たちはみな帰ってしまったが、私は強い酒をちびちび飲みながら残っていた。酒は好きになれなかった——ガソリンみたいな味がした——けれど、とにかく反抗したかったのだ。でも、とうとう途中で立ちあがり、帰りたいと言った。ところが憧れの人が私のグラスにまた酒を注ぎ、飲めよと勧めた。だから飲んだのだ。彼に好かれたいばっかりに。すると頭の中がぐるぐる回りだし、体のコントロールがまったく利かなくなった。

次に思いだせるのは、年上の二人の男と一緒に浴室にいるところで、私を車でそこに送ってきた男は脇で様子を見ていた。一人が、必死に抗う私の服を脱がせ、もう一人——私の憧れの人——は自分の服を脱いでいた。二人が私の乳房をつかみ、上にのしかかってきた。そして、一人が性器に指を突っこんできた。私は泣き、「やめて!」と叫んだけれど、私をそこへ送った男は止めようともせずにただ傍観していた。恐ろしかったし、酒に酔っていた私は気分が悪くなり、とうとう嘔吐してしまった。襲撃者たちはそれで嫌気がさしたのか、身を引いた。私は床でぐったり横たわり、裸のまま自分の嘔吐物にまみれていた。男が私に体を拭くようにとタオルをくれて、服を着るのを手伝い、そのまま車で家まで送り届けてくれた。「俺たちはワルだが、本物のワルってわけでもない」男はそう言って、私を車から降ろした。その言葉は、運がよかったと思え、もっとひどいことになっていたかもしれないんだから、という意味だと解釈した。その男のことはほとんど知らなかった。わかっていたのは、おそらく二〇代半ばで、近所で手間仕事をしていることぐらいだ。でも、軽いストックホルム症候群だったのか、襲撃者から〝救ってくれた〟彼に感謝していた。でもいまならわかる。私は男にとってただの〝体〟で、お楽しみのために友人たちのもとに私を配達しただけなのだ。

とても両親には話せなかった。私は本当は〝よい子〟なんかじゃないと知れてしまうのが怖かったのだ。女子の友だち一人、二人には打ち明けたが、私たちはまだ子供で、人権のことなんて何も知らなかった。あんなことが起きて、人に後ろ指をさされるのが恐ろしかった。多くの女の子たちと同様に、私は通りを歩くときつねに、私の体の各部について平気で卑猥な言葉をかけてよこす男たちの標的になっていた。セクハラは女子にとっては日常の一部で、黙って受け入れるしかないと思っていたのだ。私をいつも攻撃してくるご近所さんの姿を見かけると、私は羞恥心でいっぱいになり、何もかも当たり前のことなんだというふりをした。それからはもう誰にも打ち明けようとも思わなかった。ようやく沈黙を破ったのは、それから三〇年も経って、同じような経験をしてきた大勢の中国人フェミニストたちにインタビューをしたあとのことだ。

李麦子には何度も話を聞いたが、二〇一六年に、中国では性暴力を受ける女性がとても多いのに、それをおおやけの場で打ち明ける人があまりにも少ないのはなぜか、という話題になったときのことを思いだす。「レイプ・カルチャーが根強く存在している中国では、周囲の非難にさらされるのが怖くて、誰も性的暴行を受けたことを認められないんだ」と彼女は話した。

おそらく、最も顕著なのは女優の白霊《バイ・リン》の例だろう。彼女は一四歳から一七歳まで、チベットに駐留していた軍の演劇部隊に所属していた。二〇一一年にAP通信に語った話では、同じ部隊のほかの女の子たちと同じように彼女も頻繁に酒を飲まされ、人民解放軍の幹部たちにレイプされていたという。その結果妊娠に至ったことさえあり、結局堕胎した。白霊はやがて米国に移住し、四八歳になったときに初めて自分が受けていた性的暴行について告白した。「従順であることを強いられる中国文化に身を置いているかぎり、疑問を持ってはいけないの。おとなしく従うしかないのよ」

二〇一七年の世界的な#MeToo運動に乗って、香港の女性有名人がみずからの体験について語りはじめた。二〇一七年一一月、元ミス香港のルイーザ・マック（麦明詩《マイ・ミンシー》）は、中国訪問代表団の一員だったティーンエイジャーのとき、性的暴行を受けたと告白した。香港のハードル競技チャンピオン、ヴェラ・ルイ・ライ＝イウ（呂麗瑶《リュー・リーセオ》）は、わずか一三歳のときに当時のコーチにレイプされたと話した。広州出身のジャーナリスト、ソフィア・ホアン・シュエチン（黄雪琴《ホアン・シュエチン》）は、出張中にホテルの部屋で自分をレイプした年上の同僚のことを告発した。ホアンは二〇一七年一一月に中国の女性ジャーナリストのセクハラ問題について独自に調査を始め、のちにそれを〈広州ジェンダー教育センター〉の調査結果と一つにまとめた。

女性たちの大部分は、キャリアが台無しになるのを恐れて、たとえセクハラを受けても上司に訴えていなかった。

二〇一八年一月、北京航空航天大学の卒業生、羅茜茜《ルオ・シーシー》は、担当教授だった陳小武《チェン・シアオウー》に性的暴行を受けたとネット上で告発した。一〇年以上前、担当教官だった陳は彼女を校外に誘いだし、性行為を求めてきたという。陳は告発を否定したが、ほかにも複数の元学生が彼にセクハラ行為を受けたと訴えたため、航空航天大学は、大学の行動規範に「著しく違反した」として陳を解雇した。羅は米国在住だが、彼女の投稿は一気に拡散され、中国じゅうの学生や卒業生たちに勇気を与えてMeToo署名運動への参加を促し、思いがけず大きな反セクハラ運動に発展した。しかし、こうした署名には、セクハラ・サバイバーとしてみずから名乗りでた女性たちはほとんど含まれていなかった。

文字どおりほかのどの国でもそうだが、中国にも「レイプするのに完璧な獲物」の社会的な理想像がある。レイプされる女性というのはふさわしくない服装で、ふさわしくない言葉やふさわしくない口調を使い、ふさわしくない目つきで相手を見、ふさわしくない場所をふさわしくない時間に訪問し、酒を飲みすぎ、付き添いもいなかったのだから、むしろ「誘っていたのだ」と非難される。「セクハラを告発するには、気持ちをとことん強く持ち、さらにはNGOなど組織的な支援がないかぎり、どっと襲いかかってくる非難や辱めの言葉で溺れてしまう」李麦子は言う。さらには、中国で女性たちが性加害やセクハラで受けた深いトラウマを本当の意味でオープンにおおやけの場で話し合うには、長い月日がかかるだろうと も話した。

李はよく、ジェンダーにもとづく暴力への抗議運動で「私たちの体が私たちの戦場だ」と訴える（米国のアーティスト、バーバラ・クルーガーが一九八九年に発表した、モノクロ写真を用いた女性の顔のシルクスクリーン作品『あなたの体は戦場だ』に触発された言葉）。彼女が成長過程で長らく虐待を受けていたことを思うと、この言葉がまさに実感として迫ってくる。だが、中国そして世界じゅうの多くの女性たちも同じ気持ちだろう。そもそも李をはじめ女権五姉妹のメンバーが拘束されたのは、反セクハラを訴える体に貼れるステッカーを配り、中国の重大な性加害問題にスポットライトを当てるイベントを組織したからなのだ。

この本を執筆していたとき、私は「子供や若年層」に対する性犯罪についてのオーストラリアの刑法を調べた。そして、私が住んでいたオーストラリア首都特別地域では、一四歳から一六歳までの子供に対する性加害には禁固一〇年が求刑されると知り、とても驚いた。客観的に見れば、この刑罰は順当に思える。ではなぜそんなに驚いたかと言えば、私は告発されるべき深刻な犯罪の被害者だったのに、告白するのを恐れてずっと口をつぐんできた、という事実に改めて気づかされたからだ。もし性教育のクラスで性的同意について教わっていたなら、あの出来事を犯罪として通報する権利が自分にはあるんだと理解できたかもしれない。しかし、実際に受けた性教育の授業をいま思い起こすと、カウンセラーは私たち（もちろん集められたのは女子だけ）に、たとえそのときはセックスをする気分ではなかったとしても、パートナーを喜ばせることが大事だと話したのだ。

もし秘密を打ち明けられるような信用できる大人がいたら、あの襲撃者たちがほかの女の子を襲うのを食い止められたかもしれない。連中は間違いなくほかの子も襲っているはずだからだ。恥ずかしさのあまり沈黙を続け、人の助けを借りて当然なのだと想像することさえできずに、私は知らず知らずのうちに性暴力のサイクルを遮断するチャンスを逃してしまった。犯罪が起きた時点からも場所からも遠く離れてしまったいま、もはや告発する気持ちはない。それでも襲撃者のうち二人の氏名をいまでもはっきり覚えているし、彼らの顔は私の脳裏に鮮明に刻まれている。

国連によれば、世界じゅうの女性の一〇人に七人が、生涯のあいだに身体的に、あるいは／それに加えて性的に暴行を経験するという。米国では成人のレイプ被害者の九割が女性である。一六歳から一九歳の女子は、全人口の中でレイプ、レイプ未遂、性暴力の被害に四倍も遭いやすい。米司法省によれば、二〇一六年には、レイプや性暴力事件のわずか二三パーセントしか警察に通報されなかった。二〇一七年の『ＡＢＣニュース』／『ワシントン・ポスト』紙の世論調査では、全米で約三三〇〇万人の女性（女性の人口のおよそ五分の一）が職場でセクハラを経験しているが、上司にこれを報告した人は半分もいない。米国雇用機会均等委員会は、セクハラ被害者のうち、これを告発した人の七五パーセント以上が報復を経験したことを明らかにした。

独立した司法機関があり法制度が機能している米国でさえ、セクハラを報告した女性がこんなにも報復を受けるとすれば、中国のような、実質的に法制度がないと言ってもいい、透明性の低い権威主義的な国で女性が性暴力を通報しようとしたとき、どれだけ分厚い壁がそこに立ちはだかるか、想像するに難くない。性加害を通報した女性は、やすやすとさらなる暴力による報復の対象となるだろう。加害者の責任が問われることがめったにないのだからなおさらだ。（DVを訴えた女性にどれほど恐ろしい報復が加えられたか、私の前著『*Leftover Women*』に何例か記してある。）

中国政府はセクハラや性暴力について信頼できる統計値を発表していないが、二〇一三年に国連が複数の国でおこなった男性と暴力に関する調査によると、中国の約半数の男性が親しいパートナーに身体的あるいは性的暴力を用いてきたことがわかった。フェミニスト活動家の肖美麗は二〇一三年に発表されたこの国連調査にショックを受け、国内に蔓延する性加害に人々の意識を向けさせるため、長距離を徒歩旅行するフェミニスト活動を始めようと考えたのだ。

その五年前、二〇〇八年に北京の中国伝媒大学に入学した頃の肖は、まったく別人だった。「高校時代性差別的、異性愛規範的な中国社会の枠組みにすっかりはまっていたのである。

は化粧をすることをいっさい禁じられていたんです。ところが大学に入ったとたん、〝かわいい女〟になることがとても重要な義務になった。努力はしたけれど、女性に課せられるそういう馬鹿げた基準に従って暮らすのは、私にはとても無理でした」肖は大学時代に恋人が二人できたが、恋愛関係の不平等さに違和感を覚えた。男性側の要求が彼女自身の要求よりいつも優先されるのだ。

「じつは私自身、〝バージン・コンプレックス（処女情結《チューニューチンジエ》）〟を長年信じていたくらいですから、ボーイフレンドは当然そうでした」肖は言う。〝バージン・コンプレックス〟は、中国皇帝時代の儒教的〝貞操信仰〟（第七章参照）に端を発する古臭い考え方で、女性の価値は基本的に貞操を守っているかどうかで決まるというものだ。現在の貞操信仰――これはけっして中国だけに限らない――によれば、性的な接触を受けていない女性は、彼女を妻として迎える男性にとってこのうえないプレゼントなのだという。未婚女性が初めて男性とセックスしたとき、彼女は事実上その男性の所有物となり、いずれは結婚するものとされる。一九八〇年代から一九九〇年代に経済改革がおこなわれたあと、この二〇年ほどで、婚前交渉は以前に比べれば頻繁に見られ、社会的にも認められるようになった。二〇一六年に中国の主要家族計画機関がおこなった調査では、七割以上の大学生が「婚前交渉に賛成」している。それでも四分の一近くの学生が「いかなる事情があっても、婚前交渉はおこなうべきではない」とも回答しているし、実際に性交渉をおこなった女子学生は、男子学生が二八パーセントだったのに対して、わずか一五パーセントだという調査結果が出ている。

最近は、都会に住む中国人の若者は制限のない、かなりきわどい性生活を送っていると報じられるが、地方では依然として性に対してきわめて保守的な考え方をしている。中国は、人権にもとづく性教育が驚くほどおろそかにされており、そのせいで女性の性行動が著しく規制され、一般にセックスの知識が乏しく、ほとんどの親が子供とセックスについて話そうとせず（親自身が知識不足なせいもある）、コンドームの使用率が低いためＨＩＶ感染が広まり、堕胎の割合も高い。

多くの性教育の教科書がミソジニー的で性差別的な価値観を伝えており、ＳＮＳで反発が広がっている。たとえば江西省教育部が中学生向きに発行した性教育の教科書では、婚前交渉を持った女性を「ふしだら」と呼んでいる。二〇〇四年初版発行の『高中生科学的性教育』というその教科書には、「婚前交渉は女子の心身を大きく阻害し、愛のために体を犠牲にしたのに、相手の男子は彼女をもう愛さなくなる」し、「彼女を〝征服した〟男子にはその女子が〝ふしだら〟に見え、愛情が薄まる」という内容があったと、上海の英字誌『シックス・トーン』の記者、ファン・イーインが書いている。二〇一六年、ある教師が微博に投稿したその教科書からの引用文に非難の嵐が巻き起こり、出版社は謝罪して、教科書の回収を約束した。

肖美麗は、学生時代を通して性教育というものを受けたことがなく、まわりはつねに性差別的なメッセージにあふれていて、自分に自信が持てずにいた。大学で「フェミニズム」という言葉に初めて出合ったが、あまり心に響いてはこなかった。しかし大学三年のときに、交換留学生として台湾の世新大学に留学することになり、そこで大勢のフェミニストの教師やクィアな学生たちと仲良くなった。中国とは違って、台湾は東アジアでも最先端のジェンダー観を持ち、女性やLGBTQの人権支援も手厚い。二〇一七年五月、台湾の最高法院の歴史的判決が、アジアで初めて同性婚の合法化へ道筋を作った。

「近視の人が新しい眼鏡をかけたみたいに、視界がはっきりしはじめた」と肖美麗は書いている。彼女は自分がバイセクシャルであることを認め、中国本土に戻るとフェミニスト活動に身を投じた。二〇一一年には〈女権之声〉北京事務所でインターンとなり、やはりフェミニズムに熱烈な関心を寄せていた若い女性、のちに〈女権五姉妹〉の一人となる李麦子と出会って、恋人同士になった。二〇一二年のバレンタイン・デーに、彼女たちは韋婷婷とともに、反DVを訴えるストリート・キャンペーン〈血濡れの花嫁〉に参加した。二〇一二年には北京での〈男子トイレ占拠アクション〉に李麦子とともに加わった。広州での成功を踏み台にして北京に乗りこんだわけだが、北京では警察に妨害され、企画者として名前が挙がっていた李は厳しい尋問を受けた。二人は二〇一二年に大学を卒業し、李は女性の権利保護を目的としたNGOにフルタイムで勤める一方、肖は別のフェミニスト運動でボランティアをした。

二〇一三年、肖は、中国じゅうを徒歩旅行する男性は大勢いるのに、女性はほとんどいないことを知った。そこで、フェミニスト徒歩旅行を敢行したらどうかと考え、まわりに相談してみた。もちろん、「レイプされたりするのが怖くないの?」と訊いてくる者もいた。彼女自身、女性が一人で長距離徒歩旅行をすれば、レイプや人身売買組織の誘拐など、危険なことが起きる不安はあった。肖は、彼女の師匠である〈女権之声〉の創始者、呂頻に心配を打ち明けた。呂は、長距離フェミニスト徒歩旅行と性的虐待問題を結びつければ、女性のための公共スペースの確保や被害者を非難しがちな世間への抗議、性犯罪者の厳罰化などを訴える強力なキャンペーンになると考えた。

「初めは、私にはとてもできそうにないと思ったのですが、呂頻にすごく励まされたんです。『やりなよ! 私も一緒に支えるからさ』って」そこで二〇一三年九月、当時二四歳だった肖は、北京から広州までの二〇〇〇キロメートル以上の徒歩旅行に出発した。彼女はこの活動に〈美麗的女権徒歩〉(ビューティフル・フェミニスト・ウォーク):性的虐待と闘い、女性の自由を求めよう〉というタイトルをつけた。このタイトルは、彼女が自分につけた仮名、「美しい」という意味の「美麗」にちなんだものだ。呂頻も最初の数週間は一緒に歩き、その後二〇一四年に肖が広州に現れると、また同行した。肖は安いホステルを利用し、ときには人の家に泊めてもらったりもし、ほかの支援者が一日、あるいは数日加わることもあった。途中、学校内での児童への性的虐待に抗議する陳情書に署名を集め、虐待事件の捜査を依頼する手紙を地元自治体宛てに書き、微博に写真やスケッチ、動画、イラストなどを投稿した。
最終的には、半年にわたった徒歩旅行のさまざまな地点で、合計六〇人ほどの支援者がともに歩いてくれた。たとえば、フェミニストの学者で映像作家の艾暁明《アイ・シアオミン》、中国のセックスワーカーにまつわる小説『蓮花《リエンホワ》』の作者、張麗佳《ジャン・リージア》、フェミニストでセックスワーカー人権活動家、叶《イエ・》(葉)海燕《ハイイエン》。叶は〝流氓燕《リウマンイエン》(フーリガン・スパロー)〟の名でも知られ、二〇一三年に、六人の幼い少女をレイプした海南省の校長に抗議する、SNSでおおいに目を引いた抗議活動をおこなった。叶が学校の外に立ち、〈校長、私に部屋を一室とっておいて、かわりに生徒たちには手を出さないで〉と書かれたプラカードを掲げている写真が、SNSでバズった。かの有名アーティスト、艾未未《アイ・ウェイウェイ》さえこれに便乗し、丸出しにした大きなお腹に〈校長、俺に部屋を一室とっておいて〉と書いて撮った写真を微博に投稿した。

二〇一六年五月に私が肖美麗にインタビューしたとき、彼女のフェミニスト活動はまだ警察の嫌がらせを受けていなかった。自分がNGOに正式に勤務しているわけではないからだろう、と本人は推察する。彼女は〈淘宝《タオバオ》〉（大富豪のジャック・マーが創設した中国のオンライン・モール）で、フェミニズムをテーマにみずからデザインしたグッズを販売して収入を得ているのだ。たとえば、〈フェミニズム：直男癌《ジーナン・アイ》やミソジニーによく効く奇跡の薬！〉みたいなスローガンTシャツなど、若いフェミニストたちのあいだで人気を博しているものも多いらしい。

私たちが話をしているあいだにも肖の電話が鳴り、彼女は会話を中断させると、商品の注文を受けた。そして、中断を詫びた。「これが主な収入源なので、淘宝のビジネスを途切れさせるわけにいかないんです」。中国のフェミニストたちの大半がそうであるように肖の活動はいっさいお金にならないが、自分のデザインした商品は活動に人を勧誘する役に立っていると考えている。

最近肖は、実の母親にもビジネスを手伝ってもらっている。というのも、母親は勤めていた地下水探査会社をレイオフになってから、何年も仕事が見つからないままだからだ。「母は一日何もすることがないせいで、私に結婚しろってうるさく言ってくるんです。結婚なんてするつもりはないと何度も言ってるんですが、そうしたら今度は子供を作れ、だって」

女権五姉妹が拘束されたあと、肖はしばらく身を隠すため、広州に居を移した。北京ほど政治的な抑圧が厳しくないと思えたからだ。二〇一六年初め、彼女はほかのフェミニストたちと協力して、広州の地下鉄の駅に反セクハラ広告を出すことを目的としたクラウドファンディングを始めた。できれば数か月後の実施をめざしていた。

中国じゅうで一二〇〇人以上の人々が少額ずつ寄付してくれて、最終的に四万人民元以上(二〇一六年時点で、約六〇〇〇USドル)の資金が集まった。米国の水準からすると少ないように思えるが、活動家たちによれば、クラウドファンディングの最大の目的は、自分はフェミニスト活動を支えているとおおやけに認める支援者たちの強力な基盤を築くことなのだという。

中国の現在の政治状況では、それだけできわめてリスキーな立場に身を置くことになるのだ。

普通に考えれば、地下鉄の駅の広告スペースを借りるくらい難しいことではないはずだが、広州市の地下鉄広告担当者は、「見た人が不安になってパニックを起こす」デザインだとクレームをつけて拒絶した。本来のデザインは、赤いマニキュアをした小さな手がひとまわり大きな灰色の手の手首をつかみ、吹きだしで「やめて、やめて、やめて」と訴えていて、その横に「誘惑は言い訳にならない。まさぐるその手を止めろ」というスローガンが書かれている。そのデザインが却下されたあと、フェミニストたちは代案をいくつか提出したが、当局はどれも次々に門前払いした。丸々一年経っても、依然広告は公共の場には「ふさわしくない」と見なされつづけた。そんなふうに当局はよく目立つフェミニストたちに嫌がらせや妨害をするが、地方自治体の中には活動家の求めに応じてくれるところもある。たとえば、深圳や北京といった都市の地下鉄では、反痴漢キャンペーンの広告が地下鉄に掲示された。

「私たちは当局のやり方に応じてつねに戦術を変えなければならないんです。女権五姉妹の逮捕前は、いつも『打擦辺球《ダー・ツァービエン・チウ》（「卓球で」エッジボールを打つ）』していました」と肖は言う。政治的に最も危険なことはぎりぎり避けて行動する、という意味だ。「以前はフェミニスト・ストリート・キャンペーンをずいぶんやりましたが、取り締まりが厳しくなったので、いまはＳＮＳでの発信を活発におこなっています」

二〇一六年に最初に肖にインタビューした直後、広州警察は肖のアパートの大家に彼女を追いだすよう圧力をかけた。当時の肖の恋人はフェミニスト活動家の張累累《ジャン・レイレイ》で、フェミニストのアカウントを複数削除した微博を提訴しようとしていた。また、もう一人のルームメイト、高暁《ガオ・シアオ》は、男性料理人しか雇わないと彼女を突っぱねた広州のあるレストランを、性差別を理由に提訴した。

厄介者と考えられる人物に嫌がらせをするとき警察のとる常套手段は、家主に圧力をかけてその人物を三日以内に家から出ていかせることだ。肖と張が新しいアパートに引っ越してまだ五か月しか経っていないというのに、ある日大家からメッセージが届き、警察から二人が「よからぬことを企んでいるレズビアン」だと知らされたという。家主は心配になり、肖にガールフレンドとの関係についてあれこれ立ち入ったことを尋ねてきた。すると、翌朝九時に広州警察の警官がいきなり部屋にやってきた。

肖は、「火災予防の検査」に来たというその二人の制服警官がドアの向こうに現れたとき、こっそり写真を撮っておいた。身分証明書を見せろと言われ、指紋をとられた。さらには、それぞれ不鮮明だったからと言って、結局、全部で三回も指紋を採取された。(彼女はのちに、そもそも指紋を採取させてしまったことを後悔した。)警官は、今後は毎月アパートを確認しに来る、と告げた。肖は、友人たちとの交流に使っているウィーチャットのアカウントに、警察に指紋をとられたあとどんなやり取りがあったか書き、投稿した。

彼〔警官〕が突然「まだ勤務先の住所が未記入のままだ」と言ってきたのです。私が書きこむと、今度はルームメイトの勤務先の住所も書けと。私は、「知らないよ。彼女はいま眠ってるの。それにあなたはいまさっき、あたしに書かせ忘れたわけでしょ？　そのままにしとけばいいじゃない」彼はいきなりキレて、怒鳴りつけた。「よく聞け、いますぐ警察署に連行してやる！」

肖はこの文章に、若い警官の禍々しい写真を添付した。警官は目を剝き、鼻の穴が広がり、口が怒りで歪んでいた（肖は隠しカメラでこれを撮影した）。警官が怒りでわれを忘れているのがわかった肖は、ドアを閉めて、出直してきてくださいと言おうとしたが、警官は無理やりドアをこじ開けた。こうなったらおとなしく従うしかないと思い、肖はルームメイトを呼んできて、勤務先の住所を書かせた。肖の投稿はこう続く。

「わかるだろう？　おとなしく協力すれば、何も問題は起きないんだ」警官は言いました。

「先に攻撃的な態度をとったのはあなたのほうでしょう」と私。

「俺が攻撃的になるのは当然だった。そうでもしなければ、おまえは従わなかっただろう？」

それで、「あなたが攻撃的だったから、ドアを閉めただけじゃないの」と言ってやったんです。

相手はまた怒りだし、怒鳴りました。「まだドアを閉める気か？　本当に警察署に連行するぞ！」

そのあともしばらく言い争いをし、結局警官は彼女を拘束せずに立ち去った。肖は彼らのことを提訴し、その後何か月かは彼らに煩わされることはなかった。

そのときは気づかなかったのだが、警官が指紋を採取したのは、監視強化対象となる人々からDNAや生体情報を集めて膨大なデータベースを構築しようとしている中国政府の新たな試みの一環だったのだ。人権団体〈ヒューマン・ライツ・ウォッチ〉は、中国政府のビッグデータ監視プラットフォームは、これまで考えられていた以上にプライバシーを侵害する、高度なシステムだと警告する。すでに中国公安部は二〇一七年までに、活動家、移民労働者、ウイグル人ムスリムを含む、四〇〇〇万人以上のDNAや生体情報を収集した。「中国当局が、何千万人という一般人の情報を集めて、彼らが定める〝普通の考え方〟から逸脱する者を特定し監視するというのは、考えるだに恐ろしい」

警察は、そうして肖美麗の生体情報を集めただけでなく、彼らの訪問に恐れをなして彼女たちがおとなしくなることを――そして彼女たちを中傷する同性愛嫌悪的な言葉で家主が恐れをなすことも——期待していることは間違いなかった。
しかし二〇一七年五月、肖の恋人である、当時二四歳だった張累累が、微博で#WalkAgainstSexualHarassmentと#IAmABillboardという二つのハッシュタグを使い、新たな反セクハラ・キャンペーンを始めたのだ。彼女は髪をピンク色に染めて若者たちの注意を引き、毎日「人間反痴漢広告」として、地下鉄当局に突き返された最終広告デザインを身にまとって広州市内を歩き、写真を投稿した。地下鉄に乗った子猫が、大きなピンク色の豚の腕をつかみ、吹きだしで「やめて！」と言っている、罪のない漫画風のイラストだ。そこには以前と同じスローガンが書かれている。〈誘惑は言い訳にならない。まさぐるその手を止めろ〉
張は、返信してくれた先着一〇〇名にポスターの図案をメールで送りますと発表した。「行動せよ！　あなたの街を、反セクハラ広告を掲げる最初の街にしよう！」と彼女は微博に投稿した。今回、彼女のキャンペーンはあっという間に中国じゅうに広まった。二日もしないうちに、中国全土の二二都市——北京、上海、瀋陽《しんよう》、西安など——の熱心な女性（と一部の男性）たちから、公共の場でプラカードを掲げたいと申し出があった。彼女／彼らも自分たちの写真を微博に投稿した。地下鉄でプラカードを持って立ったり、街のランドマークの隣でプラカードとともにポーズをとったり、セクハラに関する質問票を作って通りで通行人に配ったり、反セクハラ広告の掲示を公共交通機関当局に求める嘆願書に通行人の署名を求めたり。

わずか二日間で返事が押し寄せたことを見ても、フェミニズムが若い中国人女性の心にいかに響いているかがわかる。公共交通機関を使うたびに痴漢に遭うことに、みんな心底嫌気がさしているのだ。政府の激しい弾圧にもかかわらず、固く団結したフェミニスト活動家たちは世論を動かし、国じゅうのさまざまな場所の女性たちを行動に駆りたてた。中国のような監視社会にあって、これは本当に驚くべきことだ。「連中がどんなに私たちのスペースを狭めようとしても、ありとあらゆる場所でフェミニストが立ちあがるのを止められはしない。私たちはいつ何時でも、ぎりぎりまで高めたパワーを大爆発させる用意がある」張はウィーチャットにそう書きこんだが、政府の検閲によってただちに削除された。

キャンペーンの二週間後、警察が張累累と肖美麗のアパートにまた現れた。彼らは張に、キャンペーンをやめるか、広州を出ていくか、二つに一つだと告げ、家主に三たび、二人を追いだすよう圧力をかけた。「おまえたちの活動は影響力が強すぎる。いますぐやめろ」と警官は警告した。「一二月にここ広州でフォーチュン・グローバル・フォーラムが開催される。だから数か月間は、仏山市［隣の市］に移動してもらう……おまえたちは、女権五姉妹が勾留された原因になったことと、まったく同じ行動をとっているんだぞ。それがわからないのか？」

注目してほしいのは、広州警察は、世界的フォーラムがまだ始まってもいないのに、張を広州から七カ月ものあいだ遠ざけようとしたことだ。きたる国際会議のための警備措置という口実で政治活動家を七か月以上も自宅退避させるのは、中国の厳重な保安体制を考えてもかなり異例だ。普通なら、政治的に問題があるとされる人を当局が強制的に〝休暇旅行〟に行かせるとしても、たとえば天安門事件が起きた六月四日のような要注意な日付けの前後数日、長くても数週間がせいぜいである。

張は、どこにでもプラカードを持っていくのをやめることには同意したが、広州を離れるのは拒否した。そして、ほかの各都市にいる人々が自分の意志でキャンペーンを続けるのを止めることはできない、と警官に告げた。「セクハラを受けてきたのも、この問題を人々に意識してもらおうとしているのも、私だけじゃない」と彼女は微博に書きこんだ。「私のようにつらい思いをしているほかの若い女性たちにも、嘲笑ではなく支援が与えられますように……あなたがそういう目に遭ったのはあなたのせいじゃないから。セクハラや痴漢は解決しなければならない社会問題です」と彼女は（削除された）投稿で訴えた。「自分の物語を心の奥深くにしまいこむのではなく、大声で語る人がもっと増えることを祈っています」

肖美麗と張累累はけっして引き下がらない。警官との対決について記した一連の投稿で、肖はそこで得た教訓についても書いた。これは中国以外の国にも当てはまることだ。「当局による暴力にしろ、家庭内暴力にしろ、パターンは同じです。あなたが受け入れてしまえば、暴力はますますひどくなる。抵抗しなければ、暴力のサイクルは悪化する一方です。だから自分の権利を勝ち取るために闘ってほしい。あきらめてはだめ」

二〇一三年の時点で、李麦子は私に、中国の女権問題で何か実質的な進歩を目にするまでには、あと三〇年はかかると思うと言った。私はショックを受けた。彼女をはじめ中国のフェミニストたちはどうしてもっと大胆な行動に出ないのか？　女子公衆トイレの不備を問題視するより、もっと深刻な人権問題がたくさんあるのに、と当時の私は思ったものだった。そして、心の中で、政府との衝突を避けようとする中国人フェミニストと、ロシアのフェミニスト・パンクロックバンド〈プッシー・ライオット〉のあえて当局に立ち向かおうとするやり方を比べていた。彼女たちは、ウラジーミル・プーチン大統領を罵倒する曲を演奏して投獄されたのだ。

聖母マリアさま、神の御母堂、プーチンを追っ払って！
追っ払って、プーチンを、さっさとどっかへ追放して！
ＫＧＢ〔ソ連時代の諜報機関・秘密警察〕に君臨し、聖なる長官として
抗議者たちを刑務所へ護送するあの男を

女権五姉妹が拘束されてはじめて、私は、李ほか中国の若きフェミニストたちをまったく

過小評価していたことに気づかされたのだ。彼女たちの言葉はたしかに相手を面と向かってこき下ろすものではないかもしれないが、それぞれが独立した女性人権活動家として存在することそのものが、それだけで反体制なのだ。そのうえフェミニストたちは、中国社会にはびこる性差別にようやく気づきはじめた何千何万という都市部の高学歴女性たちの不満の大波を上手に利用していた。

「私たちは権力に挑んで、それを解体し、平等な社会を築きたいんだ……私たちのアクションはみな、〝政治的危険分子〟のレッテルを貼られないように、［比較的無名な］個人が起こしてる」李は二〇一五年の逮捕拘束の前に言った。

こんにち、李麦子は最も有名な中国人フェミニスト活動家と言っていい存在となった。『フォーリン・ポリシー』誌は彼女を二〇一五年の〈世界の最先端にいる思索者〉の一人とし、二〇一七年には〈米国－中国五〇〉（米中関係に活力を与える人々）に選んだ。BBCは彼女を〈二〇一五年の女性一〇〇〉に挙げた。女権五姉妹もまた『ミズ』誌の〈二〇一五年の最も刺激的なフェミニスト〉にリストアップされ、BBCは女権五姉妹の一人である鄭楚然を〈二〇一六年の女性一〇〇〉に挙げた。しかし彼女たちの目的は、新たな仲間をつねに少しでも増やし、中国じゅうにあまねく広がる、よく目立つ単独のリーダーなき持続可能なフェミニスト運動を築くことなのだ。

5 精衛填海

女権五姉妹が釈放されて約半年後の二〇一五年一一月に私が杭州を訪れたとき、二〇代の二人のフェミニスト活動家が嵐のなか、杭州一の名勝、西湖を案内してくれた。私たちは年老いた漕ぎ手に料金を払って、天幕でかろうじて雨を防いだ小さな船で湖を渡った。そぼ降る雨のなか、武嵘嵘《ウー・ロンロン》のもとで働いているジーナ（仮名）と、浙江大学の博士課程に所属しているフェミニストの猪西西《ジュー・シーシー》は、女権五姉妹が拘束されて以来、公安捜査官たちに何度も呼びだされて尋問を受けたと訴えた。ジーナは、警察の圧力を受けた家主から、家を出ていってもらうと脅されたところだという。猪西西も、大学を退学させると警告を受けたらしい。

そんなおしゃべりをするあいだ船は進み、ジーナと猪が、霧に包まれた湖にかかる灰色の石造りの橋を指さし、その近くに中国で最も有名なフェミニスト革命家、秋瑾《しゅうきん》の墓があると言った。浙江省出身の秋瑾は、一九〇七年、清王朝の転覆をもくろんだとして、杭州から六〇キロメートルほどのところにある紹興《しょうこう》市で斬首刑に処された。

猪によれば、彼女らフェミニスト・シスターたちは、かつて秋瑾のプロテストソング『女権に勉《つとめ》る歌』をよく歌ったという。「でも言葉が古めかしいし、難しくて、なかなか覚えられないんだよ」と猪は言った。だから映画『レ・ミゼラブル』が公開されると、フェミニスト・グループは劇中歌の『民衆の歌』を使って歌詞を変え、『全女性たちの歌』という、はるかに覚えやすい歌を作った。「あなたも仲間に入らないか／私たちの権利を勝ち取る長い闘いに」と新しい曲は続く。それはフェミニスト運動のため団結を促すテーマ曲となった。「ねえ、ここで写真撮ろうよ！」と猪が提案し、私が携帯電話を取りだして、ボートの上で何枚かスナップ写真を撮った。ジーナと猪がVサインをしてにこにこ笑っていた。秋瑾の墓に近い杭州の西湖で、雨のなか若いフェミニスト活動家たちと過ごしたそのひとときは、歴史の重みに満ちていた。

一一〇年ほど前、二〇世紀を迎えたばかりの激動の時代に、男装のフェミニストとして象徴的な存在だった秋瑾は、中国人女性を解放し、清朝を倒す革命への参加を促す歌や詩、エッセーを書いた。一九〇五年、彼女はやがて中華民国の総統となる孫文の革命団体に参加した。また、未完ではあるが彼女の作品の中でも最も重要なものの一つ、『精衛石』を書きはじめた。これは弾詞という伝統的な語り物の形式をとっており、詩と散文が交互にくり返される。

秋瑾は中国に夫と二人の子供を置いて日本に留学し、東京で学びながら中国人の学生たちと政治談議をした。『精衛石』の大部分はここで書かれた。精衛というのは中国の伝説上の鳥で、精衛伝説にはいくつか異説があるが、その一つを紹介したい。天帝の一人、炎帝神農の末娘は女娃《じょあ》といい、これは「少女」という意味である。女娃は海から朝日が昇るところが見たくて、明け方に東海へ船を漕ぎだした。ところが残酷な東海は激しい嵐を起こして彼女の船を転覆させ、女娃は溺れ死んでしまった。

死とともに、嘴が白く脚の赤い、美しい鳥に変身した女娃は、怒りと苦しみをこめて「セイエイ、セイエイ」と啼いた。その苦痛に満ちた啼き声から、女娃の化身は精衛と名づけられ、復讐のため毎日おのれが住んでいた山の石を鉤爪でつかむと、海に飛び、そこに石を落とした。東海は精衛をあざ笑い、無駄な努力はやめろと告げた。「愚かな鳥め、そんな小石で私を埋められるとでも思うのか」。しかし精衛はけっしてあきらめるまいと心に誓い、何年かかろうと我慢強く、何千年ものあいだ石を運びつづけ、とうとう海を埋めてしまった。

秋瑾はこの精衛の伝説を、みずからの自由と国の解放をかけて闘う中国人女性のメタファーとして利用した。「私は［二億人という］大勢の女性同国人に、市民としての責任を引き受けてほしいと心の底から懇請する。立ちあがれ！　立ちあがれ！　中国人女性たちよ、立ちあがれ！　中国人女性は足枷を投げ捨てて、情熱を胸に立ちあがるだろう。誰もがヒロインになるのだ。新世界の壇上にのぼろう。そこで彼女たちこそが国を再び一つにせよ、と天命がくだったのだ」

秋瑾自身は三一歳で斬首刑となり、『精衛石』を書き終えることができなかった。彼女の人生と仕事ぶりは、取るに足りない〝お嬢ちゃん〟としばしば揶揄される、今日の中国の若いフェミニストたちの必死の抵抗と重なるところがあり、興味深い。精衛の伝説から、「精《せい》衛填海《えいてんかい》」ということわざが生まれ、これは一見不可能に見える大仕事でもやり遂げようとする不屈の努力を意味する〔異説をもとにした、無謀なことを企てて徒労に終わること、という意味もある〕。

二〇一八年三月、『ニューヨーク・タイムズ』紙の特派員エイミー・チンは、その死から一一一年経って、遅ればせながら秋瑾の死亡記事を書いた。亡くなったときに『ニューヨーク・タイムズ』紙が死亡記事を書かなかった世界じゅうの女性たちを再評価するという企画の一環である。「その死から一世紀以上経ったいまでも、広州の西湖湖畔にある彼女の墓を訪れる中国人は引きも切らない。いまでも勇気あるフェミニストのヒロインとして国民の意識に深く刻まれているその女性に、敬意を表するためだ」とチンは書いている。

秋瑾ほか、孫文、梁啓超《りょうけいちょう》、何殷震《かいんしん》（あるいは何震《かしん》）のような進歩的な知識人は、世紀の変わり目の革命運動の一翼を担ったが、運動の多くは日本や香港、米国など国外で組織された。「一九一一年末までに、この革命運動は清朝の打倒に成功し、中国は太古から脈々と続いてきた王朝国家体制から共和政に移行した」フェミニズムはこの「革命の動乱」で重要な役割を果たした、とリディア・H・リュー、レベッカ・E・カール、ドロシー・コウ共著『*The*

Birth of Chinese Feminism（中国フェミニズムの誕生）』で述べられている。

こんにち中国で知識の〝交配〟が起きたり、社会運動が組織されたりするのも、一世紀以上前と同様、国外ということが多い（留学や大学の客員研究員など）。じつは、それが起きる土地さえ、米国や香港など、当時と同じだ（ただし現代の中国人フェミニストは、日本より進歩的な台湾を選ぶが）。とくに熱心な現代のフェミニスト活動家は、他分野の活動家と頻繁に意見交換をする。人権弁護士や労働運動活動家、そしてもちろんＬＧＢＴＱ人権活動家などである。

『精衛石』の現存する最終章で、秋瑾は、嫁入り道具を売って（じつは秋瑾もそうやって中国から逃れた）、親の決めた不幸な結婚から逃げだす若い女性の一団を描いている。女性たちは日本行きの船にともに乗りこみ、手を握り合って、遠ざかっていく母国を眺める。

そんな障壁に風穴を開けたこの女性たちの野心は、どんなにすばらしかっただろう！彼女たちは故郷からすでに千里［中国の一里は約五〇〇メートル］も離れ、いまは風のような速さでさらに一万里を移動しつつある。船上にいる誰もが彼女たちを見て、思った。「新たな学びが将来必ず成功に結びつく。いつかこの女性たちの行動が自由の鐘となり、祖国を救うだろう」

女性の解放は、一九一一年に清朝を倒した世紀の変わり目の改革者や革命家たちの重大な目的だっただけでなく、一九四九年に中華人民共和国が建国されたことで達成を見た、社会主義革命の目標でもあった。皮肉なことこのうえないのは、現代の中国当局は女権活動家たちを迫害しているが、じつは二〇世紀初頭の中国共産党結党の根源には、男女平等という大原則と女性の解放という革命的理想が存在していたことだ。いまでは忘れられているが、フェミニズムは中国革命の歴史の中で重要な役割を果たしていたのである。

中国は一九世紀から二〇世紀にかけて、怒涛のごとく政治的、軍事的、経済的騒乱に見舞われた。一八三九‐四二年、一八五六‐六〇年のアヘン戦争では、大英帝国が中国に不平等条約を押しつけて、無理やり港を開かせた。みずからをイエス・キリストの弟にして神の子であると信じる男、洪秀全《こうしゅうぜん》が率いた、一八五〇‐六四年の太平天国の乱。一八九四‐九五年の日清戦争では日本が中国海軍を撃破し、一九〇〇年の義和団の乱では、反宣教師を唱えて外国軍を攻撃してきた反乱分子に、米国を含む外国軍が反撃し、北京を攻略した。

欧米や日本の侵攻は中国経済に重大な影響を与え、とくに女性を追いつめた。なぜなら女性の労働――とくに紡績業――こそが家計を下支えしていたからだ。イギリスが押しつけてきた都市部の産業を優遇する関税によって地方経済がダメージを受け、女性たちの労働環境は過酷になる一方で収入は減った。

中国の「フェミニスト運動は、問題の多い国家主義者たちの思惑と密接に絡み合っていた」と歴史学者のドロシー・コウと王政《ワン・チャン》は論じる。弱小だと思われていた隣国の日本に敗北するという屈辱を味わったあと、中国の改革論者たちは日本を敵国ながら手本でもあると考えた。「本来『女権』は、男女には『自然権』が備わっているという基本認識に根ざすものであったが、男性国粋主義者からすれば、女権の達成とはすなわち国家の強化だった」

歴史学者の須藤瑞代は、「女権」(中国語読みでは「ニューチュエン」)という概念は、中国改革主義者たちが清王朝を近代化する手段として西欧の「市民権」や「民権《ミンチュエン》」(日本語からの翻訳であることが多い)という語彙を取り入れたときに誕生した、と書いている。

金天翮《ジン・ティエンホー》や梁啓超、その他大勢の二〇世紀初頭の中国男性改革主義者たちが、女性によりよい教育を授け伝統的な〝か弱い〟役割から解放しなければならないと考えたのは、国を存続させ、外国勢力に対抗できる力を構築することが目的で、中国人女性の生活を純粋に気遣ってのことではなかった。男性作家である金天翮の一九〇三年の散文『女界鐘』は当初、中国初のフェミニスト宣言だと考えられていた。「しかしながら、わが二億人の姉妹同志はこれまでと同様に無知のままで、束縛され、冬には夢を見、春には憂鬱に浸り、男女同権という概念についても、文明国の自由人のあいだでは女性にも参政権があるということも、知らずにいる」と彼は書いている。

文芸評論家のリディア・H・リューは、男性改革主義者である金のこの散文が妙に人種に拘泥した描写で始まる点を指摘する。金は、「哀れな存在」たる同国人を欧米の白人と比較する。

私はヨーロッパの若い白人男性を想像する。今日この時刻にも、紙巻き煙草を口にくわえ、手にステッキを持ち、横に妻子を従えて、堂々と顔を上げ、両腕を元気に振りながら、ロンドンかパリかワシントンの散歩道を闊歩している。なんとまあ、幸せそうで、ゆったりとくつろいでいることか。

「西欧の上流階級の白人既婚男性の有頂天な様子を見倣いたいという願望に、欧米人に対して心理的な葛藤を抱える中国人男性の悲痛な状況が反映されている箇所だ。だが、それが中国人女性と、いや、それ以上にフェミニズムとどんな関係があるというのか？」とリューは疑義を呈す。

リューによれば、フェミニスト作家でアナーキストの何殷震は、金天翮の散文を読んだ最初の女性の一人だという。何殷は、家父長的な命名習慣に反抗する意味で、父の苗字である「何」に母の苗字「殷」を加えて、何殷という珍しい双姓を名乗った。一九〇七年に夫の劉師培《リウ・シーペイ》とともに東京に移住し、二人は革新的な雑誌『天義《ティエンイー》』を発行する。そこで彼女は性差別について先見の明に満ちた散文を次々に発表したが、歴史家たちは、その短い発行期間のあいだに彼女が書いたものを夫の著作とずいぶん誤認した。一九〇七年、何殷は、中国の男性改革論者たちに対し、痛烈な文章『女性の解放という問題について』を書いた。

中国人男性は権力と権威を崇拝する。彼らは、欧米人や日本人は女性にある程度の自由を与える近代世界の文明国だと考える。そして、自分の妻や娘にこのシステムをあてがい、纏足《てんそく》の習慣を廃止し、基本教育が受けられる学校に入学させることで、これで同じ文明国の仲間入りをしたと世界じゅうから賞賛されると思っている……こういう男たちは、女性を自分の所有物だと主張したいという、純粋に手前勝手な気持ちから行動してきたのではないか、そう私は考えはじめている。

何殷震は、経済的な男女平等を実現するため、私有財産の廃止や共有財産の設立を訴えるという、革新的でアナーキーな一連の散文を書いた。性差というのは孔子の教えにある家父長制的パワーバランスにもとづいていると論じ、性差という概念そのものをなくそうと訴えた。「もし、息子と娘が平等に扱われ、同じように育てられ教育されれば、男女が担う責任は間違いなく同等になるだろう。そうなれば、〈男〉と〈女〉という名詞はもはや不必要になる」。一九一一年に清王朝が滅亡する直前、何殷震と劉師培はほかの国家主義革命論者たちと袂を分かった。それ以降、何殷震がどんな行く末をたどったか、確たる情報はない。

一九一九年五月四日、北京の何千人という大学生が、男女の別なく天安門広場に集まり、外国勢力に対する中国政府の弱腰な態度に抗議した。彼／彼女らは、第一次世界大戦の戦後処理のためのベルサイユ条約で、ドイツが占領していた山東省の利権が中国に返還されずに日本に譲渡されたことに腹を立て、日本製品の不買運動を呼びかけた。いわゆる五四運動である。この反帝国主義運動は国内のさまざまな都市に飛び火し、新文化運動（一九一五－二四年）に拡大して、中国の伝統文化を攻撃し、民主化や科学を求め、男女平等を擁護した。

この運動から新たな女性誌や女権団体が数多く生まれ、文学評論家の周蕾《レイ・チョウ》は、「女性」という概念は弱き中国のメタファーに祭りあげられた、と論じる。「女性の自己犠牲が中国の伝統文化を下支えしていたのだとすれば、社会の大変革の時期に、従来最も抑圧されていたものが、伝統の崩壊を何より駆りたてたとしても驚くことではない。つまり、女性というものが、中国の傷ついた自意識の〝身代わり〟となったわけだ」

現代の若いフェミニスト活動家たちの大部分が大学教育を受けているのと同様、五四運動時代の〝新女性たち〟も、女性誌でそう描かれているように高学歴だった。「フェミニストの〝新女性たち〟は、近代化の道しるべとして機能するうえでも、当時誕生しつつあった都市部の中流階級に属していたと想像できる」とドロシー・コウと王政は書いており、実際、五四運動の知識人は都市部出身のミドルクラスだと指摘する。

一九一八年、夫と三人の子供とともに不幸な結婚生活を送っていたノラという女性が意を決して家を出るというヘンリック・イプセンの戯曲『人形の家』が中国語に翻訳され、五四時代の〝新女性〟を体現するものとして大人気を博した。ノラは結婚から逃げようとする中国人女性のロールモデルになっただけでなく、若い男性にとっても、おのれの共和政の将来や「彼ら自身の解放のメタファー――ノラがドアをばたんと閉めること」について話し合うきっかけとなった、と歴史学者のスーザン・グロッサーは述べている。

一九二三年、北京の女子師範大学で、著名な作家の魯迅《ろじん》が「家出をしたあとノラはどうなったか」と題した講演をおこなった。家族を置いて家を出たノラに残された可能性は、娼婦になるか、結局夫のもとに戻るか、どちらかしかなかっただろうと話し、いまや瀕死の状態にある中国社会の伝統をがらりと一新する必要があると訴えた。「つまり、ノラにとって重要なのは金、あるいはもっと仰々しい言い方をすれば、経済資本なのです。もちろん金で自由は買えませんが、自由を売って金を得ることはできます」魯迅は言った。「まず、家庭内で男女が家事を正当に分担すること、第二に、社会でも男女が平等な権利を持つこと、それが重要です」

一九一九年、若き毛沢東が、若い女性、趙五貞《ジャオ・ウージェン》あるいは〈趙女士〉の自殺について記事を書いた。彼女は親の決めた結婚を強要され、夫となる男の家に連れていかれる途中で自分の喉をかっ切ったのだ。その若き女性の死は「旧弊な結婚制度、古臭い社会制度、尊重されない個人の意志、禁じられた自由恋愛の結果である」と毛は『大公報』紙に意見を書いた。そして、結婚や女性の自由意志の問題を長期的に解決するため、社会規範を徹底的に見直す必要があるとした。「社会と女性が日々結ぶ関係を本質的に暴力的なものと見なし――毛はこれを毎日レイプされているようなものと表現した――、趙女士のような女性（つまり中国のほとんどの女性たち）は自立して生きていけず、自由意志を主張できるのは自殺という形だけだと結論した」と歴史学者のレベッカ・カールは書いている。

若き毛が記事を書いていた頃、ソビエト連邦が支援するコミンテルンが中国国内に新たに共産党を作ろうと活発に活動を始めた。カールによれば、中国国内での関心の高まりとソ連の積極的な関与の相乗効果によって、中国各地で小さな共産主義グループが誕生したという。一九二一年七月、全国に散っていた共産主義グループがひそかに上海に集まり、国家規模の組織を形成することになった。将来、中華人民共和国を建国することになる毛も、代表者の一人だった。

中国の共産主義者ネットワーク内で女性として最初に頭角を現したのは、二三歳の王会悟《ワン・フイウー》で、五四運動フェミニスト活動家の一人だった彼女が一九二一年の秘密会議の場所の選定に奔走した。王は上海の女性活動家コミュニティをフル稼働させて、上海フランス租界にある女子校にスペースを確保した。しかし、歴史学者のクリスティーナ・ギルマーティンによれば、最初の会議のときに警官たちに踏みこまれ、そのあと王は広州に近い浙江省の南湖でなんとか屋形船を見つけて、代表団は警官の目を欺くために観光客のふりをしてそこに向かったという。

王会悟は、決められた相手と一緒にならざるを得ない中国の結婚制度（包弁婚）を、女性にとって一生を監獄で暮らすようなものだと切って捨てた。彼女の書いた文章の中でもとくに傑出しているのは、一九一九年に『少年中国説』誌に発表した「中国女性の問題：罠からの解放」というものだ。『少年中国説』の顧問には、毛沢東ほか将来の幹部共産党員が名を連ねていた。

女が熱心に働いて成功し、貯金して、経済的な制約がなくなることを男たちは恐れている。そうなると［包弁婚の］罠がうまく機能しなくなるからだ。だから〝裁縫〟や〝料理〟といった家事を女に押しつけ、成功するチャンスをあえて奪っているのだ……男とは嫉妬深いものなので、女と社会を断絶させるために〝心の中にも外にも防御壁〟を築き、それは今日まで続いている。女たちはこの罠にはまって、これまでどうしても脱出できなかった。

王会悟をはじめ第一世代の共産主義の女性たちは、包弁婚のような家父長制的束縛から自由になりたいと考え、「ほとんど敵ばかりの社会の中で、支援環境を提供してくれる共産党に魅力を感じた」とギルマーティンは書いている。「伝統的なジェンダー関係に反対しこれまでとは別のロールモデルを提供しようとしていた、そうした女性たちには、共産党は政治組織というより異文化集団のように思えた」

一九二一年に中国共産党が結成されたあと、新たにできた中央委員会は、王会悟と、やはり急進派の女性である高君曼《ガオ・ジュエマン》に、独立系女性グループ〈上海中華女界連合会〉を再組織して、共産党に新たな婦人部を立ちあげるよう命じた。王会悟は二種類の大規模プロジェクトに予算を割く許可を得た。一つは新たな婦人誌『婦女声《フーニュー・ション》』を発行すること、もう一つは学校の設立である。そして上海平民女校ができた。

『婦女声』は、王会悟と王剣虹《ワン・ジエンホン》が編集に携わり、一九二一年一二月に第一号が発行された。ギルマーティンによれば、執筆者はおもに女性で、五四時代に政治に〝目覚めた〟女性が対象読者だったという。「彼女たちは、女性こそ人類史上〝最初の労働者〟だったと表現した。女は太古からこんにちに至るまで、無償で家事労働をしてきた。大多数の女性は資産を持たず、多くの点で〝無産階級《ウーチャン・ジエジー》〟（中国語で〝プロレタリア階級〟と同意）の一員と言えるからだ」。

上海平民女校は一九二二年初頭に開校し、共産党幹部の李達《リー・ダー》（王会悟の夫）が校長に就任したが、実務を切り盛りしたのはすべて王会悟だった。彼女はカリキュラムを考え、教師を雇い、日々の運営をおこない、将来の共産党幹部を嘱望される学生を募集した。

しかし革命初期当時でさえ、李達《りたつ》や陳独秀《ちんどくしゅう》といった共産党男性創設者たちはフェミニストを標榜していたにもかかわらず、王会悟が正式に幹部として認められることはなかった。李達が失脚し、一九二二年の中央委員会への再選を逃すと、ほかの男性幹部党員たちは、女性が夫より重要な地位に就くなどもってのほかだと考えた。『婦女声』は突如発刊を止められ、上海平民女校も一九二二年末に完全に閉鎖された。

それでも共産党は女性を革命運動に引きこもうと努め、一九二五年五月三〇日に起きた事件がそれに拍車をかけた。日系の紡績工場で中国人労働者が殺害されたことに抗議する人々が上海で大規模なデモをおこない、その群衆に英国警察が発砲した。いわゆる五・三〇事件である。一〇人以上の学生や労働者が死亡し、その中には女学生も含まれていた。これに憤った中国人労働者、事業者、学生たちによる暴動が全国に広まり、向警予《シアン・ジンユー》（新たな党中央婦人部長）のような共産党運営者たちは、これを利用して女学生の活動家や女性労働者のリーダーたちを党に勧誘した。一九二五年九月には、共産党の女性党員は一〇〇〇人にのぼり、これは五・三〇事件以前の一〇倍に当たる。

中国主要都市での国際女性デー祝賀行事は、年々過激になっていった。一九二六年には広州だけで一万人が集まり、包弁婚の廃止、離婚の自由、男女間賃金格差の是正、妾制度や児童婚、女子無賃労働の禁止を訴えた。しかし、一九二七年に共産党と国民政府が袂を分かち、内戦状態になると、フェミニストたちは政治的な後ろ盾を失った。

そして、一九二八年に第六回中国共産党大会がモスクワで開かれたとき、「婦人運動解決案」が可決された。ギルマーティンによれば、ここで幹部たちは、過去八年間の婦人部の活動は「ブルジョワ・フェミニスト」によるものだったと公然と非難し、「独立した婦人部の活動を認めたのは誤り」だったとした。「こうしてフェミニスト活動からの明確な離脱が示され、その後はジェンダー搾取より階級による経済的抑圧の問題が優先されるという、共産党としての保守的な傾向がいよいよ促進された」。共産党幹部が、都市の労働者階級を結束させる標準的なマルクス主義モデルから、地方の農民層を基盤とする革命への移行を決めると、父権主義的な男性が主体の農民たちからの非難を避けるため、フェミニスト的政策はますます忘れられていった。

こうして党がフェミニズムの概念をあえて捨てるという選択をした影響は、こんにちに至るまで、その後何十年も続いた。共産党は男女平等をうたいつづけたが、幹部は〝フェミニズム〟あるいは〝女権〟という言葉を避け、私有財産や階級制度の廃止に関心を移した。「党の目標に賛同せず、ジェンダー平等に注力したフェミニストたちは〝ブルジョワ限定のフェミニスト〟と呼ばれた。これはヨーロッパの社会主義者のやり方をそのまま取り入れたものである」とコウと王は書いている。党側はかわりに「男女平等《ナンニューピンドン》」や「婦女解放《フーニュージエファン》」という文言を取り入れた。

中国共産党が正式に「ブルジョワ・フェミニズム」を放棄した一九二八年、同じように都会で暮らす高学歴女性の身辺について書いていた女性作家の丁玲《ていれい》が『ソフィ女士の日記』を出版して、話題をさらった。女性の性や主観を大胆に表現したその内容に、批評界はショックを受けた。主人公のソフィという女性は強い性欲をもち、欲望の対象として男性を見ては、女性が自分の性を表現することを禁じる社会への不満を無理に押し殺す。

> 私は目を上げた。彼の深くくぼんだ、赤くやわらかな濡れた唇を見つめ、ため息をつく。その魅惑の唇を、お菓子を前にした腹を空かせた子供みたいにじっと見つめる自分を、どうして認められるだろう。おのれの欲望や不満を満足させようとすることは、この社会では禁じられていると、重々承知している。誰を傷つけるわけでもないのに。

『ソフィ女士の日記』は、文芸評論家のリディア・H・リューが解説するように、従来からある男性側からの視点をがらりと覆した。「語り手である女性の視線が男性を性的対象物に変え、情欲にまつわる男性側の語りを反転させている。語り手は男性の〝唇〟をキャンディか何かのように客体化するだけでなく、男根主義を捨て、男性性を唇（陰唇）と結びつけて女性化している」

のちに『ソフィ女士の日記』はきわめて〝ブルジョワ的〟で、もっと重要な政治的問題から乖離しすぎているとして、批判された。毛沢東は一九四二年に〈延安文芸座談会〉で、革命における芸術と愛の役割について、彼なりの〝正しい〟見解を示した。

さて、愛についてですが、階級社会には階級制の愛しか存在しません。しかし、ここにいる同志諸君は階級を超越する愛を、観念的な愛を、そして観念的な自由を求めています……このことは、彼らがブルジョワの影響を色濃く受けていることを示しています。この影響から完全に脱して、謙虚にマルクス・レーニン主義を学ばなければなりません。

社会主義革命に役立つ観念的な純粋さや芸術が重要だ、という毛の演説は、ソビエト連邦で発展した社会主義リアリズム様式を肯定すると同時に、一九四〇年代から、毛の死後に改革開放が始まる一九七〇年代まで、女性にユニセックスな服装を推奨させた。

社会主義リアリズムで描写される「解放された」女性のイメージや、化粧っ気のない顔、平等をめざしてデザインされた色味のない制服によって、「女性は男性との違いを拒むはめになった」とリューは論じる。「〝階級〟と同様、〝女性〟という概念も、中国国内で幅をきかせている理論の中で長らくいいように利用されてきた。解放をめざすという国家の言い分においても、結局、女性問題はつねにナショナリズムの陰に隠れてしまい、女性の解放といっても、公務員になれる、男性と均等な機会が与えられる、という程度なのだ」

丁玲は、作家の夫、胡也頻《こやひん》が国民政府に殺されたあと、一九三二年に共産党に入党する。しかし国民政府に拉致され、数年間、自宅軟禁状態に置かれるが、ようやく脱出して延安に向かう。延安は、国民党軍を逃れた紅軍が伝説の長征を終えたあと基盤とした場所だ。共産党の中でも有名人だった丁玲は性やロマンスを題材にするのをやめ、革命派の大衆向けに社会主義リアリズム様式で作品を書くようになった。

それでも一九四二年の国際女性デーに書いた文章で、丁は共産党の「女性同志」の扱いについてこきおろし、党のジェンダー政策をさんざん批判した。「〝女性〟という言葉にとくに重点を置いたり、わざわざ取りあげたりせずにすむようになるのは、いったいいつなのだろう?」と彼女は始める。女性同志に結婚しろとプレッシャーをかけ、独身女性は「中傷や噂話」の標的になる。「だから相手を選ぶ余裕はなく、誰でもいいや、ということになる。馬に乗れる男か、いつも草履をはいているか、芸術家か、管理職か、考えている暇もない」

丁玲は、女性に関する党のダブルスタンダードを指摘した。子供を産ませようとしながら、その同じ女性を「政治的に遅れている」とか、革命に対する情熱が足りないとかなじるのだ。「私自身女性なので、ほかの誰より女性の欠点を理解している。しかし、彼女たちの苦しみもまた、深く理解している」と彼女は書く。「女性には、いま生きている時代を乗り越えること、完璧に生きること、鉄のように強くいることなどできない」そして、共産党の男性たちに、女性の苦しみや「社会的な事情」を考慮してほしいと訴える。「机上の空論を減らし、目の前にある現実の問題をもっと話し合うことができれば、理論と実践の乖離はなくなる。共産党員それぞれがおのれの行動の倫理性に責任を持つことで、よりよい結果につながるだろう」

党当局は、「視野の狭いフェミニスト」的感情や「女性の解放と階級闘争の関係について非革命的な考え」を持っているとして、丁玲を非難した、とレベッカ・カールは述べている。党を批判した罰として、彼女は文芸誌の編集者の任を解かれ、みずからの再教育を命じられた。のちに名誉を回復したが、一九五七年、反右派運動のときに女性の〝二重苦〟について説き、また下放された。「女性たちは、生産に果敢に貢献する〝鉄の娘（鉄姑娘《ティエグーニアン》）〟として公的役割を賛美される一方で、家事を強制されるつらさに黙々と耐えなければならない」

共産党はそうやって女性幹部党員にまで性差別的ダブルスタンダードを課しながら、男女平等をうたって、大勢の女性を革命に誘いこんだ。一九四九年、共産党が国民党軍に勝利して中華人民共和国が樹立されたとき、男女平等も建国時の旗印の一つに掲げられていた。さまざまな点で根底から変化させようとするこうした初期共産党の方針は、何千万人という女性たちを家庭の外へひっぱりだし、社会で賃金労働をさせようとするものだった、と歴史学者のゲイル・ハーシャッターは述べる。「建国当初の一〇年間……野心的な国家戦略として、土地の所有、結婚、職場、国民各自の自己認識そのもの、国民の所属コミュニティ、国民各自の過去までも、抜本から構造変革しようとした」

共産党革命の基盤となった一九五〇年の婚姻法は、包弁婚、児童の売買婚、一夫多妻制、売春を禁止した。また、女性にも経済的自立が与えられ、人生が一変するような自由を謳歌できるようになった。たとえば、妻を虐待する夫とは離婚し、再婚する権利が与えられた（ただし、年長者からの強い抵抗に遭い、のちに当局は法の厳密な強制を控えるようになった）。「これは日々の社会活動を一変させ、女性の地位向上につながった野心的な試みだった。とくに、一九四九年以前は都市部に比べ封建的な考え方が主流だった地方では、変化は絶大だった」とハーシャッターは書いている。それに加え、共産党による新国家は、文字が読めなかった大多数の地方在住女性たちに読み書きを教える授業をおこなった。ハーシャッターが取材した党地方支部のある幹部は、「なぜ読み書きを教えはじめたか？　当時、女性たちは読み書きを習いに行くという口実でしか、家を出られなかったんです。読み書き教室に出席して外の世界と交わるにつれ、女性たちの考え方も少しずつ自由になっていきました」

共産党は、「女性の権利と利益を保護するため」、〈中華全国婦女連合会〉という政府機関を設立した。それでも〝女権（フェミニズム）〟という言葉は依然としてタブー視されていたので、女性の人権促進という本来の目的は、歴史学者の王政が言うところの〝隠匿政策〟によって隠さなければならなかった。同時に同連合会は、一九五〇年代初めには、大都市から田舎の小村に至るまで全国津々浦々に支部を設立するため、何万人もの職員を雇用した。上海婦女連合会は、一九五一年の国際女性デーに、日本の再軍備に力を貸した〝帝国主義者〟アメリカに抗議する大集会を開くため、三〇万人以上――うち二五万人は主婦――を動員した、と王は書いている。

集会のテーマは反帝国主義だったとはいえ、内部報告書には、「エンパワメントを感じた」

という参加者の言葉が残っている。王が記すように、「集会の参加者たちはみな、いまや女性にもパワーと地位があると感じていた。男性さえ、もう女性たちを無視することはできないと言った」。中国の歴史に刻まれたこの三月八日国際女性デーという革命的ルーツを考えると、二〇一五年に共産党の公安捜査官が、この日を記念してイベントを計画した若いフェミニストたちを拘束したことはいっそう偽善的に思えるし、現政府が躍起になって社会的安定を求める姿がやけに暗示的に見える。当局は、革命に何百万人という女性を勧誘した歴史的成功のことが、頭から離れないらしい。

一九五〇年代半ば、毛沢東は地方の集産化に手を付けた。それまで富裕層が所有していた産業や私的財産を公有化するという過激な方策だった。一九五八年、毛は、鉄鋼業と穀物生産で英米に追いつこうと、〈大躍進〉と呼ばれる、やがて大惨事を招くことになる政策を導入する。人民公社という大規模な集団コミューンを形成して、何百万人という農民を工場労働者へとシフトする一方、農地では穀物生産を指数関数的に増加させようとした。地方官吏は党の上司の歓心を買うためデータを大幅に改竄《かいざん》し、生産性が「驚くほど向上した」と報告した。最終的に、大躍進政策によって深刻な食糧難が発生し、数千万人が餓死する二〇世紀最大の飢饉が起きた。

〝鉄姑娘〟現象が生まれたのはこの大躍進時代で、伝統的に農業で発揮されていた女性の労働力を男性主体だった工業分野に移行して、生産性をあげようとしたことがきっかけだった。

「女性たちはたがいに競い合い、男性とも競争して、高い生産力を目指した」とカールは述べている。「まさに、女性を『労働を通じて解放』しようとした毛の思惑が実現したわけだ」。一九五二年、国有企業における女性労働者は一二パーセントにも満たなかったが、大躍進時代のあいだに集団就職した、と社会学者の蒋永萍《ジアン・ヨンピン》は述べている。こうして国が世界最大の女性用の職場を提供したことから、一九七〇年代末には、中国都市部の女性の就労率は九割以上に達した。「就職するのに父親や夫の許可を取る必要はなく、都市部の女性たちにとっては、これが男性家長の支配からの解放となったわけだ。そのうえ、女性の就労はすでに社会経済にとって日常的な要素ととらえられていた」と蒋は論じる。

それでも、一九五〇年代から六〇年代は女性にとって深刻な試練の時代だったことが、社会学者の郭於華《グオ・ユーホワ》が記録した、中国北部農村地帯における集団化時代の女性たちの記憶からわかる。家事をすべてこなすのはやはり女性の役割なのに、日中は男たちとともに農作業にも従事しなければならなかった。手伝いが誰もいないので、赤ん坊や幼児は空腹のまま放置されて、糞便にまみれていることもしばしばだった。郭が記すように、「［党の言う］解放は本当の意味の解放ではなかった」。

初期共産党政権時代の女性の躍進ははたして本当だったのか、それとも口先だけの綺麗ごとだったのかについては議論の分かれるところだ。毛沢東の有名な言葉に「婦女能頂半辺天《フーニューネンディンバンビエンティー》(天の半分は女性が支える)」というものがある。一九四九年以降、当局が作った女性のヒロイックなプロパガンダ・イメージは、新たな国家を栄光に導くために働く、頬を真っ赤にした筋肉質の女溶接工や女ブルドーザー運転手だ。二〇世紀初頭や五四運動のときの男性革命家たちの言う女性解放の目的が、実際の女性の暮らしをよくすることではなく、中国の近代化と強国化であったように、共産党政権初期の女性解放も多くの意味で象徴的なものにすぎなかった。共産党は女性の解放を大げさに宣伝して、プロレタリア革命の成功を主張したが、実際の女性の声は正式な党の記録にはどこにもない、と郭於華は言う。

一九七六年の毛沢東の死後も、計画経済のもと共産党主導の男女の就労機会の平等は何十年か続いたが、新たな最高指導者となった鄧小平は大々的な経済改革を導入した。毛時代の生活は誰にとっても間違いなく厳しく苦しかったが、社会主義の近代化による市場改革が始まると、男女格差が急速に開いた。

一九七八年、中国の政府にあたる国務院は一九五〇年代からあったルールを成文化し、労働集約型分野で勤務する女性の定年を満五〇歳とした。しかし一般に男性は六〇歳まで勤務できる。ソ連に倣ってこのように定年年齢に差をつけたのは、比較的若いうちに女性を退職させて、その頃には成人した娘がフルタイムで働くあいだ、家事を担わせようという思惑があった。（公務員などのホワイトカラーの女性は一般に五五歳が定年だが、それでもホワイトカラーの男性は六五歳まで働けるケースが多い。）政府は最近、定年を徐々に引き上げると発表したが、こんにちでも定年年齢には基本的に五歳から一〇歳の性差がある。

都市部の女性の就職率は、中国が計画経済を徐々に廃止しはじめた一九七〇年代末にピークを迎えてから、急速に落ちこんだ。食いっぱぐれのない仕事（中国ではこれを「鉄飯碗《ティエファンワン》」と呼んだ）で人生を保障してくれていたはずの国有大企業が何千万という労働者を解雇しはじめた。女性は先に解雇され――あるいは四五歳で定年を言い渡され――再雇用されるのは後まわしだった、と社会学者の刘捷玉《リウ・ジエユー》は書いている。国有企業は保育所も閉鎖し、解雇されなかった若い女性労働者を追いつめた。なぜなら女性は子供や年寄りの面倒を見なければならなかったからだ（それはいまも変わらない）。

一九八〇年代末から一九九〇年代にかけ、失業率が上昇するにつれて〈女性は家庭に戻ろう〉運動が盛んになり、女性は男性のために仕事を辞めてポストを明け渡せと言われた。改革開放路線が本格的になると、就職における性差別が横行するようになった。それはこんにちまで続き、多くの求人広告が、求人対象は男性のみと堂々と指定するありさまだ。あるいは、たとえ女性に門戸が開かれた職種でも、子供のいる既婚女性に限定したり、特定の年齢、身長、体重、ルックスをしばしば指定したりしている。（求人における性差別は、中国のフェミニストたちがよく問題視する案件の一つ。）

一九八九年の天安門事件によってそれまで大々的に盛りあがっていた民主化運動がつぶされ、ソ連が崩壊すると、共産党の正当性を証明する市場主義経済改革の加速が、政府にとっていよいよ喫緊の課題となった。その結果起きたGDPが二桁の成長率を示すという〝中国経済の奇跡〟を中国人の大多数が歓迎し、みずからの生活水準が向上しているかぎり、誰も政治改革など求めなくなった。

一九九五年、中国は世界女性会議の主催国となり、中国政府はそれと引き換えに女性の権利を求める複数のNGOの設立を認めた、とベテラン女権運動家の馮媛《フォン・ユエン》は言う。「でも、解放するという言葉の裏で、われわれ活動家にはつねに厳しい締めつけがあるんです」もともとジャーナリストだった馮は、一九九六年にほかの女性ジャーナリストらとともにNGO〈婦女伝媒監測網絡〉を設立した。

一九九五年の世界女性会議――「女性の権利は人権です」と訴えたヒラリー・クリントンの演説で有名――まで、中国の女性たちは〝家庭内暴力〟の意味さえ知らなかった。二〇〇〇年に馮が共同創立したNGO〈反家暴ネットワーク〉は、二〇一六年の中国での反DV法の成立に重要な役割を果たした。この団体は現在は停止され、馮は二〇一四年に別の女権NGO〈為平《ウェイピン》〉（Equality「平等」）を共同設立した。

一九九〇年代半ばから二〇〇〇年代初めにかけてできた非政府系女権団体は中華全国婦女連合会と密接に結びついていて、政府から完全には独立していなかった。馮媛が言うように、共産党の〝女性の運動（運動婦女《ユンドン・フーニュー》）〟――国のためにトップダウンでおこなわれた女性たちの動員――とボトムアップの〝女性運動（婦女運動《フーニュー・ユンドン》）〟とは大きな違いがある。それでも、女性のためのNGOで活動していたベテラン女性運動家たちが、こんにちの自立したフェミニスト出現の道を開いたのは事実だ。二〇〇三年、映画監督で女性学教授の艾暁明《アイ・シャオミン》は、広州の中山大学で教え子たちが演じる、イヴ・エンスラー作『ヴァギナ・モノローグス』初の中国語版の演出を担当し、若手フェミニストの新しいグループに刺激を与えた。

一方、中国の経済改革が加速するにつれて、ジェンダー格差は広がりつづけた。中国の男女間の収入格差は一九九〇年代に明らかに広がった。中国国家統計局の正式なデータによれば、一九九〇年に都市部女性の平均年収は男性の七七・五パーセントだったのに対し、二〇一〇年には六七パーセントをわずかに上回る程度に減った。地方女性はそれ以上にひどく、二〇一〇年の平均年収は男性のわずか五六パーセントだった。

女性の就労率も、市場改革以来、急激に低下している。世界銀行の調査によれば、一九九〇年には一五歳以上の中国人女性の七三パーセントが就労していたが、二〇一七年にはわずか六一パーセントに落ちこんだ。対照的に、二〇一七年の一五歳以上の中国人男性の就労率は七六パーセントにのぼる。さまざまな形でしつこくはびこる性差別のせいで、中国はジェンダー間格差という指標において、世界の国々の中でも下位三分の一に入る。世界経済フォーラムのジェンダー・ギャップ指数、二〇一七年の報告によると、中国は一四四か国中一〇〇位に位置する。

私が北京の清華大学で博士課程の研究をしていたとき、男女の経済格差を測る指標としてさらに重要度が高いと気づいたのは、所有する資産に男女で驚くほど差があることだ。この格差は、一九九〇年末に不動産の私有化が始まってから生まれたものだった。初期共産党政権の計画経済時代には、就労事業所ごとに公営住宅が政府から割り当てられ、家賃はないも同然だった。しかし中国国務院が政府による住宅分配を廃止し、住宅市場が形成されると、中国の不動産ブームが始まった。二〇〇〇年代半ばから都市部の住宅価格の上昇ぶりは天井知らずで、不動産バブルを心配する声をよそに、この傾向は現在も続いている。

前著『*Leftover Women*』で詳しく書いたように、中国人女性は、この史上最大と言えるまでにふくれあがった住宅不動産市場からほとんど爪はじきにされている。なにしろそれは二〇一七年末の時点で、中国のGDPの約三・三倍、およそ四三兆USドルもの規模なのだ。その動向はきわめて複雑ながら、とにかく私が言いたいのは、この中国の爆発的な不動産資産において、女性たちの多くが丸損をしているということだ。なぜなら、急激に価格が上昇している都市部の住宅は、男性の名前でのみ登記登録される傾向があるからだ。中国人の親は家を買うにしても、息子のためで、娘のためではない。女性は自分の資産を丸ごと夫や恋人にさしだして、男性名だけで登記される家の購入を助ける。もっとひどいのは、二〇一一年に最高人民法院が婚姻法に新たな解釈をおこない、法的な異議申し立てがないかぎり、夫婦の資産は、基本的に家を所有しその登記簿に名前が記載されている者に属するとしたことだ。中国では、それは男とほぼ決まっている（少なくとも二〇一二年現在入手できる最新のデータによれば)。

私は、二〇一〇年後半から二〇一三年前半にかけて個人的にオンラインで数多くのインタビューをおこない、大卒の多くの知的な女性たちが、ずっと貯金してきた資産を購入資金として提供したにもかかわらず、高価な新居の所有権を恋人や夫にみすみす譲るのを見て、心底憤りを覚えた。国有メディアや実の親たちから伝わる、経済的にも感情的にも大きく妥協しないと夫は見つからないという性差別的なメッセージを鵜呑みにしている若い女性が本当に多いのだ。二〇代や三〇代初めの都市部の女性たちが性差別にあまり気づいておらず、父権主義的な規範が社会にいかに根深く浸透しているか目の当たりにするたび、私は何度も失望させられた。

二〇一六年に中国本土で『*Leftover Women*』が出版された（一部検閲が入ったが、削除された箇所は私個人のウェブサイトに記載した）とき、経済的自立のために闘うことの重要性をできるだけ多くの人に認識してほしくて、中国人女性に宛てた特別なプロローグを書いた。ここに、李雪順《リー・シュエシュン》氏の翻訳で鷺江出版社から二〇一六年に出版された中国語バージョンのプロローグの一部を引用する。

現在独身で結婚を考えている中国人女性たちに二つアドバイスがあります。

一．結婚して家を買おうと決めたら、登記簿に必ずあなたの名前も記載してください。

どうか、おそらく一生モノの買い物になる貴重な財産をみすみす人に引き渡すようなことはしないでください。

二．結婚のために結婚しないでください。幸せになる道は人生にたくさんありますし、独身でいても、あなたの夢を支えてくれる同じような考え方の友人に囲まれていれば、心から満足のいく生き方ができるでしょう。

結婚しろというきついプレッシャーを頑張ってはね返そうとしている、という個人的なメッセージや微博でのタグ付き投稿を数多く受け取ったが、自分で家を買ったという女性からのメッセージはとても少なかった。二〇一三年以来、中国の不動産所有における深刻な性差に根本的な変化があったというデータは、いまのところ目にしていない。しかし、たとえ中国人女性がいまになって急にマンション購入資金が手に入ったとしても、一九九〇年代後半から二〇〇〇年代後半までの市場が最大規模でふくらんだチャンスはすでに逃してしまった。

『*Leftover Women*』では、伝統的なジェンダー規範の復活についても議論している。とくに二〇〇七年に始まった、二〇代後半で独身の都市部の専門職の女性に〝失格〟の烙印を押す、無神経なプロパガンダ・キャンペーンのことを取りあげた。〝売れ残り女〟あるいは〝剰女《ションニュー》〟という単語は、高等教育を受けた〝高素質《ガオ・スージー》〟の女性を貶めて結婚させようという意図的なプロパガンダ・キャンペーンであり、理論上は、そうすることで社会の安定が促進されると考えられた（中国の性比不均衡の傾向によって過多になった男性にも相手が見つかる、というわけだ）。私は、二〇〇七年に中国政府が「前例のない人口問題を解決する」ため重要な政策方針を発表した直後に、こうした女性たちを標的にしたメディア・キャンペーンが始まった点を指摘した。

中国国務院の〈人口および家族計画を全面的に拡大し、包括的に人口問題を解決する決定〉は、「全般的な人口の質の低下」によって、中国は「諸外国との厳しい競争をするうえで必要な国力を保つ」ことが困難になっている、と述べている。また、「人口の質《スージー》を格上げする」ことが重要な目標であるとも言っている。私は、中国政府による結婚キャンペーンは、この「人口の質を格上げする」という優生学的な目的にもとづいたものなのではないかと考える。「高素質な」高学歴女性は「高素質な」子供を産む確率が高く、国の役に立つからだ。

急速な経済発展に駆りたてられて性差別が復活するという、このなんとも不穏な事情を背景に、中国で新たなフェミニスト運動が生まれ、一九四九年の革命前時代以来はじめて若い女性の権利を訴える、共産党から自立した活動家たちが、〈女権主義《ニューチュエン・ジューイー》（フェミニズム）〉という言葉を熱心に唱えはじめた。こうしたフェミニスト活動家たちは、複雑な問題を抱えた現実の生身の女性たち一人ひとりの暮らしを変革することを目的とし、だからこそみんなで力を合わせて、国の不当で性差別的な政策を変えるために政府に圧力をかけようとしているのだ。

二〇一五年、革命家秋瑾の墓の近くで杭州のフェミニストたちと初めて会ったとき、女権五姉妹の一人、武嵘嵘は勾留中のひどい扱いが原因で発症したPTSDからまだ回復していなかった。彼女の代理で来てくれた若いジーナは、事件が起きたあの日、フェミニスト活動を各地で弾圧するため動員されていた公安捜査官から逃げるため、約一九〇〇キロメートル以上の距離を二か月近くかけてバスで移動したという。その雨がそぼ降る午後、彼女は何時間もかけて、恐ろしい逃亡劇について話してくれた。

二〇一五年三月六日、ジーナが〈蔚之鳴《ウェイジーミン》婦女センター〉で五、六人の同僚やボランティアたちと昼食を食べていたとき、杭州公安部からいきなり電話がかかってきて、会いたいと言われた。

「嘘はやめなさい。あなたが誰か、私になんでわかるのよ。ここにはいたずら電話が山ほどかかってくるんだから」ジーナは応じた。

「われわれは君の上司、武嵘嵘を知っている」

「じゃあ武嵘嵘に直接電話すればいい。このオフィスに電話してこないでください」

ジーナは河南省の大学を二〇一四年の夏に卒業したあとその婦女センターで働きだし、一年足らずだった。まだ二四歳のジーナはいままで警察に尋問を受けたことがなかったので、どうしていいかわからなかった。考えをまとめるために外の空気が吸いたくなり、階下におりた。

すると玄関ホールで建物の警備員が数人の男たちと話をしているのに気づき、彼らがジーナのオフィスの号数を口にしたのを聞いて、公安捜査官だと確信した。彼女はオフィスに電話し、すぐに全員そこを出るよう告げた。それから公安部に電話を入れると、警察署に近い、人目のあるモールでなら会いますと提案した。

待ち合わせ場所には杭州公安部から来た男性二名と女性一名がいて、警察署で「落ち着いて話」がしたいと言った。ジーナは、人目のあるファストフード・レストランをかわりに提案したが、相手はそこでは話ができないと渋った。「ここの警察署は市民の安全を守る場所ですよ」と捜査官の一人が言った。

ジーナはますます不安になり、絶対に警察には行くまいと改めて心を決めた。彼女は歩きながらあれこれ場所を提案したが、とうとう捜査官たちも折れて、あるレストランの個室を予約した。彼らがそこに到着すると、六、七人の捜査官――一人を除いて全員が男――がすでにテーブルについていた。新たに会った捜査官たちはそれぞれ自己紹介したが、そのしゃべり方から、わざわざ北京から飛行機でここまで来たに違いないとジーナは察した。

「この反痴漢アクションを計画したのは誰だ？　タイミングが悪すぎる。全国人民代表大会（中国の国会）の会期中だと知らないのか？」

誰が計画したのか知らないし、自分はインターネットでこのアクションのことを見ただけだ、とジーナは話した。配布しようとしていた反痴漢ステッカーを持ってきていたので、それを見せながら中国の男女不平等問題について説明しようとしたが、捜査官たちは聞く耳を持たない。「いますぐ計画を中止しなさい」

何時間か事情聴取を続けたあと、捜査官たちは彼女を解放した。すでに深夜になっていた。李麦子や鄭楚然を含むフェミニストのシスターたちが数人、別々の都市で拘束されたと聞いたので、ジーナは婦女センターにあったステッカーをひとまとめにした。それから二部屋あるオフィス（自分のアパートより一室多い）の別の部屋にある二段ベッドで、途切れがちな眠りについた。

次の日、三月七日の早朝に、ジーナは浙江大学の学生寮の猪西西の部屋にステッカーの箱を運びこんだ。すると武嵘嵘が午後二時に杭州空港に到着し、戻ったとメールをくれた。ジーナはそれまでくり返し武に電話をしていたが、応答がなかったので、すでに公安捜査官に拘束されてしまったのだとばかり思っていたのだ。

いつも武を監視している杭州の公安捜査官にジーナが連絡を入れたところ（ジーナは彼の電話番号を知っていた）、北京の公安捜査官が杭州に来て武を逮捕したと聞かされた。ジーナは猪西西の学生寮の部屋で待機し、ほかの数人のフェミニスト仲間とこれからどうしようかと相談した。するとそのとき捜査官からまた電話があった。「いますぐ君と会う必要がある」ジーナは婦女センターに電話し、全員そこを出て、携帯電話の電源を切るように告げた。するとと猪西西にも杭州公安捜査官から電話がかかってきて、大学で待っていると言われた。

「あなたもどこかに隠れなきゃ」ジーナは猪に告げた。彼女たちは全員寮の部屋を出て、最後の晩餐を一緒に食べると、解散した。

ジーナはもう一人の友人と一緒に行動した。列車で杭州を離れるのはまずいと考えた。切符を買うのに身分証明書を見せなければならないので、すぐに足がついてしまう。結局、フェミニスト〈救出隊〉が手配してくれた見ず知らずの人の家にその晩は泊まり、翌朝早くに遠い地方に向かう公共のバスに乗りこんだ。

ホテルは身分証明書を登録する必要があるので、使えなかった。だから夜遅くに次の町に到着すると、二四時間営業のマクドナルドで仮眠を取り、翌朝別のバスに乗った。複数の省をまたいで移動すれば、さすがの公安も追跡しにくくなるだろうと思ったからだ。

二人はまず江西省を西に進み、杭州から約七二〇キロメートル離れた、中国中部の湖北省の省都、武漢を目指した。そこで友人の友人の家に一週間ほど滞在し、それからバスで約八七〇キロメートル北上して（夜はケンタッキー・フライド・チキンかマクドナルドで過ごした）、山東省の省都、済南に向かった。そこはずいぶん前に「フェミニスト・トレーナー養成」講座が計画された場所だった。

ジーナは済南でその養成講座に参加していた別のフェミニストと会う約束をした。杭州からこれだけ離れていれば安全だろうと高をくくっていたのだ。ところが、友人と待ち合わせ場所に向かったとき、明らかにその一帯をパトロールし、ビデオ撮影している制服警官や刑事がいるのに気づき、ジーナは驚いた。ジーナと友人は、人に気づかれないように慌てて引き返した。警官たちの視界に入らない場所まで来ると、待ち合わせしていたそのフェミニストに警官たちのパトロールのことをメールで知らせた。「ホテルには戻らないで！　警官はそこにもいるはずだから、別の場所で会おう」

支援者の一人が、身分証を見せなくても泊まれる人目につかないホステルに部屋をとってくれた。その晩は三人でそこに身を寄せた。翌朝、三人目の活動家は単独で宿を出て、ジーナと友人は済南を出る最初のバスに乗りこんだ。今度は南を目指し、約一三〇〇キロメートル離れた江西省へ向かった。そこでフェミニスト仲間が、数週間は過ごせる安全な家を手配してくれた。

ジーナはソーシャルメディアとの接触を断っていたので、いま何が起きているのかわからず、自分の将来のことも不安でたまらなかった。だからしばらくして、インターネット電話を使って、河南省の田舎の山地に住んでいる両親に電話をしてみた。ジーナはフェミニスト活動について両親にはほとんど話しておらず、あれこれ訊かれるのが怖かった。ジーナが子供だった頃、弟は男だからと、勝手に野山を駆けまわって遊ぶのを両親は許したが、彼女にはさせず、かわりに家事を手伝わせた。

ジーナが文句を言うと、「おまえは女だから、男の子がするのと同じことはできないんだよ」と母にそう諭された。ジーナの父親も腹を立てると母を殴り、母は黙って暴力を受け入れていた。ジーナは子供の頃からそういう息苦しい伝統に耐えられなかったと話し、フェミニストという言葉を聞いたことがないときから本物のフェミニストになっていた、と言った。ジーナは必死に勉強し、結局大学に行ったのは彼女のほうで、弟は中学さえ終えられなかった。

さいわい、電話に出たのは母親だった。「母さん、私の勤務先の蔚之鳴で問題が起きてね」と彼女は言った。

母は心配し、何かできることはないかと尋ねた。「母さんにできることはないよ。だからあんまり心配しないで」もし公安が来ても何も言わないでと告げ、もし連中に何かされたら、友人——指定の仲介者——に伝えてと話した。

身を隠しているあいだ、次に両親の様子を確認するために電話をしたとき、応答したのは父親だった。「いますぐ帰ってこい！」父は怒鳴った。「無理よ」と答えたが、父が怒鳴りつづけるので、とうとうこちらから電話を切った。

ジーナは、女権五姉妹の勾留が解かれたあと、ようやく杭州に戻った。武嵘嵘はまだ回復していなかったので、杭州のフェミニスト組織をまとめなければという強い責任を感じていた。武とその共同運営者たちは〈蔚之鳴婦女センター〉の閉鎖をすでに決めていた。新法によって外国の支援を受けているＮＧＯの規制が強化され、続けるなら政府系のスポンサーを探し、警察にも登録しなければならない。とはいえ、センターにはこれまで以上に多くの若い女性から内々の問い合わせがあり、みな強い関心を寄せてくれていた。「女権五姉妹が勾留されたのは最悪だったけれど、その一方で、私たちの主張に注目し、自主的に活動に参加しようとする人が増えたのも確か」とジーナは語った。

実際、それまでフェミニスト活動に参加を申しでる学生はみな大学生か大学院生だったが、初めて高校生からも、キャンペーンの手伝いがしたいというメッセージが来るようになったのだ。関心が急に高まったことに応じて、ジーナは——やや性急に——性差別について公開ディスカッションをする計画を立て、ウィーチャットで宣伝した。しかし、彼女の外部とのやり取りをこまめに監視していた警察から、イベントをやめるよう指示された。

「政治的環境はいつかよくなると思ってここまでやってきたけれど、何の希望もなくなってしまって」西湖を訪れた帰り、杭州の雨に濡れた通りを長い時間タクシーに乗って移動するあいだ、ジーナはしだいに感情を高ぶらせ、こう話した。

最近、フェミニスト運動をどうやって先に進めたらいいかわからないんです。私たちが何をやってもメディアで取りあげてもらえないから、誰にも伝わらない。それで、なんだか考えてしまって。誰も報道してくれないのに、こんなに危険なことをやる意味があるのか、って。何というか、武嶸嶸が釈放されてから、私にいろいろな責任がのしかかっているんです。新卒の新しい職員の研修をしなきゃならないけれど、私だって大学を出てからたいして時間が経ってない。ああ、もう無理、ってときどき思うんです。

雨が激しくなり、車の屋根に叩きつける雨粒の音が大きく響いていた。運転手がワイパーのスピードを上げ、それはリズミカルに左右に動いて、フロントガラスをとめどなく流れる雨を払う。ジーナは言葉を切って窓の外の雨に目をやり、やがてすすり泣きはじめた。強い意志を持って突き進んできたこの若い女性が、公安捜査官との衝突で深く傷ついているのは明らかだったが、それでもフェミニスト運動をこれからも継続させようと懸命になっている。

海外に支援を求めてはどうか、と私は提案した。

どうですかね、と彼女は答えた。「身を隠していたあいだ、ほとんど毎晩泣きながら眠りにつきました。ある女性がほんのちょっとしたことで勾留センターに連れていかれたんですが、誰とも面会を許されず、するとある日、突然そこで亡くなったんです。この最悪の状況で真の人間として振る舞うにはどうしたらいいのか、とときどき思います。だって、そもそも人間として扱ってもらえないんですから」

タクシーが目的地――フェミニスト活動家たちとの別のミーティング会場――に近づくと、ジーナは急いで涙を拭いた。

「とにかく、新しく入ってきた人たちの研修を続けなくちゃ。もし私たちが排除されても、あとに続いてその穴を埋める人をつねに増やしていかないと」

6　フェミニスト、弁護士、労働者たち

　中国の若い世代が男女同権という理想の基本目標にますます共感を寄せるにつれ、フェミニズムは伝統的に男性主体でおこなわれてきたほかの社会運動にも影響を与えはじめている。男性の労働運動家の中には、ジェンダー正義なしに経済正義は成しえないと気づきはじめた者もいる。近年では、性暴力と性差別という問題が重要訴訟の中心になってきている。異なる理由で疎外された人々のグループの不満を結びつける中国フェミニスト活動家のパワー――そうした人々が結集して交流し合い、より強力な抗議集団になる可能性がある――は、共産党がフェミニズムを脅威と考えるもう一つの理由だ。

　女権五姉妹の李麦子《リー・マイズー》を弁護した人権弁護士、王宇《ワン・ユー》は、みずからもフェミニズム推進者だ。政治的に危険を伴う、ほかの弁護士はあえて誰も手を出さないような案件をこれまでも扱ってきた――中国で禁止されている気功集団〈法輪功《ほうりんこう》〉の代表メンバーや、国家分裂罪で無期

懲役刑を言い渡された穏健派のウイグル人学者イリハム・トフティ、フェミニスト活動家、校長に性的虐待を受けた女子小学生の親など。人権弁護士としての王宇については報道も多いが、本来彼女にとってとても重要な女性の権利活動を、彼女のほかの人権活動と切り離しているものが多い。王宇が女性や少女たちの法的権利を擁護する活動は、人権法という分野がジェンダーの視点を取り入れるとどれだけ大きな効果があがるかという強力な証例であり、ジェンダー正義がほかの社会正義と分かちがたくつながっていることがわかる。

二〇一五年七月九日午前四時頃、公安捜査官のグループが王宇の家のドアの鍵をドリルで壊して中に押し入ると、彼女をベッドに倒して手錠をはめ、黒い頭巾を頭にかぶせた。彼らは、家の外で待っていたワゴン車に彼女を引きずりこむと、目的地も言わずに車を出した。やがて彼女はベッドが一〇台並ぶ勾留センターに到着したが、中にはほかに誰もおらず、とても若い女性たちが看守役をしていた（二〇歳前後に見えた、と王は言う）。女性の一人が「通常の検査」をすると王に告げた。壁には監視カメラが据え付けられていた。

服を全部脱いで検査室の中央に立ち、三回まわれと言われました。そんな屈辱的な命令は受けられない、と抗議しましたが、女性たちは聞く耳を持ちません。私は彼女たちに押し倒され、床に体を押しつけられて、服を剥ぎ取られました。泣きながら、やめてと懇願したんです。どうしてこんな屈辱的なことをされなければいけないの？　思いやりというものがないの？　こんな小柄な女にどうしてそんな乱暴をするの？

王宇は、一斉連行されることになる人権弁護士や法律助手の最初の一人で、彼らは拘束、拉致、尋問という一連の迫害を受けた。この出来事は拘束が始まった七月九日という日付にちなんで〈七〇九事件〉と呼ばれている。

当局は王宇を何か月にもわたって非人道的に扱い、過酷な取り調べを続けたのち、二〇一六年一月に、無期懲役刑さえ科せる〝国家政権転覆〟罪で正式に逮捕した。彼女の夫で王の補助弁護士として働いていた包龍軍《バオ・ロンジュン》には、多少軽い〝国家転覆扇動〟の容疑がかけられた。二〇一五年一〇月には、中国国境を越えてミャンマーに向かい、米国に逃げようとしていた王の一六歳の息子、包卓軒《バオ・ジョウシュエン》を公安捜査官が拘束して本国に送還した。包卓軒は内モンゴルにいる祖母のもとで自宅軟禁され、警察の監視下に置かれた。母親が逮捕されたからといって、他国にいる一八歳未満の子供を拉致し軟禁した中国当局は、親の行動を理由に子供をいかなる形でも罰することを禁じる、国連児童の権利に関する条約第二条に違反したことになる。

当局は二〇一六年八月に王を釈放した。ただしその前に、録画した〝告白〟が国営メディアで放映された。その中で王は弁護士を辞めると宣言し、彼女を利用して中国政府を貶めた

「外国勢力」を非難した。アメリカ法曹協会は、二〇一六年七月に開始したばかりの国際人権賞を王に授けることにしていたが、彼女は〝告白〟の中で国外組織の賞はいっさい受けないと約束し、「私は中国人なので、中国政府の主導によるものだけを受け入れます」と言った。

そのわずか一年後、真実が明らかになった。二〇一七年七月、王宇は曹雅学《ツァオ・ヤーシュエ》が運営するニュースサイト〈チャイナ・チェンジ〉で、支援者に感謝しつつ、こう宣言した。「この二年間の苦難の日々のあいだに、私は中国国民、人権弁護士、海外の友人たちに心の底から感謝しました……みなさんのおかげで、私は一人じゃないと気づかされました。もちろんこの先の道のりはとても長く、それを歩いていくには勇気と自信が試されるでしょう。私はこれまでどおり進みつづけます。友よ、どうか信念を捨てないで！」

王宇は、フェミニズムの情熱の虜になった女性人権弁護士たちが作る新たな波の一部だ。彼女たちは積極的に性加害、ＤＶ、性差別に関する案件に取り組んだ――共産党政権の合法性にじかに挑むわけではないが、政治的に注意が必要な案件ばかりだ。中国政府は王を黙らせることに成功した――少なくとも当面は――が、彼女は逮捕前に、中国人権法曹界にフェミニストの潮流を作ったのだ。

フェミニスト弁護士で、鄭州市〈益仁平〉オフィスの元所長だった劉巍《リウ・ウエイ》は、王宇をはじめとする女性弁護士たちがこの道を進もうと決めた理由を語っている。二〇一三年四月、劉と王は武漢で開かれた人権弁護士の会議に出席した。女性弁護士たちは、中国全土に広がる人権弁護士ネットワークを提案し、こうしたつながりでたがいに支え合う重要さを訴えた。しかし男性弁護士の大部分は危険すぎると言って反対し、結局このアイデアは却下された、と劉は話す。「中国の男性人権弁護士は性格的に強い人が多くて、弁も立つので、この種のネットワークの必然性がわからないんだと思います」

会議初日の夕食後、弁護士たちは少数グループに分かれた。いつも王宇と劉巍は男性より女性たちと集まった。そして、夜が深まる頃、活発な議論の中で、劉はある啓示を得た。「女性たちの権利のために闘うことが私の使命だと初めて気づいたんです」と劉は言う。王と劉に加えほかにも数人の女性弁護士が独自にネットワークを作ることに決めた。女性の権利を擁護する女性弁護士だけが集まるネットワークだ。彼女たちはこれを〈中国女性弁護士公益協同ネットワーク〉と名づけた。

その後の数週間で、彼女たちは運営理念をまとめ、オンライン上に投稿して、ほかにも性的虐待やDVなどの被害者の代理人を無料で引き受けてくれる女性弁護士を全国から募った。また、女権弁護士を支援するため、ほかの分野の弁護士ともっと簡単に協力できるようなシステムも計画した。そうすれば、政治的に注意が必要な案件を担当するときに危険度を減らせると思ったからだ。五月末には、女性弁護士ネットワークには数十人のメンバーが集まり、北京、広東省、河南省、四川省といったさまざまな都市や地域でミーティングやトレーニングをしはじめた。

二〇一三年五月にネットワークができた直後、海南省万寧市で学校校長と政府役人が一一歳から一四歳までの六人の女児をホテルの部屋に連れこんでレイプしたというニュースが飛びこんできた。王宇は、有名な女権活動家、叶（葉）海燕《イエ・ハイイエン》（またの名を流氓燕《フーリガン・スパロー》）も含む一団で現地に向かい、被害者家族に法的支援を申しでて、女子生徒への性的虐待というこの伝染性の病にメディアの注目を集めた。同時に、ネットワークのほかのメンバーも、複数の性的虐待案件について熱心に協力しはじめた。

劉を含む弁護士チームは、河南省桐柏県の村の小学三年生のクラスで起きたケースを担当した。そこである男性教師が長年にわたって女子生徒に性的虐待をくり返し、被害者の少女の数は二〇人にのぼった。大部分は七歳から九歳のあいだのごく幼い少女だった。劉の弁護士チームは、被害者家族の弁護を無料で引き受けたいと申しでた。「一件決まったら、ほかの被害者家族の信頼も得ることができました」と劉は言う。「すぐに周辺の村に住む、その教師に性的暴行を受けたほかの女児たちの家族も、被害について私たちに打ち明けてくれました」

教師は長年にわたって多くの女児を虐待してきたため、証言するよう家族を説得するのに一五人近くの弁護士が必要になった。いちばん古い被害者はすでに結婚し、子供までいたくらいだ。法的サービスは無料だと言っても、初めは証言しようとする家族はほとんど皆無だった。法的な障壁があったことも事実だが、羞恥心のせいもあった。「レイプは一家の恥だから隠さなければならないと考える人がほとんどでした」と劉は言う。二〇一三年時点では、中国刑法は依然として児童のレイプを「未成年の売春婦と性交をおこなうこと」と定義し、被害者のほうを辱めるこの文言のせいで、多くの家族が表に出ることを拒んだのだ。

話をしてくれた被害者でも、証言をすることは怖がった。法廷は過去二年以内に虐待を受けた女児の案件だけを考慮することにしたとはいえ、その二年間でも、教師は自宅でわずか七歳と八歳の幼い二人の少女をレイプした件で有罪となった。そのうえ被告は授業中にほかの生徒がいる前で女生徒の性器をまさぐるという性加害さえおこない、被害者は一六人にのぼった。そして、もしそのことを親に話したらもっとひどい目に遭わせると子供たちを脅していた。

劉によれば、中国の法律では、損害賠償を請求するには、一般に身体的傷害の証拠のみが有効な根拠として認められるという。つまり、性的暴行を受けた精神的な苦痛を損害と認めてもらうのはきわめて難しい。「少女たちの中には処女膜を傷つけられて、親が薬局で安手の軟膏を買ってきて塗ってやったりしたケースもあったんです」劉は言う。「でも、どの子も心に深い傷を負い、カウンセリングが絶対に必要なんです」。彼女のチームは裁判官に対して、被害者の最大の傷は心に負ったものであり、代償として心理カウンセリングを求めると訴えた。裁判官は劉に「中国にはその種の法規はないが、もし彼女たちが損害を受けたという証拠が見つかれば、認めよう」と告げた。

裁判官は、そんな証拠は見つけられるわけがないと思っていたはずだ。それでも劉のチームは、被害者を支援したいという鄭州の心理カウンセリング・センターを見つけ、性加害を受けた少女たちを評価をするため、鄭州からセラピストを何人か連れてきた。結局セラピストたちは、どの少女も長期間残るトラウマを抱えており、年単位でセラピーを受ける費用を保障する必要があると証言した。

目に見える身体的な傷はなかったケースだったが、劉のチームは示談金一三〇万人民元で和解に持ちこみ、この示談金は裁判に参加した家族に分配された。これは、中国での子供の性暴力に関する訴訟としては最高額の賠償金と考えられる。こうして重要な勝利を勝ち取ったにもかかわらず、一部の家族が感じていた強い恥辱の気持ちを拭うことはできなかった。二〇一六年、この教師に二人の娘をレイプされた親がビルから飛び降りて自殺した、と劉は同僚に聞かされた。

深刻な児童性加害の報道が過熱するにつれ、時代の先端に立つほかの女権弁護士の活動にも俄然勢いがついた。〈北京衆澤《ジョンゾー》婦女法律相談サービスセンター〉を立ちあげた（しかし二〇一六年に閉鎖を余儀なくされた）郭建梅《グオ・ジエンメイ》もその一人だ。二〇一五年には、全国人民代表大会が、児童レイプの被害者を〝売春婦〟と位置付けた法律を廃止し、児童との性交をレイプに分類したうえ、少年や男性も性加害の被害者として認め、児童レイプの被告への最高刑を引きあげた。しかし、性加害やレイプに関する法律にはまだ大きな欠陥がある。また、中国は司法が独立していないため、たとえ法律が完璧に見えたとしても、それを施行することはきわめて難しいと女権弁護士たちは言う。河南省や海南省のケースはほかにも無数にある同種の被害のうちのほんの二件にすぎないが、中国政府は性加害に関する信頼できるデータを公表していない。

性暴力防止センターである〈女子保護協会〉によれば、二〇一三年から二〇一五年にかけて、メディアで報じられた一四歳未満の子供に対する性加害事件は少なくとも九六八件で、被害者は一七九〇人以上にのぼり、その大多数が女児だった。二〇一六年は、メディア報道された子供の性加害事件は少なくとも四三三件で、被害者は七七八人以上、九二パーセントが少女だった、と協会は報告している。言うまでもなく、人口が一四億人にもなる国の規模を考えれば、この数値はばかばかしいほど少なく、女権弁護士たちに言わせれば、実際の性加害事件のまさに氷山の一角だ。

対照的に、米国では、二〇一七年五月のAP通信の報告によれば、二〇一一年の秋から二〇一五年の春までのあいだに、高校、中学、小学校さえ含めて、一万七〇〇〇件の児童および生徒の性加害が正式に通報されているという。それでもこの報告は、いまのところ米国の学校における性加害の報告書としては最も完全なものであるにもかかわらず、「これは問題をすべて網羅したものではない。通報されないケースが無数にあるうえ、そもそも数値を把握していない州もあり、たとえ統計を取っていても、どこまでを性暴力と分類するか州によってまちまちだからだ」としている。

二〇一七年一一月、中国当局は、ニューヨーク証券取引所にも上場している企業、〈RYBエデュケーション〉（RYBは「赤、黄、青」の頭文字）が経営する北京のセレブ幼稚園で起きた性的虐待事件に世間の非難が集まったことを受けて、児童ケア施設の全国調査をおこなうと発表した。新華社通信によると、児童たちは「性的いたずらをされたり、針でつつかれたり、正体不明の薬を飲まされたりしていた」という。中流階級の親や家族は激怒して、政府や共産党の中枢機関が集まる地域から数キロしか離れていない幼稚園のまわりに押しかけ、何万という人々が微博で政府からの回答を求める投稿をした。しかし、公開の場での議論はすぐに抑圧された。RYBエデュケーションは幼稚園長を解雇し、教師が一人、警察に逮捕されたが、政府当局は国内のすべての報道機関に「北京の朝陽区にある紅黄藍〔RYB〕新世界幼稚園についていっさい報道も言及もしないこと」という検閲命令をくだした、と米国の中国関係ウェブサイト『チャイナ・デジタル・タイムズ』は伝えている。

対照的に、二〇一三年一〇月に劉巍の弁護士チームが河南省のケースを終結させたとき、多くの中国人記者がこれについて記事を書き、国内の学校にはびこる性加害について劉にインタビューした。劉が女児の性的虐待事件を扱ったのはこれが初めてではなく、政府も、地方官吏の腐敗を特定するうえで彼女の仕事は有用だと見なすこともあった。しかし二〇一三年のケースはあまりにもメディアの注目を浴びすぎた。とうとう鄭州の政府職員が劉を訪ねてきて、重大な性的虐待事件を扱うのはこのへんにしておけと警告した。「いままでのところは目こぼしできたが、これ以上続けると、共産党や社会に逆らっていると見なされる」と職員は言った。そして、もうインタビューも受けないこと、とくに外国人記者には接近しないこと、連中はあなたを「道具として」利用しているだけだ、と告げた。

劉はこれまで職務についてはあまりしゃべりすぎないようつねに気をつけてきたし、めったにインタビューも受けなかったが、今回の露骨な脅しは腹に据えかね、徹底抗戦することに決めた。今後も発言を続ける決心をしただけでなく、そうすることが〝天命〟だとさえ感じた。「政府は、たいして目立たずに仕事をしているかぎりは気に留めない。でも、いったんメディアに露出し、大きな仕事を引き受けて世間の注目を集めだすと、つまり、社会のさまざまなグループが結集して立ちあがり、問題について発言しはじめると、急に脅威と見なされるんです」と劉は言う。

劉はこれまで以上に女性弁護士ネットワークに力を注ぎ、NGO〈益仁平〉を退職した。ネットワークの共同創設者たちとともに新たに弁護士たちを勧誘し、性的虐待、生殖に関する正義《リプロダクティブ・ジャスティス》、就労差別、家庭内暴力、法改正など専門ごとに小グループを作った。メンバーを守る意味でNGOとして正式な登録はしなかったが、一年もしないうちに全国から一五〇人以上の女性弁護士が集まった。

ちょうどこの頃、フェミニスト弁護士の黄溢智《ホアン・イージー》が、曹菊《ツァオ・ジュー》という仮名を使う二三歳の女性の代理人となり、北京で性差別に関する訴訟を始めた。曹菊は、巨人教育公司という個人学習塾の事務員の仕事に応募しようとして、門前払いされた。学校側から、求人は男性のみだと告げられたのだ。二〇一三年一二月、曹は慰謝料として三万人民元（およそ四五〇〇USドル）の支払いを受け、この種のケースでは中国史上初めての快挙となった。

ほかの都市のフェミニスト活動家たちは、この画期的な勝訴に追随しようとした。二〇一四年、例の〝ジーナ〟と名乗る、当時二四歳だった杭州のフェミニスト活動家は、新東方調理職業技能訓練学校の求人に応募した。露骨に男性事務員を募集する広告を出していたからだ。ジーナが学校の採用担当者に電話し、なぜ男性のみの採用なのか尋ねると、男性校長が出張のときにスーツケースを運んでくれる男性を必要としているからだ、とすぐさま回答があった。性差別を論点とした訴訟を弁護士に起こしてもらうには、そのひと言だけで充分だった。二〇一四年一一月、杭州の西湖区法院は、学校が応募者の就職機会均等の権利に違反したと裁定した。これも中国での求人の男女差別に関する判決としてはやはり画期的なもので、また一つ先例を作ったことになった。それでも法院は、原告の〝精神的苦痛〟に対して、わずか二〇〇〇人民元（三〇〇USドルをかろうじて上回る程度）の損害賠償の支払いを申し渡しただけだった。

『環球時報』紙のような政府系メディアは女権が勝利したと報じたが、ジーナは賠償金が少ないのが気になった。「賠償額がこんなに少ないと、女子大学生はわざわざ性差別について訴えようとは思わない」彼女は賠償金の増額と学校側からの正式な謝罪を求めて控訴したが、折しも二〇一五年三月に女権五姉妹が拘束され、ジーナも杭州を離れて二か月ものあいだ身を隠さなければならなくなった(第五章参照)。彼女が杭州に戻ってきたときには、控訴期限規定により、すでに訴えは棄却されていた。

一方、警察と公安捜査官は、注目を浴びた河南省の裁判のあと、フェミニスト弁護士の劉巍をこれまで以上に厳しく監視しはじめた。鄭州の彼女のアパートメントのまわりを定期的に見回りするので、五歳の息子と夫に何かしやしないかと心配になった。週末は、アパートメントを出て、混雑していて人目のある場所のほうが安全だと思い、せっせと郊外に「観光に行」った。

二〇一四年五月、劉の元同僚で〈益仁平〉の人権弁護士、常伯陽《チャン・ボーヤン》が逮捕された。常は、天安門事件二五周年に先立って北京でおこなわれた会議に出席したあるクライアントの代理人を務めているが、常自身はその会議に出ていたわけではない。その後警察は鄭州の〈益仁平〉オフィスにいきなり現れて捜索を始め、銀行口座を凍結した。(北京の〈益仁平〉は管轄が別なので、事業を続けられた。)劉をはじめ女性弁護士ネットワークの主要メンバーは、悪化する一方の政治情勢にどう対処するか話し合うため、七月に香港でミーティングをすることにした。

香港なら彼女たちが携わっている仕事について話しても比較的安全だし、夏休みの最中だ。劉は、ゆっくり息子と過ごす時間がとれずに後ろめたかったので、息子を一緒に連れていき、ミーティングが終わったら休暇旅行みたいなことができると思ったのだった。

飛行機が香港に着陸した直後、警察から劉のもとに、あなたは現在刑事事件の容疑者であり、〈益仁平〉の「違法な事業運営」について事情聴取をおこないたい、というメールが送りつけられてきた。劉は頭が真っ白になった。鄭州でずっと自分をつけまわしていた公安に不安を抱いていたとはいえ、正式に犯罪容疑者にされるとは思ってもいなかったのだ。香港の会議で会った女性弁護士の中には、彼女の精神状態を心配して、セラピストに相談しながら今後どうするか考えたほうがいいとアドバイスしてくれる人もいた。可能なら中国本土に戻らないほうがいいとも言われた。

劉は七日間のビザしか持っていなかったが、医学的根拠のもと延長を求める手紙をセラピストが香港政府宛てに書いてくれた。劉はニューヨークのNPO〈公益法グローバルネットワーク（PILnet）〉の特別研究員に以前応募していたので、本部に連絡し、一年早く始められないか頼んでみた。すぐにOKの回答が返ってきたので、その翌月から研究職に就けるよう大急ぎで移住の手続きをし、香港から直接ニューヨークに向かった。香港とニューヨークの入出国審査を通過するとき、どこかから突然中国警察が現れて逮捕されるのではないかと気が気でなかったが、八月八日（八は中国のラッキーナンバー）、劉と息子は無事にニューヨークに到着した。私、本当にいまアメリカにいるの？と劉は思った。

到着してから最初の数か月、劉は目覚めるたび、自分がいまどこにいるのかわからなくなった。午後と夕方の法律の授業には息子を同行させ、夜は中国の女性弁護士ネットワークのメンバーとせっせと連絡を取り合った。私が劉巍と初めてニューヨークのカフェで会ったのは二〇一六年四月のことで、私はコロンビア大学の客員教授をし、彼女はニューヨーク大学米国アジア法研究所の客員研究員だった。劉は当時八歳だった息子を連れてきて、その息子さんがしょっちゅう彼女のシャツを引っぱっては「ママ、ぼくの絵を見て！」と気を引いていた。そのたびに劉は話を中断して息子にほほ笑み、「あら、すてき！」と言った。そしてまた、中国における女性の権利や人権弁護士への抑圧について熱心に話を再開した。

彼女の人生を一変させた二〇一四年七月の一連の出来事について思いだすと、たまたま香港に息子を一緒に連れてきていた自分の幸運に感謝する涙が、劉の目に浮かんだ。「いまこの子がそばにいなかったら、私はいったいどうなっているかわからない」彼女は言う。のちに、二〇一六年八月に王宇が弁護士を辞めると表明した〝告白〟ビデオを観た劉には、彼女のことが完全に理解できた。子供がいる人なら誰だって同じことをしたはずだ、と劉は言う。王がティーンエイジャーの息子のために〝告白〟したことは明らかだった。

二〇一七年にフォーダム大学で国際法および国際司法で修士号（LLM）を取得したあと、劉巍は、中国の人権法を語るとき、フェミニストの意識が欠かせない要素だとますます確信し、フェミニストの視点を持つ女性弁護士が運営するネットワークこそが、女性の人権を守るうえで必要な法改正を効果的に推し進められると考えるようになった。女性の権利を支援してくれる男性弁護士もネットワークに受け入れるべきだと主張するメンバーもいるが、男性が一般に性差別やミソジニーに鈍感なことを考えると、劉は賛成できなかった。「男性は入れないほうがいいと思う」と彼女は言った。

二〇一五年に王宇ほか大勢の人権弁護士が逮捕されたあと、何十人もの女性弁護士がネットワークを脱けたが、いまも残っているメンバーが集まっては戦略を練りつづけている。フェミニスト活動家は、講習会などでネットワークメンバーと協力し、暗号化された手段で連絡を取り合っている。電話やウィーチャットは厳しく監視されているので、そこで計画について話し合うことはけっしてない。(別の弁護士グループも結成され、そちらでは男性メンバーも受け入れている。)

「政府が最初に王宇を捕らえたのは、彼女が中国のあらゆる人権弁護士の中で最も勇敢で、発信力があったからです」劉は言う。人権弁護士に対する政府の弾圧で運動のスピードは遅くなるかもしれないが、厳然と流れる底流はけっして止められないと彼女は信じている。そう、さまざまな社会正義運動がたがいに交わりながらふくらんでいくこの流れは、けっしてなくならない。

二〇一六年と二〇一七年、勾留されている男性人権弁護士の妻たちが、小さいけれど力強い運動をみずから起こした。『ニューヨーク・タイムズ』紙によれば、フェミニスト活動家の行動に触発された彼女たちは、真っ赤な文字で派手にスローガンが書かれた服を着て、刑務所や裁判所の外で赤いバケツを持ち、拘束されている夫に会わせろと要求するパフォーマンス・アートをやってみせたのだ。

「大きな案件を担当するときに人権弁護士たちがNGOと協力し合い、外側から私たちを支援する一般市民をさらに引きつけていく、そういう潮流が確かにできているんです」劉は言う。「共産党が最も恐れているのがそれです。異なる社会勢力が一つになれば、もう止められなくなるから」

女権弁護士のムーブメントとはまた別にもう一つ、やはり勢いの止まらない強力な勢力がある。ストライキや労働者による抗議が記録的に増えているのだ。NGO〈中国労工通訊〉によれば、二〇一五年には二七〇〇件以上、二〇一六年には約二六五〇件と、二〇一四年の件数のほぼ二倍になっている（公式な報告データによれば二〇一四年に起きたストライキは一三七九件）。〈中国労工通訊〉は、このストライキの公式データは「氷山の一角にすぎない」としている。独立した労働組合を組織することは中国では禁じられており、唯一公式に認められている組合は〈中華全国総工会〉だけだが、おもに労働者を管理するのが目的だ。（同様に〈中華全国婦女連合会〉も、「女性の権利と利益を代表し、保護する」ことが使命だとうたってはいるが、実際の目的は女性を管理すること。)

労働者の団体運動がしだいに勢いを増している様子が鮮やかに描かれているのが、黄文海《ホアン・ウェンハイ》と曽全燕《ゾン・ジンイエン》による二〇一七年のドキュメンタリー映画『We the Workers(われわれ、労働者たち)』である。労働争議が増えている原因は複数ある。たとえば、若い世代の労働者のあいだで要求が高まっていること、ソーシャルメディアを通じて労働者間で交流し、ネットワーク化が進んでいること、オートメーション化が進行したり安い労働力を求めて他国に工場が移転したりしていること。

「いまの労働者たちは自分の権利を知っているし、当局を恐れません」と、〈中国労工通訊〉の創設者であるベテラン労働運動家、韓東方《ハン・ドンファン》は言った。彼らは一九九〇年代から二〇〇〇年代初めの前世代の労働者よりはるかに大胆不敵だ。かつての労働者たちは、工場の仕事と引き換えに、ひどい人権侵害や長期にわたる賃金不払い、とんでもない長時間シフトにおとなしく耐えていた。

一九八九年に民主化運動が盛りあがっていた頃、二六歳だった韓は北京で鉄道作業員をしていたが、たちまち独立組合のカリスマ的リーダーとして頭角を現した。六月四日の天安門事件のあと、中国政府は韓をお尋ね者の労働運動リーダーとしてリストのトップに載せ、裁判も経ずに二年近くも拘束した。薬剤耐性結核が悪化し、米国での治療を許されると、そこで片肺の大部分を摘出した。一九九四年、彼は香港に移り、労働NGO〈中国労工通訊〉を設立する。私が初めて韓と会ったのは、一九九七年に、香港から中国語での放送を始めたばかりだった（のちに広東語の放送も始まる）『ラジオ・フリー・アジア』で働いていたときのことだった。その直後、韓はそこで視聴者参加型のレギュラー番組「労工通訊《ラオゴン・トンシュン》」を始め、国内の労働者たちと日々の苦労や職場での問題について話をした。韓はいまでも番組を続け、〈中国労工通訊〉は多くの労働運動家や労働問題専門の弁護士と連帯していった。

　私が会った天安門世代の亡命中国人活動家の中でも、韓は一般の中国市民に寄り添いつづける数少ない人物で、それは彼が、独裁制から民主制へ体制移行させるというような抽象的な目標より、彼が言う「実際的で現実的な」問題に注力しようとしているからだろう。韓は、広東省でストライキをする労働者と結束して、雇用者のあいだに遍在する凝り固まった性差別意識を打ち破ろうとする、若い中国人フェミニスト活動家たちの姿に心を打たれた。賃金の低い製造業やサービス業に従事するのは男性より女性のほうが多く、中国で増加する労働争議の最前線に立つのも、やはり女性労働者なのだ。

「当然ながら、外国資本企業はとくに女性を雇う傾向があるので、労働環境の改善を求める抗議活動には女性が多く参加します」二〇一六年九月に香港で会ったとき、韓は言った。「でもいまのところ、経営陣との団体交渉に臨むのはたいてい男性です」韓は、男性だけでなくすべての人々に利する労働環境の改善をおこなうためにも、労働争議にジェンダーという視点を持ちこみたいと考えていた。数年前、〈中国労工通訊〉は広東省でのスキルアップ研修に参加する女性工場労働者を募集しはじめ、経営者との団体交渉でリーダーシップを発揮するための研修をした。

「団体交渉に臨む女性が三人現れれば、交渉のテーブルにはつかないがストライキには参加する三〇〇人の女性以上に重要な変化をもたらすと思うんです。もちろん抗議する三〇〇人の女性たちはとても大事な存在ですが、もし経営者と団体交渉ができる特定のスキルを身に付けた女性がそこにいれば、もっと大勢の女性たちが立ちあがり、要求を口に出す気になるでしょう」

たいていの労使交渉が男性によっておこなわれる現状では、話題はどうしても賃金や年金に絞られ、女性の人権問題はしばしば見過ごされがちだ。しかし女性はなにかと職場における性差別の犠牲になりやすい――生殖医療の保険適用や産休の拒絶、職場での性加害やセクハラ、妊娠を理由にした不当解雇などなど。

二〇一七年六月以降の典型的なケースを挙げると、中国西部の都市である西安在住の妊婦が、上司に妊娠の話をしたあと不当解雇されたことについて、かつての雇用者〈西安巨子生物〉に対し、仲裁委員会に仲裁を申し立てた。〈中国労工通訊〉によれば、上司は彼女と七度の会合を持ち、事務職から、賃金が低く肉体的にもきつい製造職への配置換えを強要して、応じなければ解雇すると脅したという。また、二〇一七年一二月には、妊娠後に不当に解雇されたとして、三人の女性が〈中鉄物流集団〉に対して妊婦差別を根拠に訴訟を起こした。

これは、この種のケースとしては初めての集団訴訟だと考えられている。北京人民法院は女性一人に対し一万人民元（約一か月分の給料）を支払うよう中鉄物流に命じたが、ほかの二人については、本書が出版された時点でまだ裁定がくだっていない。

労働者としての権利を勝ち取るために発言する必要性に目覚める女性は増えつつあるが、「全般的な権利について認識することと、経営者と交渉するのに必要なスキルを身に付けることのあいだには、大きな溝があります」と韓は言う。〈中国労工通訊〉の重大な役目はいろいろあるが、たとえば、不当な扱いを受けた労働者たちに問題を団体交渉の大事な論点とするよう促したり、女性に交渉の前面に出るよう励ましたり、彼女たちに交渉スキルの研修をしたり、男性リーダーたちに女性を同等な存在として認めるよう教育したりすることだと彼は考えている。

「私たちはみんなに言うんです。工場労働者の八割が女性なのに、団体交渉をするのは九割が男性だ。女性がもっと交渉役になってくれれば、労働者を動員するのがもっと簡単になると思わないか、と。すると誰もが『そうですね、女性が代表者になってくれれば、交渉がもっとやりやすくなるかもしれません』と認めます」彼らは労働者のリーダーたちに、労働者代表として交渉することに前向きな活動的な女性労働者を見つけて仲間にするようはっぱをかけた。「ごくゆっくりとですが、団体交渉で交渉役を引き受ける女性が増えはじめています」

〈中国労工通訊〉は定期的に、一度に五〇人から八〇人の労働者代表者たちに団体交渉研修をおこなっている。韓も二〇一二年から二〇一四年まで、香港で個人的に研修を開催した。また、広東省の労働運動グループ〈番禺《パンユー》打工族センター〉のことも支援している。番禺の職員の一人であるカリスマ性を持つ運動家、朱小梅《ジュー・シアオメイ》は、二〇一四年に、労働者を組織して組合を作ろうと運動したことで、広州の日立金属の工場を解雇された。会社を訴えて和解交渉をおこなった彼女は、日立金属から二三万人民元（およそ三万六五〇〇USドル）の和解金を勝ち取った。

朱は番禺で、何千人という労働者が関わるさまざまな労使紛争の調停役として活動してきたが、たとえば二〇一四年八月に広州の大学都市で清掃員をしている数百人の人々のストライキもその一つだ。使用者側の〈広電物業管理〉は、会社の移転とともに引っ越さないのであれば解雇すると労働者側に通達した。労働者側は、充分な退職手当と、大学都市の清掃業務を引き継ぐ会社が労働者全員を雇用することを求めた。

団体活動中のビデオには、暑くて自分で自分を扇いでいるストライキ中の労働者たち――ほとんどが女性――の前で、朱が話をしている様子が録画されている。「初めはみなさんも少し怖くて、ほかの代表者に話をしてもらったほうがいい、と思っているかもしれません。でも、今日何人かの人たちがそうしたように、一度自分で話をしてみたら、経営者側はみなさんにべつに何もしないとわかった。違いますか？　まだ怖いですか？」朱が尋ねた。

「怖くない！」みんなが叫ぶ。

「そうなんです！」朱が熱く応えた。「彼ら〔経営者たち〕に対面して話をするのは、ちっとも怖いことじゃない！　私たちはいつも勝手に怯えているけれど、じつは何も怖がることなんてないんです。私たちは言いつづけます、心配しないで話をしてらっしゃい、と。でもあなたがたは言う。『無理、無理、無理。力不足ですよ』と。今日交渉の様子を見ていた人たちは、どういう感じか感覚がつかめたはずです。できればまわりの人たちにそれを伝えてください。こういう団体労働争議では、私たちみんなが被害者ですが、みんなが恩恵を受けるのも確かなんです。そうでしょう？」

〈中国労工通訊〉によれば、その後何週間もストライキと交渉を続けたすえ、〈広電物業管理〉は各労働者に勤務年数当たり三〇〇〇人民元（約四五〇USドル）の退職金と社会保障費、住宅手当を支払い、清掃業を引き継いだ新たな会社への雇用も約束したという。ところが二〇一五年一二月、広東省において、少なくとも一八人の団体交渉調停役が警察に逮捕され、二〇一六年九月に広州人民法院は、逮捕した活動家のうち三人について、「人を集めて社会秩序を乱した」罪で受刑期間を延長する裁定をくだした。最初に逮捕された調停役の中には、当時乳飲み子を抱えていた朱小梅も含まれていたのだ。二人の男性については受刑期間が延長された。番禺打工族センターの代表である曽飛洋《ゾン・フェイヤン》と、湯建《タン・ジエン》だ。もう一人の男性、孟晗《モン・ハン》は二一か月間勾留されたのち、二〇一七年四月に釈放された。

韓東方は、中国人労働者がポーランドの独立労働組合〈連帯〉のように組織化されることを、政府は恐れていると話す。〈連帯〉は一九八〇年に結成され、ポーランドの共産主義政権に弾圧されたが、一九八九年の完全ではないが自由が認められた選挙によってポーランド共産党を破った。その勝利は歴史的な転換点となり、東欧やソ連の社会主義政権の崩壊につながった。

二〇一七年のメーデーを記念して〈中国労工通訊〉が発表した文章で、韓は国際的なブランドメーカーに対し、彼らのサプライチェーンの一端を担う中国工場の労働環境に責任を持ってほしいと訴えた。

一九八九年以来、中国政府は、連帯する自由を求めて闘う労働運動家のリーダーたちにくり返し刑罰を与えてきた。法廷での裁定は政治的脅迫の道具だった。しかし二〇一六年に番禺打工族センターのスタッフ四人に刑を言い渡したとき、中国政府は初めて、団体交渉で成功を収めた労働者に協力した労働運動家たちに対し、企業に成り代わって報復的な裁定をした……

不躾に言ってしまえば、そうした国際的ブランドメーカーはたんまり利益をあげて大部分の分け前をぶんどっているが、中国にははたして何を残しただろう？　中国人労働者には貧困だけ、中国の職場には終わりのない労働争議だけ、中国社会全般には労働者と労働NGOへの警察による弾圧だけだ。そろそろ国際メーカーも、こういう深刻な人権侵害にみずからが果たした役割について、認識してもいい頃だろう。

二〇一七年五月、中国当局は、〈華建インターナショナル〉が所有する中国南部および東部の製靴工場――米国大統領ドナルド・トランプの娘（で補佐官）であるイヴァンカ・トランプ・ブランドの靴を製造していた――の労働環境を調査していた、また別の労働活動家三人を拘束した。三人の労働活動家は江西省贛州《かんしゅう》の勾留センターに六月末まで勾留され、裁判は棚上げのまま保釈金を払って釈放された。贛州工場の労働者たちからは、深夜におよぶ長時間労働、低賃金、暴言による虐待などが報告された。AP通信によれば、ある労働者は腹を立てた上司にハイヒールの踵で頭をなぐられ、出血したという。イヴァンカ・トランプとその会社は、コメントを求められてもくり返し拒絶した。

そんなふうに厳しい弾圧が続く中でも労働者たちの抗議やストライキは続き、女性労働者たちもどんどん前線に出てくるようになった。二〇一八年三月、一〇〇〇人近くの工場労働者――七割は女性――が、広州の〈シモンヌ〉社の高級ハンドバッグ工場で、社会保険料のバックペイを要求するストライキをおこなった。韓国の〈シモンヌ〉社は、マイケル・コース、マーク・ジェイコブス、コーチといった国際的なデザイナーズブランドの製品を作っている世界最大級の製造業者で、中国、カンボジア、ベトナムといった国々で工場を展開している。二〇一七年に、広州にある工場を地価の安い場所へ移転させることが決まり、広州の労働者たちは、支払いが延び延びになっている社会保険手当や住宅手当がこのまま受け取れないのではないかと心配した。大部分が女性の工場労働者たちはストライキを始め、九日間の団体交渉のすえ、経営者側が要求をのむことで合意に至った。

女権五姉妹の鄭楚然《ジョン・チューラン》は、広州の名門である中山大学の学生だったときから、労働者の権利や労働者階級の女性たちにまつわる根深い問題と、自分のフェミニスト活動を結びつけてきた。二〇一四年八月には、大学都市の清掃員のストライキに日参し、写真を撮ったり、ストライキ参加者にステッカーを渡したりしていた。清掃員のストライキはメディアの注目を集めていたが、清掃員の八割が女性だというのに、記者たちは男性労働者の写真ばかり撮っていた、と鄭は言う。「どうして女性労働者は表に出してもらえないのか？　それなら私が撮ろうと思い、せっかくだからステッカーも渡して、顔や服に貼って要求を表現してもらおうとしたんだ。目に見えることが大事なんだよ」彼女はネットに写真入りの文章を投稿した。題して「女たちは心も体も強い」。

鄭の写真の一枚には、カメラに向かってにっこり笑っている女性が写っていて、額に貼られたステッカーには〈広電物業、悪魔のしわざ〉とある。別の写真では、女性労働者がこぶしを突きあげ、頬に〈仕事した分は払え〉と訴えるステッカーを貼っている。また別の写真で、身を寄せ合い、笑いながら手を振っている制服姿の六人の女性たちは、顔じゅうステッカーだらけにしている。そこにはたとえば〈彼女は九年間、血と涙を捧げた／おまえはそんな彼女を使い捨てにした〉などと書かれている。男性の同僚が一人、彼女たちの横に立ち、声援を送っている。

「中国メディアの多くがジェンダーという意識に欠けていて、社会運動に参加している女性たちが見過ごされ、消去されている。そのままにはしておけないよ」と鄭は言う。ストライキをする清掃員には学生からも多くの支援が集まった。中山大学の九〇〇〇人以上の学生が、労働者への連帯を表明する嘆願書に署名した。

女権五姉妹が逮捕されたとき、SNSで連帯を表明してくれた人たちの中には、かつて鄭にじかに助けられた労働者たちがいた。微博に投稿された写真の中でもとくに目を引かれたのは、たとえば上半身裸になり、背中に大きく赤く漢字でこう記した男性労働者のものだ。〈大兔、君を誇りに思う！　労働者階級は君を支持する！〉（「大兔（大ウサギ）」は鄭のあだ名。）

鄭は勾留から解放されてからずっと、急増する中流階級のフェミニストと労働者階級の女性たちのあいだに連帯を築く方法を考えつづけている。「私たちは驚くほどたくさんの支援を得たんだ。でも、いまの政治情勢を考えると、フェミニズムは消費主義やエリート女性を中心に展開するほうが受け入れられやすいのも事実でね。そのほうが政治的に安全だし、私たちが拘束される恐れも少ない。だけどこの潮流を利用して、私たちとはまったく別の問題に直面している、学歴はあまり高くない女性労働者たちのために何かする必要があると思うんだ」

労働運動のリーダーの中には朱小梅のように女性もいるとはいえ、とくにフェミニストの視点をもって団体運動をしようとする者はほとんどいない。もし中流階級のフェミニストと労働者階級の女性たちが階級を越えて大々的に協力することができたら、共産党政府はまた一つ脅威が生まれたと考えるかもしれない。一九四九年の共産党革命が成功したのは、共産党のエリート知識層が何千万人という農民や労働者の力を結集したからだ。一九三〇年代から四〇年代の女性労働者や地方の女性たちを共産党ほどうまく動員できた者はほかにいなかった。しかし、いまのように抑圧された状況では、草の根的に大衆を動かすことは事実上無理なのだ。

急拡大するエリート〝ネオリベラル〟フェミニズムの単なる一例として運動のターゲットを大卒女性たちに集中させ、〝一歩踏みだす《リーン・イン》〟都市部の専門職の女性たちを増やしていくほうが、結果は早く楽に出ると鄭は指摘する。「でも、もし工場で働く女性たちをフェミニスト意識に目覚めさせる力のある人がいたら、ものすごい結果に結びつくと思う」

それでも鄭は、性差別やミソジニーにすでに抵抗の意志を見せ、中国の主流社会を変えようとしている大勢の若い女性たちに勇気づけられている。若い中国人女性は、とくに雇用の場にあふれる性差別に懸念を示している。「ソーシャルメディアを見ていると、そうした女性たちが目覚めていくプロセスがわかる。雇用における性差別にまつわる話には、怒りのコメントがどっと寄せられる。初めは女性たちも性差別が問題だと気づかないか、問題ではあるけれど、変えたくても自分には何もできないと思っている」と鄭は言う。「でも、私たちみたいな活動家がこの問題を取りあげて何か面白いことをしていると、おおやけの場で意見を言ってもいいんだと気づき、目にした性差別を告発するようになる」

最近、都市部の女性たちのあいだでこれほどフェミニズムや性差別に注目が集まっているにもかかわらず、鄭らフェミニスト活動家は中国国内からの資金援助やイベントへの参加を止められている。彼女たちは依然として〝犯罪容疑者〟だからだ。中国人教授たちからは、あなたがたを講演のために大学に招きたいのはやまやまだけれど、大学当局が許さないのだと言下に言われてきた。たいていの女性学部は、政府認可組織〈中華全国婦女連合会〉が許可しないフェミニスト活動家を招聘できない。近頃、大学内での〝外国の敵対勢力の影響〟への監視がますます強化されているからだ。国際的な団体や組織さえ中国政府の不興を買わないように自主規制して、共産党とは無関係のフェミニスト活動家をイベントに招かない。

鄭はいまも公安から警告を受けつづけているが、二〇一七年一二月に米国を訪問することは許された。BBCで〈二〇一六年の女性一〇〇〉に選ばれたときも、その一週間後には公安捜査官から電話があり、なぜそのリストに載ったのか訊かれた。「上層部がこのリストのことを知り、大変不快に感じている」捜査官は言った。「彼らはどうやって人選したんだ？

何か賞品をもらったのか？　彼らはおまえを現地に招くつもりか？」ＢＢＣのことは何も知らない、と鄭は答えたが、「女性が職場で成功する」ための新しいビジネス計画を立てているので、それが理由かもしれない、と話した。そう聞いて納得したのか、じかに呼びだされたりはしなかった。「〈一歩踏みだす《リーン・イン》〉みたいな言葉まで政治的に危険となったら、それこそ革命だよね」彼女は冗談めかして言った。

　さらに鄭は、釈放後に彼女を監視している公安捜査官は、二〇一五年に彼女を拘束し取り調べした人物とは別だと言った。「あの人たち、どうしたんだろうね。煙みたいに消えたんだ。もしかして、みんな死んじゃったのかな？」鄭はそう言って、からからと笑った。「ひどいこと言うよね、私も」そしてまた笑った。まさに復讐を想像してストレスを解消する笑いだ。「いまは誰もが強い抑圧に苦しんでいて、安心していられる人なんて一人もいない。それでもみんなでよく集まって食べ、飲み、笑うんだ。一緒に楽しむことは大事だよ。どんなにつらい状況になっても、私たちフェミニストは踏んばる。黙って消えるわけにはいかないんだよ」

7　中国の家父長制的権威主義

ＮＧＯ〈益仁平《イーレンピン》〉の共同創設者である陸軍《ルー・ジュン》は、二〇一六年にマンハッタンのミッドタウン地区のカフェで私と初めて会ったとき、胸に大きく中国語で〈女权主义者长这样《ニューチュエンジューイージョーチャンジョーヤン》（これがフェミニストの顔だよ）〉と書かれた黒いＴシャツを着て現れた。米国の女性の人権擁護者のアイコン的存在であるグロリア・スタイネムの有名な発言「これが四〇歳の顔だよ」に触発されて、フェミニスト活動家の肖美麗《シャオ・メイリー》がデザインしたそのＴシャツは、事実上、中国フェミニスト運動の制服となっていた。陸は数年前から米国に自主的に亡命し、「中国最大のお尋ね者の一人」になっている。

二〇〇六年、陸は北京で〈益仁平〉を開設し、二〇〇九年に同僚の常伯陽《チャン・ボーヤン》、楊占青《ヤン・ジャンチン》とともに河南省鄭州に支部を開いた。初めは、さまざまな職種で就業を禁じられている、陸軍自身を含むＢ型肝炎患者の差別問題に特化していたが、消費者の権利やＨＩＶ／ＡＩＤＳ患者の擁護もおこなうようになった。河南省では違法な売血が広がり、それを地元自治体が隠蔽したため、HIV／AIDS感染が猛威を振るったのである。中国の国内基金は人権NGOに事実上、資金援助をいっさいおこなおうとしないので、〈益仁平〉運営の大部分は、米国に本拠地を置く、連邦議会から毎年予算が割り振られる全米民主主義基金に頼っていた。

〈益仁平〉の北京オフィスは、二〇〇七年に新卒だった武嶸嶸《ウー・ロンロン》が組織に加わってから、女性の権利擁護にも職務の範囲を広げた。二〇〇九年五月、武は、鄧玉嬌《ドン・ユージアオ》事件にスポットライトを当てた、益仁平で初めての大々的な女権運動をおこなった。二一歳の鄧玉嬌は、彼女に性的暴行を加えようとしたある中国人官吏を、身を守るために殺害したのだ（第一章参照）。すると七月下旬、あるかどうかもわからない〝違法な〟書類を捜索するという口実で、二人の役人が警官とともに〈益仁平〉の北京オフィスに現れた。「われわれは捜索を拒絶しました。役人の一人の身分証明書が期限切れだったからです。あなたがたの捜索自体が違法だと言ってやりましたよ」陸軍は言った。相手は、人権弁護士の許志永《きょしえい》（陸は二〇〇八年に、何万人もの赤ん坊が健康被害を受けた、汚染された粉ミルクの事件で彼に協力したことがあった）も逮捕されたところだと言った。

　陸軍と同僚たちはまったくたじろがなかった。「われわれは落ち着いて終始話し合いを続け、しまいには私が警察署に電話して、違法な家宅捜索について通報までしたんです」。結局役人たちは捜索を実行しないまま、午後六時に引きあげていき、「じっくり読ませてもらう」と、差別反対を訴えるニュースレターを数十枚持っていかれただけですんだ。その後、警官が戻ってきて、政府役人に謝罪したらどうだと言ったが、陸軍は拒んだ。

政府は当初、陸軍が欧州連合の人権会議のために海外に行くことを許さなかったが、二〇〇九年一二月、香港大学とエール大学ロースクールを訪問するため、数か月間海外渡航することは許可した。二〇一〇年に陸軍が帰国し、〈益仁平〉で障害者の権利プログラムを始める頃には、警察もあまり彼を邪魔しないようになり、数か月ごとに茶を飲みながら〝おしゃべり〟したり、食事したりするのがせいぜいだった。そうして〈益仁平〉はおおむね自由にさまざまなプログラムをおこなっていたが、二〇一四年五月、天安門事件から二五年の追悼会をおこなったクライアントの代理人を務めたとして常伯陽が逮捕されると、事情が変わった。鄭州の〈益仁平〉オフィスは地元自治体当局によって閉鎖させられたものの、北京オフィスはお咎めなしだった。

しかしいまや中央政府の役人たちも、それまでは〝危険〟だとは思っていなかった人権団体にも影響力があるとふいに気づいた。とはいえ、陸軍はそのときすでに米国に渡り、ニューヨーク大学ロースクールの米国アジア法研究所で客員研究員を始めていた。「中央政府は、外国から資金援助を受けている国内のすべてのＮＧＯを注視しはじめ、もちろん、外国の援助を受けている〈益仁平〉もＮＧＯ弾圧の重要な標的になったんです。彼らはわれわれの全プログラムを検閲しはじめましたが、政治的な問題点はなかなか見つかりませんでした」。

政府にとって最大の脅威になりそうな要素として当時最も目立っていたのは、女性の権利問題だった。挑発的なストリート・パフォーマンスをおこない、国じゅうの異なる都市で女性たち——と共感を寄せる一部の男性たち——を組織化することに成功していたからだ。だから当局は、「女性の権利問題を入口にしようと考えたんです」と陸軍は言う。

二〇一五年三月に女権五姉妹が拘束されたあと、公安捜査官たちが〈益仁平〉の北京オフィスを突然捜索し、パソコンやファイルをすべて持ち去っただけでなく、職員の一人を拘束した。三月二五日の中国外交部の記者会見で、拘束されたフェミニスト活動家について外国人記者が質問した。「当該人物の釈放を中国に要求する権利は誰にもなく、各位にはそのような形で中国の法的主権を侵害することをお控えいただきたい」と政府報道官は述べた。

二〇一二年の時点でフェミニスト活動家が大勢の支援者を動員するのを見て、当局はようやく彼女たちに目を向けはじめた、と陸軍は指摘する。「ほんの数年のあいだに、フェミニスト運動は大きな飛躍を遂げ、いまでは本物の社会運動の様相を帯びています……中国市民というのはばらばらに散った砂のようなものだと思うんです。もし砂をうまくまとめられれば、散逸した力を強力なものにできます。いまはフェミニストたちはよく組織化されているので、その声がはっきりと聞こえてきます。でも、もし組織がばらばらになってしまったら、声は消えてしまうでしょう」

二〇一二年一一月に中国の最高権力者となった習近平はフェミニズムや女性の権利運動全

般に反対しているのではないか、と陸軍は考えている。「いま、中国フェミニストたちに新たな敵が立ちはだかっている──習近平です。そしてそれは大変な強敵だ」

二〇一八年三月、中国の立法機関である全国人民代表大会は、正式に国家主席の任期期限を撤廃して、習主席に新たに強大な権力を授け、生涯中国の独裁者《ストロングマン》となる道を開いた。共産党はすでに中国を七〇年近く支配しており、これはソビエト連邦の共産党支配期間とほぼ並ぶ長さだ。一九八九年に天安門事件が起きてから、ジャーナリストや学者の多くは党の支配は風前の灯火だろうと予測したが、これを覆し、さらなる力を持つに至った。

中国権威主義の研究者たちの大部分はジェンダーを些末な問題と見なしているが、私は、女性を従属させることが共産党の独裁とその〝安定維持（維穏《ウェイウェン》）〟の基盤となる要素だと思う。習近平は、世界じゅうのほかの独裁者と同様、家父長制的権威主義こそ共産党存続のための必須要素だと考えている、というのが私の持論だ。習が権力の座にのぼりつめる以前でさえ、性差別とミソジニーは、長らく国が人々を上から抑えつけてコントロールする土台だった。（共産党がこれだけ長期政権を担うことができている理由には、ほかに社会の変化に迅速に対応する能力や、政治的異分子を容赦なく弾圧しながら急速な経済成長を遂げたことなどが挙げられる。）

いま、一九四九年に中華人民共和国が建国されてから初めて、共産党から独立した、組織化されたフェミニスト活動が、中国人女性のあいだに広がる不満を取りこんで世論に影響を与えるレベルまで発展した。これは中国の社会運動としてはかなり異例なことだ。女性たち、とくに都市部に住む高学歴女性たちは、異性同士の結婚と出産子育てを無理やり押しつける国のやり方を忌避しはじめた。男性ばかりが占める中国上層部が、国家の成り立ちとは無関係に女性個人の解放を求める若いフェミニスト活動家たちを恐れるのも、無理はないだろう。

フェミニズムに対する政府の反発は、国という顔をした、いかにも脆い男性性の表れであり、解放された女性たちが立ちあがって共産党の政治的正当性に挑戦してくるのではないかと恐れているのだ。フェミニスト活動家の勢いがよほど恐ろしかったのか、二〇一七年五月、党の正式な代弁者である『人民日報』で、中華全国婦女連合会の副主席、宋秀岩《そうしゅうがん》が見解を発表した。つまり、「西側の敵対勢力」は、「西欧のフェミニズム」や「ほかの何よりフェミニズムが大事だ」とする考えを利用して、女性に関する中国のマルクス主義的考え方と「男女平等についての基本政策」を攻撃しようとしているというのだ。「〈人権擁護〉や〈貧困の軽減〉、〈慈善活動〉といった旗印を使ってこの国の女性の権利問題に干渉し、弱みを探って、われわれの分裂を図ろうとする者もいる」と宋は警告した。さらに彼女は、女性の権利問題を専門とする幹部は習近平の賢明な指導に従い、わが国を侵害しようとする西側勢力を防がなければならない、と論じた。

習近平は、二〇一二年一一月に中国共産党の総書記になったとき、ソビエト連邦の崩壊について説明するきわめて重要な演説をした。「ソ連を救おうとした者はわずかだった。彼らはゴルバチョフを捕らえたが、せっかく得た力を行使する道具がなかったせいで、何日もしないうちに形勢は逆転した。エリツィンが戦車の上で演説をおこなったものの、軍部は反応せず、いわゆる〝中立〟を保ちつづけた。結局、ゴルバチョフはソ連共産党を解散する能天気な宣言をすることになった」と彼は言った。「こんなふうに巨大政党は消えた。割合からすれば、ソ連共産党はわれわれより党員が多かったが、徹底抗戦する充分な男気に欠けていた」

フリージャーナリストの高瑜《ガオ・ユー》（一九八九年の天安門事件での行動やその他政府に対する批判によって何度も投獄されている）がすぐに反応した。「充分な男気って何？　この演説は、習近平がソ連共産党の終焉とソ連の崩壊からどれだけ不安を感じているか、まざまざと物語っている！」

党総書記として習が初めておこなったこの大々的な演説は、大胆な経済的・政治的改革に着手する宣言だろうという大方の予測とは裏腹に、社会の安定を揺るがし、ゆくゆくは共産党の崩壊につながりかねない、いかなる不安定要素をも根絶する役割を先頭に立って担っていくことをほのめかすものだった。習総書記はゴルバチョフとは違って、共産党のために徹底抗戦する「充分な男気」があるのだ、共産党のやり方を蝕もうとするものから中国を守るのに必要な男らしさを備えている、という宣言なのだ。

二〇一三年四月、共産党は〈九号文件〉と呼ばれる、西側の危険思想の侵入に警戒せよと党員たちに警告する内部メモを発行した。それは〝七不講《チーゴーブージアン》（七つのタブー）〟と名づけた七つの西側特有の思想をとくに取りあげており、西側の憲政政治、市民社会、西側の報道の自由、共産党の歴史的失敗などが含まれる。その直後から、政府は市民社会の継続的な抑圧を始めたのだ。

最高指導者になってから最初の数年間（二〇一六年初めまで）、習は文字どおり〝習大大《シュウダーダー》〟――「ビッグダディ習（習おやじ）」とほぼ同意――と国内メディアで呼ばれていた。これはある種の個人崇拝で、毛沢東が歌やダンス、プロパガンダポスター、ニュース報道などで中国唯一の救世主と褒め称えられていた、一九六六年から一九七六年の文革時代以来のことだ。この言葉はまさに習近平の男らしさを称え、強大で安定した国家の屋台骨として父権家族が存在することを確認している。

オーウェルの小説『一九八四年』に登場する〝ビッグ・ブラザー〟のように、中国の〝ビッグダディ〟もつねに国民を監視している。プロパガンダのイメージは、習を中国というまさに〝家国天下《ジアグオ・ティエンシア》（天のもとの家族のような国）〟の父親のように描いた。彼は正式な共産党の総書記であり、国家主席であり、中央軍事委員会主席であり、中央国家安全委員会主席であり、新たに設立された中央軍民融合発展委員会の代表でもある。これらは、習がコレクションしたいかにも強そうな肩書のうちのほんの一部だ。

二〇一六年一〇月、共産党は習に「核心」の指導者という新たな肩書を授けた。これは、これまで毛沢東、鄧小平、江沢民にしか使われなかった用語だ。（習の前任者、胡錦濤は一度もそう呼ばれなかった。）そして二〇一七年一〇月、党は習をさらにもう一段階、上に担ぎあげた。言葉の上では、中華人民共和国の建国者、毛沢東と同等の地位である。第一九回中国共産党大会で、最終的に「新時代の中国の特色ある社会主義についての習近平思想」という頭でっかちな文言とともに、習の政治理念そのものが党規約に盛りこまれたのだ。

憲法によって国家主席の任期は最大一〇年と決まっているので、習は後継者を指名して、二〇二二年には退位するはずだったが、二〇一八年にいきなりこの任期制限を撤廃し、共産党は、意見のすり合わせのもとで政策を決めるという過去数十年の規範から大きく方向転換をした。

習が総書記になったとき、彼を父親としてだけでなく、夫としても理想化する数多くのポピュラーソングやヒップホップの曲が登場した。『習大大みたいな男になれ』やら『習大大は彭ママ（中国のファーストレディ、彭麗媛《ほうれいえん》のこと）を愛してる』やら。中でもヒットしたのは、『結婚したいなら、習大大みたいな人と結婚なさい』だ。この曲のミュージックビデオでは、軍人風のマッチョな風貌の習が天安門広場を行進する人民解放軍の何千人という兵士たちに迎えられる。そして背景で、押しの強いディスコビートに乗せて、力強いソプラノが歌う。「結婚したいなら、習大大みたいな人と、けっしてくじけない強い精神を持つ英雄みたいな男と、結婚なさい」

超男性的な習近平像の個人崇拝ぶりがあまりにも極端だったので、共産党幹部の中には行きすぎだと感じる者も現れ、二〇一六年の初めには、〝習大大〟という単語は国営放送で使用禁止となった。それでも国営放送は中国という国を、一家の大黒柱が支配する一つの家族のように表現した。そこに絶対に必要なのは、習という偶像に集約される強大で男性的なリーダーシップであり、強いパターナリズムによる家父長制である。

だが、独裁者《ストロングマン》の習は、実際にはどれくらい強いのだろう？　数々の肩書とマッチョなプロパガンダビデオに守られた習の権力は、じつは見かけよりずっと脆い。中国経済は長期的な下降傾向に入り、同時に厳しい少子高齢化と労働力の縮小に直面しつつある。数十年にわたって二桁の成長率を見せた中国の長い〝奇跡の経済成長〟は、すでに終焉したという見方がほとんどだ。政府は、経済が全般的に冷えこむという予想を考慮して、二〇一八年のＧＤＰ成長率予測をおよそ六・五パーセントとした。労働生産性の成長率も明らかに速度が落ちている一方、金融システムでは資本逃避が起き、過剰な投資によって政府の債務が増加の一途をたどっている。格付け会社ムーディーズは、二〇一七年五月に中国の国債を格下げすることに決めた。これは天安門事件直後の一九八九年一一月以来、初めてのことだ。

国民の生活水準をつねに上昇させつづけるという約束を守るために中国政府が奮闘するなか、多方面で不満が蓄積し、それに対し、政府はあらゆるところでイデオロギー規制を強化している。法学教授のカール・ミンズナーは、中国は、さまざまなイデオロギーをより広く受け入れていこうとするこの数十年の傾向を転換させ、「中国の一党独裁制は自分で自分の体を食いはじめている」と論じる。共産党の正当性を支えてきた急速な経済成長にもはや頼れなくなったいま、習政権下の中国プロパガンダは儒教的性差別要素を復活させ、伝統的な家族観（夫と貞淑で従順な妻との結婚が基盤）が国家の安定の基礎になるという考えをとくに推し進めようとしている。

論文集『*Women and Confucian Cultures in Premodern China, Korea and Japan*（近代以前の中国、韓国、日本における女性と儒教文化）』は、前近代の支配者たちがみずからの権力を強化するために、女性の行動様式モデルとして儒教の考え方をいかに利用してきたか、明らかにしている。「この論文集から、中央集権をめざす実務主義の官僚や社会の啓発に専心する理想主義の学者たちであふれる国家が、思いどおりの男女交流のあり方を形作ろうと驚くほど熱心に働きかけていたことがわかる。国は、法律だけでなく模範的で教訓的な説話を広めて、〝女性〟というカテゴリーを定め、〝女性らしさ〟の基準を決めた」と編者は書いている。

本書の中の論文の一つ、「後期中国帝国の女性の美徳観に対する反論」の中で、杜芳琴《ドゥー・ファンチン》とスーザン・マンは元王朝（一二七一年頃－一三六八年頃）について論じ、政府が国のイデオロギーとして新儒教モデルの家族や女性の美徳を露骨に広めようとし、それが建国のかなめとなったと指摘する。元の支配者たちは、儒教の教書の一つ『大学』の教え、「家斉《ととの》いて后《のち》国治まる」に従った。政策の一環として、元朝政府は女性の貞操と妻の自己犠牲という規範を積極的に推し進めた。「元の支配者たちは、夫に身を捧げる妻と、主人に全面的に忠誠を誓う家臣という、明白な対比構造を構築した。「男は国のために死に、妻は夫のために死ぬ。これすなわち義なり」と杜とマンは書いている。

宋王朝（九六〇年頃－一二七九年頃）には「孝《シアオ》」が女性のおもな美徳と考えられていたが、清王朝（一六一六年－一九一二年）中期には、儒教の流れを汲む説教臭い説話は、女性の「夫への忠誠心や性的純潔」をより強調する「貞操信仰」にもっと重点が置かれるようになる、と杜とマンは述べている。前漢時代の歴史書『烈女伝《リエニュー・ジューアン》』は、安定した政府は、男女の結婚を基盤とした「調和した」家族が増えることで形成されると書く。「娘は両親に従い、嫁は義父母に仕え、妻は夫を助け、母は子を導き、姉妹や義姉妹はおのれ［の義務］を果たす。家族の誰もがこうして振る舞えば、家族は和をなす。どの家族も和をなせば、国家は安泰となる」


〝家族の伝統的価値観〟を説く現代の共産党プロパガンダが、女性の美徳について、いかに中国帝国期の古い儒教的な説話を根拠にしているかこうして明らかになると、衝撃的だ。

中国の国営通信社〈新華社〉は、二〇一七年三月二九日、「第一八回共産党大会以来、習近平は家族の価値観についてこう語っている」と題した長文記事を掲載した（二〇一二年の第一八回共産党大会で習近平が総書記に指名された）。新華社は、習がなぜこれほど家族の伝統的価値観（家風《ジアフォン》）にこだわるのか説明する。「今日、この新たな記事で、習近平が提唱するよき家族の価値観について学び、家族の価値観と国の価値観（国風《グオフォン》）の関係を理解しよう」

新華社は、「家族」を意味する中国語〝ジア（家）〟は、「国」を意味する複合語〝グオジア（国家）〟の一部でもある、と指摘する。「家族は最小単位の国であり、国は一〇〇〇万の家族である。『家族の価値』という言葉の中の『家族』すなわち〝ジア（家）〟はただの小さな家族ではなく、国の家族〝グオジア（国家）〟をも意味するのだ。第一八回党大会以来、習近平はしばしば家族の価値観の重要さを強調してきた。習は『小さな家族』と言うが、念頭には『大きな家族』（つまり国）がある」

記事には、年老いた母親の手を引いて庭を散歩する孝行息子としての習の写真が添えられ、家族一人ひとりを伝統的な価値観からはみださせないようにしろと警告している。そして、「共産党幹部それぞれが家族の伝統的価値観を大事にし、誠実かつ高潔に暮らし、人格を高め、家族をきちんとまとめ、おのれを正しく管理することに加えて、配偶者、子供、身近な同僚を厳しくしつけなければならない」。そしてまた、家族は「社会の基礎単位」であり、「調和のとれた結婚が調和のとれた社会の基盤だ」という共産党の基本方針をくり返す。

二〇一七年三月、ちょうど微博が〈女権之声〉のアカウントを一か月間凍結し、ウィーチャットに投稿されたフェミニストの投稿を削除した頃、新華社は「この五年間の習総書記の女性たちへのメッセージを振り返る」と題した記事を掲載し（全国のメディア支社や支局が転載）、習を崇敬する女性代表者たちが彼にほほ笑み、喝采を送っている写真が添付された。「習総書記は、さまざまな基調演説で、国家の発展と家族の確固たる成り立ちの弁証法的な関係に触れ、共産党中央委員会が女性と家事の現状について危惧していることを訴えてきた」と新華社は報じる。そして、「女性は、家族の伝統的価値観を育てるうえで中心的な役割を果たす……美徳こそ、家庭の調和や社会の安定、次世代の幸福を促進する貴重な宝である」という習の言葉が引用された。

新華社の記事は、中国の長期的な経済成長にとって女性の労働力はけっして欠かせない重要な要素だったということに、一度として触れなかった。むしろ、女性は家事をすることが義務で、とくに子供と年寄りの世話が大切だ、と習がどれだけ強調していたか、その点ばかりに集中した。「女性が責任を持つべきことはいろいろある。子供の教育、中国の伝統的道徳観を大事にすること、社会の道徳規範に貢献すること」そして習の言葉が引用される。「家族の調和や愛情という中国の伝統や美徳を忘れてはならない。そうして初めて子供たちが健康に成長し、高齢者は充分に世話をしてもらえる」と新華社は報じた。習が最高指導者にのぼりつめる前から、政府は伝統的なジェンダー規範を積極的に広めようとしていたが、新華社はいま、伝統的な道徳観を持った妻や母親こそが喫緊の社会問題を解決するうえで鍵となると、習近平最高指導者みずから認めた、というメッセージを世間に広めているのだ。

二〇一八年三月、江蘇省鎮江の中華全国婦女連合会は、〝新時代の女性〟（習近平の言う〝新時代〉のための一連の講座を始めた。若い女性たちに、「伝統文化」に沿った淑女らしく脚を交差させ、座り、ひざまずき、メイクし、家のインテリアを工夫する方法を伝授し、「質を高める〈提高素質《ティーガオ・スージー》〉」のだ。こうした政府主催の講座は、近年登場しつつある女性のための非公式な〝道徳学校〟と不穏なくらいよく似ている。そこでは、夫に従うよう女性に教えこむ。「殴られても抵抗しないこと。叱られても口答えしないこと。そして、何があっても離婚など考えないこと」撫順《フーシュン》伝統文化学校で、ある教師がこう発言している動画が、二〇一七年一一月にネット上に拡散された。

一方、中国共産党の七〇年近い歴史の中で、共産党中央政治局のエリート集団〈常務委員会〉に、いまだかつて一人の女性も入ったことがないという事実がある。いったいどうして？　考えるに、男性ばかりの幹部たちは、共産党を維持していくうえで、女性を組織的に服従させることが不可欠だと考えたのではないだろうか。エリートたちが動かす政治の場にただでさえ女性がほとんど進出していなかったというのに、二〇一七年に新しい指導者たちが指名されて以来、事態はさらに悪化した。いま〔二〇一八年当時〕では、二五人いる中央政治局のメンバーのうち、女性はたった一人だ。共産党の最高位かつ最大の政治機関で、定員二〇四名である中央委員会の女性代表者は、二〇〇七年の第一七回中央委員会のときでさえわずか六・四パーセントだったが、いまでは四・九パーセントにまで低下した。米シンクタンクのブルッキングス研究所によれば、二〇一七年時点で、中国本土の三一省で行政のトップに立つ女性は一人もいない。対照的に香港と台湾――どちらも大中華圏の一部――は、本書の発刊時にはいずれも女性に率いられている。

中国政府は女性に、国のために〝産む機械〟に、家では従順な妻や母親になってほしいのだ。政治的安定を維持するために子を産み、将来の労働力に育てるのが女の仕事というわけだ。一九七九年に中国が改革開放政策を始めたときには、例の最悪の〝一人っ子政策〟を導入し、女性の生殖権を著しく侵害した。三五年以上にわたって中国人女性を迫害しつづけた一人っ子政策――大規模な強制堕胎、不妊手術、子宮内避妊器具（IUD）の大規模強制装着を含む計画出産の強要など――については、たとえばメイ・フォン著『中国「絶望」家族――「一人っ子政策」は中国をどう変えたか』などに詳しく説明されている。

一九七九年、一人っ子政策が初めて導入されたとき、中国の合計特殊出生率は二・八だった。しかし世界銀行によれば、二〇一五年にはそれが一・六にまで減少し、人口が均衡した状態となる人口置換水準である二・一を大きく下回っている。まもなく人口統計上とんでもない破綻が訪れるという研究者や運動家による長年の警告を無視しつづけてきた中国政府だったが、二〇一五年の末に突如として三〇年以上続けてきた一人っ子政策に終止符を打ち、夫婦あたり二人の子を持つことを許可すると、大仰なファンファーレとともに正式に宣言した。しかし時すでに遅しで、いまさら方向転換しても現在の長期的な人口統計傾向は変わらないだろう、というのがおおかたの推測だ。この変化はより広範な生殖権の自由につながるという見方もあったが、結局、政府は別の大々的な人口工学実験に乗りだしただけだった。今回は逆に、国のために生殖せよと女性たち——ただし適格者のみ——を急かしだしたのだ。

中国は、出生率の急減のみならず、高齢化と労働力の減少という問題にも思いきった手を打たなければならなかった。そのどれもが、経済成長や労働生産性の成長率の減速、そして何より共産党の政治的正当性と密接な関わりがあった。

中国国家統計局の人口増加計画では、二〇三〇年までに中国の人口の四分の一が六〇歳以上になると見積もっている。新華社通信によれば、二〇一七年の時点で上海の住民の三分の一がすでに六〇歳以上だった。米シンクタンクCSISの〈中国パワー・プロジェクト〉によれば、中国の従属人口指数——生産年齢人口（一五歳から六四歳）が扶養する年少人口（一五歳未満）と老年人口（六五歳以上）の割合——は、二〇一五年の三六・六パーセントから、二〇五〇年には六九・七パーセントに上昇する。中国はまた、人口の男女比が世界でも極端に偏っており、女性より男性が約三四〇〇万人も多く、新華社通信によれば、二〇一五年の出生比率も女子一〇〇人に対して男子一一三人という割合だった。（中国政府はこの性比の偏りを社会の安定を脅かす原因ととらえている、と私は前著『*Leftover Women*』で論じた。）

新華社通信は当初、〈二人っ子政策〉は大成功だと報じた。二〇一七年三月には、「中国の二人っ子政策により、二〇〇〇年以来最大の新生児数を記録」という見出しが紙面に得意げに躍った。当局はもともと、この二人っ子政策によって二〇二〇年まで出産数が年間およそ三〇〇万件増加し、二〇五〇年には中国の労働人口が三〇〇〇万人以上増えると計算していた。

しかしベビーブームは訪れなかった。二〇一八年一月に発表された統計値では、二〇一七年の中国の出生率は前年より三・五パーセント減少した。二〇一六年の出生数は二〇一五年よりわずかに一三〇万人増えただけだった。〔二〇一七年の〕政府データ（合計出生数は一七二五万人）によれば、予測数の半分にも満たずに期待をはるかに下回った。公式の統計値を見ると、二〇一七年、すでに一人子供がいる夫婦に新たに生まれた子供の数は増加したが、一人目の赤ん坊の数は減った。

出生率が期待より低かったことを受けて、国家衛生計画出産委員会の副主任、王培安《ワン・ペイアン》は、二〇一七年二月に、すでに一人子供がいる夫婦がもう一人子供をもうけた場合、政府は「祝い金と補助金」を考えていると発表した。一方、二〇一七年の全国人民代表大会で、委員の一人、黄西華《ホアン・シーホワ》は、「高齢化を見据えて出生率を高める」ために、法定婚姻年齢を現在の女性二〇歳、男性二二歳から、男女ともに一八歳に引き下げることを提案した。

政府はさらに、一九八〇年代から二〇〇〇年代にかけて、何百万人という女性に強制装着したＩＵＤの無料での除去を申しでた。そうすれば二人目の子供を産んでもらえる、というわけだ。しかし中国人女性たちはこの計画に大ブーイングした。ＩＵＤの強制装着は「当人の同意もなく強制的に体の一部をもぎ取る行為」に近かった、と作家の韓浩月《ハン・ハオユエ》が微博に書きこむと、何千回もシェアされた、と『ニューヨーク・タイムズ』紙の黄瑞黎《スイ・リー・ウィー》は書いている。「それがいまになって、数千万人にものぼる女性たちによかれとそれを無料で除去してやるという。このことが、国からのありがたいお手当だとばかりにくり返し国営放送で流れているのだ。やつらには恥というものがない、これっぽっちも」と韓は書いた。

二〇一八年五月、複数の新手のメディアが、政府がすべての出産制限を撤廃するかもしれないと報じたが、本書が発刊される時点では、女性が本当の意味で自分の体を自分でコントロールできるようになる兆しはまだ見えない。人口計画がどうあれ、共産党は女性を国の発展のための〝産む道具〟と見なしつづける。呂頻《リュー・ピン》のようなフェミニストたちは、新たな人口計画がどんなものであれ、女性に子供を産めとさらに圧力をかけるようになるはずだと訴える。

二〇一五年に一人っ子政策を終結させると政府が発表した直後、呂頻はブログで以下のような重要な疑問を呈した。

> 国が本当に生殖権を私たちに返してくれるとして、実際その権利を管理するのは誰になるのだろう？　これは女性の幸せを考えるとき、重要な問題だ。夫なのか、義母［「公婆《ゴンポー》」つまり夫の母］なのか、実の両親なのか、女性たち自身なのか？　子供を産む決定

権は、結局のところ父権国家から父権家族に移行するだけなのでは？　子供を産むなと強制されていた女性たちは、今度は子供を産めと強制されるのでは？

よりよい育児施設や高齢者施設を供給しようという国の新政策などいっさいなく、〈二人っ子政策〉（将来的にはもっと大勢）が導入されることで、家庭でも職場でも女性ばかりに負担が増えそうだった。雇用における性差別は、中国では法規上は禁じられているが、企業としても女性を雇いたくなる動機がほとんどないし、女性の出産休暇のあいだの給与を負担する気にもなれないのが実情だろう。家事負担の性差が大きい中国では、家庭内で無給で人の世話を焼くのはたいてい女性だから、国はおおやけで負担するべき育児や社会保障という重荷を、個人家庭の女性にひっかぶせることにしたのだ。「中国の経済成長モデルは女性の搾取あってのことなの」と呂頻は言う。

〈二人っ子政策〉と並行して、急降下する出生率を押しあげようという新たなプロパガンダ・キャンペーンが始まった。とくに標的となったのは、優生学に傾倒する人口計画担当者たちからすると〝高素質《ガオ・スージー》〟である、都市部の高学歴女性だ。私が、二〇〇七年に始まった中国政府による〈売れ残り〉女子メディア・キャンペーンについて本を書いたときには、プロパガンダはそのうち静まるだろうと思っていた。ところが中国国営メディアは、〈一人っ子政策〉の終焉にともなって、都市部に住む二〇代の高学歴女性に、早く結婚して子供を作れとこれまで以上にしつこく迫っていた。三〇年以上にわたって女性に堕胎を強いてきた中国国営メディアが、いきなり方向転換して、今度は二人子供を持つこと――それもできるだけ早く――のすばらしさについて、標語やら記事やら映像やらでこれでもかと訴えはじめたのだ。

「妊娠適齢期を逃すな!」と国営メディアの見出しが脅す。その適齢期とやらは、政府によれば二四歳から二九歳までで、それを超えると先天異常を用心しなければならないという。二〇一五年一二月、中国共産主義青年団の機関紙である『北京青年報』にもともとは掲載されたある記事に、マーガレット・アトウッドのディストピア小説『侍女の物語』の一シーンにでもなりそうな写真が添えられた。『侍女の物語』は、出生率が激減したある国で、性交して子供を産むことを強制された女たちの話だ。写真には、頭に角帽をのせ大学卒業時のガウンを着た女性の黒いシルエットが写り、そこだけフルカラーになった赤ん坊を腕に抱いている。記事には、女子大学生が卒業前に就職活動をすると、雇用者は必ず「いつ子供を作るつもりですか」と尋ねる、と書かれている。記事は、このよくある(そして違法な)性差別を批判するどころか、早く子供を作ったほうがいいと女子学生を急かす。なぜなら雇用者は、子育てが一段落した女性のほうを雇う〝可能性が高い〟からだ。「〈既婚、すでに子供あり(已婚已育《イーフン・イーユー》)〉という項目の四角い空欄にチェックマークを入れた女性たちのほうが、就職成功率がずっと高いことに女子学生自身気づくだろう」

記事は、見出しを変えて国内のさまざまなメディアに転載された。たとえば『人民日報』の「北京大学には一〇人以上の母親学生がいる：就職の見通しは明るい」や、「〈已育〉は就職シーズンに企業にモテモテ――妊娠を考える女子学生が増加」（sohu.com）など。

別のメディアは、大学院在学中、場合によってはまだ学部生のうちに子供を持ち、いかにも幸せそうな、華やかな〝大学生母〟を披露している。二〇一七年三月にウェブサイト〈sohu.com〉に掲載されたある記事にはこんなタイトルがついていた。「女子大学生の愛情あふれる生活：一年生―一緒に暮らす、二年生―妊娠する、三年生―赤ちゃんが生まれる」。記事に添えられた写真では、卒業式用のガウンと角帽を身に着けた保守的な感じの美人が、大きく張りだしたお腹に片手を添え、もう一方の腕に赤ん坊を抱えて、にっこりほほ笑んでいた。

その一方で、政府はシングルマザーは奨励しない。なぜなら結婚や家族こそが社会の安定の柱になると考えているからだ。だから大規模お見合い計画がますます進んでいる。二〇一七年五月、中国共産主義青年団は、婚活パーティなどを通じて「未婚の若い男女が大切な人を見つけるお手伝いを」し、「恋人や結婚相手を見つけるために自分磨きをする方法を教えます」と大々的に広告を出した。

『環球時報』紙は、多くの若い独身社員たちが、公園やスタジアムでおこなわれる婚活パーティへの参加を勧め先の国営企業から強要され、もし行くのを拒むと「さぼり」と見なされる、と微博で不満をこぼしていると報じた。記事は、人口計画の専門家である南開大学の原新《ユエン・シン》教授の談話を引用している。「独身者の割合が高くなると、社会の安定に影響が出る」原はさらにこう続ける。「独身男性が増えると、さまざまな社会問題を引き起こす恐れがある。性暴力や女性および子供の人身売買のほか、彼らが年を取ったときの年金負担の増大は言うまでもない」。記事はさらに、『中国青年報』から統計値を引用して、二〇一五年には中国の「独身者」の人口がすでに二億人に達し、政府が「危惧する」数値だと述べている。

同月、中国最大のレズビアンアプリで、約五〇〇〇万人ものユーザーが登録している〈熱拉《レ　ラ》〉が、検閲によっていきなり閉鎖された。同時に微博もレズビアンのアカウントを何の理由もなく凍結した。〈熱拉〉アプリとそのウェブサイトすべてが、二〇一七年五月二四日に台湾の最高裁判所で同性婚の合法化を認める歴史的な裁定がおこなわれた、その数日後に消えたのだ。ユーザーの中には、〈熱拉〉が、上海人民公園でおこなわれる人気の高い出会い系イベントに参加したがったLGBTQの子供の母親たちを支援したから閉鎖されたのではないか、と勘ぐる者もいた。言うまでもなく、たがいに自由に愛し合うレズビアンが増えればそれだけ異性婚をする人が少なくなり、中国の人口計画目標を阻害すると当局は考えたのだろう。検閲によってゲイ男性のアプリも弾圧されたが、一般に中国政府はゲイ男性の活動には多少寛容で、それはおそらく女性より男性の人口のほうが約三三〇〇万人多いからではないか、と新華社は推測している。それに、青島大学医学部元教授の張北川《ジャン・ベイチュワン》によれば、中国人ゲイ男性の約八〇パーセントは既婚あるいは女性と結婚する意志があるという。

それでも中国のミソジニーにまみれた、独身を辱める、しばしば同性愛嫌悪的なプロパガンダは、しだいに世間でも無視されるようになってきた。若いフェミニストたちによるSNS上での議論がそれに果たした役割は小さくない。迫害されたフェミニスト活動家たちは、中国政府が結婚を勧め人口増加政策を遂行する、まさにターゲット層に属しているのだ。つまり、二〇代から三〇代前半の中流階級の大卒女性である。

中国人フェミニスト活動家の運動は、あからさまに政府に反抗するのは避けているとはいえ、根底にあるメッセージはきわめて革新的だ。結婚と子育てを強要する中国の家父長的慣習から自由になろうと女性たちに呼びかけることで、（〝高素質〟で高学歴の漢民族系）女性を社会の安定を保障する従順な子育て要員という役割に押しこめようとする、政府の根本目標を妨害しているのだから。

一九六〇年代から七〇年代の第二波フェミニズム運動の担い手の一人、シュラミス・ファイアストーンは、いわゆる社会の持続性というビジョンが彼女の主張を破壊し、男性が女性を虐げる第一の道具なのだと断じた。生物学的家族構造こそ、革命によって根こそぎにしなければならない、と。彼女が一九七〇年に出版した『性の弁証法――女性解放革命の場合』

の中の言葉は、共産党の人口計画担当者の誰が聞いてもぞっとするはずだ。彼女のマルクス主義的革命論に通じる文言や〝集団生物学〟が彼らには馴染み深いからこそ、余計に。

経済的階級を打破するためには下層階級（プロレタリアート）が反乱を起こし、一時的に独裁制を布いて生産手段《プロダクション》を掌握する必要があるように、性的階級を打破するためには下層階級（女性）が反乱を起こし、生殖手段《リプロダクション》を掌握する必要がある。女性が自分の体の所有権を完全に奪還するだけでなく、人間の生殖手段も（一時的に）支配するのだ――つまり、出産と子育てに関するすべての社会制度を手中に収め、新たな集団生物学を確立するのである。

生物学的家族構造を打倒し、「可能なあらゆる手段を用いて女性を生殖という暴虐から解放する」というファイアストーンの訴えは、これまでアメリカの主流フェミニストたちのあいだでは過激すぎると見られてきた。しかしある意味、中国でいま起きているのは、女性たちが集団で「人間の生殖手段を支配」しようとすることのように思える。

中国で急速に増加している中流階級の何百万人もの若い女性たちは、みずからの権利に目覚めつつあり、それが中国の未来を大きく左右しようとしている。個人としては、共産党に抵抗するのは気が進まないだろうが、集団になれば、女性たちがみずからの生殖権の選択として結婚や出産を拒否することで、政府が必死になって推進しようとしている人口計画を揺るがすことができるだろう。中国最大の就職ウェブサイトの一つ〈招聘《ジャオピン》〉が二〇一七年五月に仕事を持つ女性四万人以上を対象におこなった調査によると、仕事を持つ、子供のいない女性の四割以上が今後も子供はほしくないと回答した。また、子供が一人いる仕事を持つ母親の約三分の二が、二人目はほしくないと答えた。調査に参加した女性たちが挙げた子供を持ちたくない理由で多かったのは、「時間も体力も足りない」、「キャリア形成が中断するのが不安」、「子育てにはお金がかかりすぎる」だった。半数以上の女性が最大のネックとして挙げているのが「子育てが終わったあと仕事に復帰するのが難しいこと」で、半数にはわずかに満たない女性が「自分のポストが他者に奪われること」を懸念している。

こうした女性たちの多くは、私的願望は〝公益〟のために犠牲にしろという家族や政府からの強力な圧力を受けて、結局一、二人の子を持つことになる。それでも、仕事を持ち、まだ子供がいない中国人女性の約半数が子供はいらないと思っているという事実は、いまも急速に中流階級が拡大していることを思えば、衝撃的だ。二〇一六年に英調査会社〈エコノミスト・インテリジェンス・ユニット〉が調べたところでは、中国の上位中流あるいは上流の収入層は二〇一五年に一億三二〇〇万人（全人口の一〇パーセント）に達し、二〇三〇年には四億八〇〇〇万人（全人口の三五パーセント）にふくらむと予測されるという。

長年上昇してきた婚姻率も低下しはじめている。二〇一六年、中国で婚姻届を提出した夫婦は三年連続で減少し（この一年では約七パーセントも下降）、一方で離婚率は、中国民生部によれば、二〇〇八年から少なくとも八年連続で上昇しつづけている。このように女性が結婚を忌避する傾向は、日本、韓国、シンガポールなど東アジアのほかの国ですでに長年定着しているが、中国ではまだ生まれたばかりだ。婚姻率が今後も低下していくかどうかいまの段階で判断するのは時期尚早だが、この数年、私が会った驚くほど大勢の中国人女性たちが、家や夫に縛られたくないから絶対に結婚したくない、と激しい口調で訴えた。

その一方で、独身女性は子供がほしいと思っても、実際に持つと罰せられる。もし中国政府が単純に出生率を上げたいなら、シングルマザーに対する罰則を撤廃することが手っ取り早い解決策だろう。一人親をタブー視するのは世界じゅう多くの国を蝕む傾向だが、中国では、政府からもらう有効な〝出産許可証（准生証）〟がないと、出生証明書の発行さえしばしば拒否される。出生証明書がなければ、子供は正式な戸籍（戸口《フーコウ》）がもらえず、学校への入学や手ごろな健康保険の取得も困難になる。そのうえ、出産に先立ち結婚証明ができないと、人口計画の規則違反として〝社会撫養費〟と呼ばれる罰金を支払わされることが多い。

じつは、これまでのところ〈二人っ子政策〉は、既婚の異性カップル、それもおもに都市部の夫婦にのみ適用されている（地方在住の夫婦はすでに二人以上の子をもうけることが普通になっている）。北京や上海のような都市で暮らす二〇代から三〇代の女性の中には、本当は結婚したくないが、子供がほしい、ただそれだけのために所帯を持つという人がいる。つまり独身女性が子供を持てるようになれば、婚姻率はさらに下がるだろう。それが、社会安定の基盤に異性間婚姻を置く共産党のビジョンを脅かすことは間違いない。

中国政府は、生殖能力のある独身女性に結婚したくなくなるような自由をよっぽど与えたくないのか、独身女性が生殖補助医療を受けることをいっさい禁じている。そのため、裕福な独身女性の中には海外で卵子凍結をおこなう者もいる。二〇一五年七月、当時四一歳だった中国の有名映画女優、徐静蕾《シュー・ジンレイ》は、米国で卵子凍結保存をしてきたとある国内雑誌で話した。徐のこの告白は微博上でトレンドとなり、〝落とした〟女性自慢やそのプレイボーイぶりで悪名高いブロガー〔で作家〕である韓寒《ハン・ハン》は徐の選択を支持した。「子供はほしいけど結婚はしたくない、いいんじゃない？」と彼が投稿すると、何万というコメントがつく騒ぎとなった。

中国の人口計画政策の底流に優生思想があることは間違いない。当局は大卒の漢民族系女性には結婚と出産を迫りながらも、少数民族の女性――とくに中国北西部の新疆ウイグル自治区のウイグル人女性――は〝レベルが低い（低素質《ディー・スージー》）〟と見なし、産児制限しようとする。漢民族系中国は何十年ものあいだ、地方に住む少数民族には三人以上の子をもうけることを許してきた。ところが現在、ウイグル人女性には計画出産政策による規制を強化している。

『環球時報』によれば、二〇一五年一月、新疆ウイグル自治区の共産党幹部、侯涵敏《ホウ・ハンミン》は、政府はウイグル南部の「高い出生率」を懸念し、闘っていかなければならないと述べた。「これは子供や母親の心身の健康のみならず、この地域の人口の質にも悪影響をおよぼし、社会の安定を脅かす恐れがある」

二〇一五年一一月、南新疆では、産児割り当てより子供の数を少なくすることに同意したウイグル人夫婦への手当の支払いを倍にする（六〇〇〇人民元［約九五〇USドル］）ことにした、と『エコノミスト』誌が報じた。そこには、自治区の共産党トップが述べた、政府としてはこの地域の産児数を減らし、「テロとの闘いの一環として、『すべての民族に平等な』家族計画政策を導入する」という言葉が引用されている。二〇一四年には、南新疆当局が、漢民族系中国人が少数民族メンバーと結婚した場合、その異民族間結婚をした夫婦には現金でボーナスを出すほか、住宅、教育その他の点で優遇措置をおこなうと発表したが、これにウイグル人の人口を削いでいく目的があることは明らかである。

共産党は新疆ウイグルでの無認可出産の取り締まり強化に加え、二〇一七年四月には、新生児にイスラム教やコーラン由来のムスリム風の名前をつけることを禁じた。また、「過激派」打倒の旗印のもとで、ウイグル人女性が顔を覆うベールをつけること、若い男性が髭をはやすことも禁じた。新疆ウイグル自治区は、ムスリムであるウイグル人が漢民族系政府の支配に長年抵抗を続けてきた土地だ。二〇一七年七月、新疆当局は、「民族間の平等」を図るために、多数派である漢民族系の家族よりウイグルほか少数民族は一人多く子供を持つことを許可してきた数十年来の政策に終止符を打つと宣言した。共産党機関紙『環球時報』の記事は、国家衛生計画出産委員会の王培安《ワン・ペイアン》の言葉を引用し、南新疆は「貧困、急速な人口増加、公衆衛生の深刻な悪化」といった困難な問題を抱えているとした。

多数派の漢民族系の人々の中に増えている結婚や子育てに抵抗する女性たちは、〝問題児〟に言うことを聞かせるために共産党が保安上よく利用する手段の効き目をも危うくしている。配偶者や親、子供を脅して、その〝問題児〟を監視させようとするのである。たとえば、〈益仁平〉の陸軍が思うに、女権五姉妹の中では武嵘嵘が最も公安捜査官に苦しめられたという。なぜなら彼女には夫と子供がいるからだ。「家族を使って脅すのが、政府にとってはいちばん楽なんです。でもほかの女性たちは独身で子供もいないから、脅しに使う道具を見つけるのが難しかったはずです」

女権五姉妹の独身メンバーの取り調べをするとき、公安捜査官は親を使って圧力をかけた。彼女たちの孝心につけこみ、罪を「白状」しないままでは親を苦しめる「悪い娘」になってしまう、と罪悪感を植えつけたのだ。この戦術は、鄭楚然《ジョン・チューラン》のような、親ととても仲が良く、自分のフェミニスト活動が親にいらぬ心配をかけているという後ろめたさを抱える者にはとくに有効だった。しかし、父親に虐待されていた李麦子《リー・マイズー》のような、伝統的な孝心に縛られない者は、「おまえは親不孝だ」と捜査官に言われてもどこ吹く風だった。李は、親が悲しむから活動をやめなければならない、などという考え方を鼻で笑った。

誰にも頼らず自分の行動に自分で責任を持つ自立した女性が増えれば増えるほど、父権的権威主義がくだす命令に抵抗する気運が生まれ、彼らをあわてさせることができる。女権五姉妹が解放されたあと、公安は未婚の四人の女性を、彼女たちが長年自立して暮らしていたことなど意に介さずに実家に帰らせ、あなたたちには娘の行動を管理する責任があると両親を脅した。武嵘嵘は夫と子供のもとに戻ったが、杭州の公安捜査官は夫を標的にして、妻がまたフェミニスト活動を始めたら「おまえに累がおよぶぞ」と脅した。〈女権之声〉の創設者、呂頻は、女権五姉妹の取り調べで、当局が「社会の安定維持」のために使う主要戦術が明らかになった、と指摘する。「〝問題児〟たち」の家族への愛情を利用して、その問題児を管理するよう家族全員に協力させるのだ。

公安捜査官はこの手の脅しをほかの大勢の活動家にも同じように使っている。たとえばフェミニスト活動家の梁小門《リャン・シャオウェン》は、弁護士を対象に広州の英国領事館で女性の権利や人口計画についてセミナーを計画して公安の急襲に遭ったとき、まだほんの二二歳だった。二〇一五年二月のある晩遅く、公安捜査官が大挙して、材木貿易会社で働いていた梁の父親の上司のところに現れた。捜査官たちはその上司を連れて梁の両親の家に夜中に押しかけ、英国領事館でイベントを計画している娘にすぐにやめるよう伝えろと父に命じたのだ。

梁はすでに両親とは暮らしていなかったが、大学を卒業したばかりだったので、親に圧力をかけることが彼女を脅す最も有効な手段だと、当局は考えたに違いない。梁の両親は真夜中過ぎに娘に電話し、一〇人以上の男たち——公安捜査官、警察、父の上司——がいま家にいると話した。「警察から大勢の刑事やら捜査官やらが来て、おまえが英国領事館で何かイベントをやろうとしていると言っている。何のイベントか知らないが、やめてもらわないと困る」

梁はイベントには行かないと約束した。一週間後、彼女は、公安捜査官、広州警察、彼女の両親、父の上司が集まる正式なディナーに〝招待〟された。公安の広州支局長がそのディナーを主催し、梁小門さんを正式に私の〝教女《ゴッドドーター》〟としましょう、と言った。「あなたの教父ですから、何か問題が起きたら、いつでも相談に来なさい。さあ、これで私たちは一つの家族ですよ！」一か月後に女権五姉妹が拘束され、梁は身を隠した。二〇一六年、彼女はニューヨークのフォーダム大学で法学の修士課程に進んだ。

公安にとっては、大学生を思いどおりにするのはそう難しくない。なぜなら大学にいる共産党顧問が罰点をつけるとか、退学させるとか、学生を脅す方法はいろいろあるからだ。そのため、二〇一五年の国際女性デー前日に、公安が少なくとも一〇人のフェミニスト活動家を一斉検挙したとき、テレサ・シューのような大学生は二四時間以内に解放し、大学に送り返して、そこでさらなる懲戒処分をしてもらうことにした。二〇一八年四月、北京大学も、学内で #MeToo 運動を展開していた当時四年生だった岳昕《ユエ・シン》に活動をやめさせるよう、母親に圧力をかけた。

二〇一六年一二月、習国家主席は、大学長と共産党幹部に対し、大学内での思想管理を厳しくし、大学を「党のリーダーシップの重要拠点」に転換させるという基調演説をした。たとえば『サウス・チャイナ・モーニング・ポスト』紙によれば、党の統制調査官は、二〇一七年三月に広東省の汕頭大学――活気あふれる女性学プログラムやフェミニスト・コミュニティ、有名なジャーナリズム・スクールもある――を選び、厳重注意を公開でおこなった。楊漢軍《ヤン・ハンジュン》捜査長は、汕頭大学の共産党委員会は「弱腰」で、「中央および地方の党当局から通達された決定事項の導入が遅すぎる」と指摘し、教室やソーシャルメディアにおける教員や学生の言動をより厳しく監視するよう求めた。

複数の大学で講義をしている馮媛《フォン・ユエン》は、ジェンダー学の授業はどれも思想統制が厳しくなったと話す。だが、そもそも人材があまりおらず、講義をするにしても中華全国婦女連合会の許可がなければできないのだ。政府のフェミニズムに対する近頃のスタンスは「矛盾だらけ」だと彼女は話す。共産党は公式には男女平等を認め、性差別を深刻にとらえているように対外的には見せたがっている。世界の大国として認められたいという中国の強い願望こそが、二〇一六年についに反DV法が制定された理由だろう。しかし、それから二年が経過しても、馮が設立した団体〈為平〉の調査によれば、加害者に対する接近禁止命令の発効など、法律の最も重要な条項がいまだにきちんと施行されていない。接近禁止命令を求める女性たちは、夫のもとに戻って家族の〝和〟を維持しなさいとくり返し諭されるのだという。NGOに対する締めつけがきつくなっているせいで、DV被害者たちが助けを求める場所も見つけにくくなっている。「〝男女は平等です〟という標語だけでは仕方がないんです。性差別と闘う本物の政策を実現しなければ」と馮は言う。

二〇一二年に私が初めて馮媛にインタビューしたとき、彼女は「中国には基本的に、自立した女性運動ができる場所はありません」と言った。共産党政権が続くかぎり、彼女の言うとおりだろう。警備や検閲の厳しい父権主義的な中国が、自立した女性の大規模な運動を黙って見逃すはずがない。しかしだからこそ、若いフェミニストがすでにこれだけ多くの女性たちを目覚めさせ、動員して、一つのコミュニティをみごとに築きあげたことは驚きに値する。中国に根深く存在する性差別やいまも続く政府によるフェミニスト運動弾圧にもかかわらず、人権意識がもっと広がれば、女性の権利を主張するうえで「さらに活動しやすい環境」が形成されるだろう、と馮は考える。「共産党革命で男女平等は確立されたのだから、フェミニズムは不要だと考える人がかつては多かったんです。でも、女権向上のためにすべきことがじつはまだまだたくさんある、と気づく人が増えています」

反DV法が成立して、中国は世界の大国としてこれまで以上に頼れる存在になったように見えるが、共産党政権は法律をまともに施行するつもりはないように思える。なぜなら、たとえ女性の命を危険にさらしてでも、父権主義的家族構造を守ることが、政治の安定と共産党存続の基盤だからだ。さらに言えば、女性への暴力は中国の家父長制的権威主義に本来備わっている一要素である。男たちには、たとえどんなに国に厳しく抑圧されても、わが家かどこか必ず帰る場所があり、そこで何のお咎めもなく女性を怒りのはけ口にすることができる。男が社会でどんなに低い地位に置かれていても、彼に従属する女（妻にしろ恋人にしろ）はそれにも増して低い地位にいる。女を虐待することを国が男に許すかぎり――場所は家庭にしろ、公共交通機関にしろ、職場にしろ――男たちは一党独裁を進んで受け入れるだろう。

中国政府によれば、女性は社会の安定を維持するために男と結婚し、男の暴力衝動のはけ口となり、無報酬の家庭内労働を引き受けなければならない。そして、高齢化と労働力の縮小を少しでも緩和するために子供を産む必要がある（ただし、すでに記したように、漢民族中国の至上主義的優生学に従って、漢民族の高学歴女性のみに出産が奨励される）。女性が教育を受けるのはすぐれた母親としての役割を果たすためであり、女性に学がつけば、中国の未来を担う高度な知識や技術を持った労働力を構築できるからだ。最後に、女性は高齢者の世話をして、政府が包括的な福祉プログラムに予算を割かずにすむようにし、権威主義的な国家の中心で〝調和のとれた家族〟を築かなければならない。

フェミニスト活動家が家父長制的権威主義政権を混乱させようとするかぎり、政府は彼女たちを罰する新たな方法を見つけるだろう。それでも、自分たちにはもっと敬意が払われるべきだと気づき、性差別や性加害、ミソジニーに反旗を翻す中国人女性が増えつづけている。彼女たちは生殖権をわが手に取り戻そうとし、七〇年続いたソ連を超えて存続しようともくろむ、中国共産党の中心戦略たる人口計画を脅かしている。たとえ中国のすべてのフェミニスト活動家が逮捕拘束され、あるいは口をつぐまされても、彼女たちが解き放った抵抗の潮流を根絶するのはきわめて難しいだろう。

8　全女性たちの歌

　女権五姉妹が釈放されて八か月が経過した二〇一五年一二月に、私は李麦子《リー・マイズー》とテレサ・シューとともに北京の望京地区のおしゃれなカフェでディナーを楽しんだ。スクーターに二人乗りして現れた彼女たちは、大気汚染がひどい夜の北京の空気を遮断するため、産業用の防塵マスクを着けていた。李は左手の爪を明るいターコイズに、右手はショッキングピンクに塗り、テレサは真っ赤な口紅をつけていた。二〇一五年七月、同性婚を合法化する米最高裁判所の歴史的な裁定がくだった数日後、李とテレサは北京で結婚式を挙げ、二人の結婚を祝うと同時に、中国では同性婚が禁止されていることに抗議した。二〇人ほどの友人とほぼ同数の記者を招待し、『全女性たちの歌』をうたって、レインボーフラッグで飾りつけした北京のレストランの個室でキスをする写真を撮った。(二人は二〇一七年に別れた。)

　李は、二〇一二年に家庭内暴力に対する抗議活動としておこなった〈血濡れの花嫁〉パフォーマンスで、彼女と韋婷婷《ウェイ・ティンティン》、肖美麗《シャオ・メイリー》が着た赤い染みのついたウェディングドレスをその席に持ってくるつもりでいた。「あのドレスはあなたに預けるのがいちばんだと思うんだ。どうせ本土には置いておけないから」。〈女権之声〉の呂頻《リュー・ピン》が香港でおこなう予定の、中国フェミニズム運動の展覧会について、私が話をしようとしていると知って、彼女はそう言ったのだ。

「それで、展覧会が終わったら、あなたにドレスを預かっておいてほしいんだよ」李は言った。「どこかのフェミニスト博物館にでも寄付したい」

本当にそのウェディングドレスを本土で使うことはできないと思うか、私は彼女に尋ねた。

李は珍しくしょげた顔をした。

「もうおおやけの場でパフォーマンスはできない」彼女は言った。

海外留学について考えないの？

「もちろん考えたけど、すごく悩んでる」李は言った。「もしあたしがここからいなくなったら、あたしが中国でやってる仕事はどうなるの？」

こんなふうに自分を抑圧する国に留まろうとするのは、収監されていたノーベル平和賞作家の劉暁波《りゅうぎょうは》（二〇一七年、肝臓がんのため投獄先で死亡）や、やはりノーベル平和賞受賞者で、ソ連の人権侵害へのみずからの抵抗を「良心の声」と呼んだ物理学者、アンドレイ・サハロフのような有名な反体制派の人々に通じるものがある。まだ二〇代の中国人フェミニストが、劉やサハロフと同じ胃の痛むような実存的問題に立ち向かい、公式には男女平等を支持する中国政府によって〝国家転覆〟の罪に問われるとは、まさに異常事態だと言える。

結局私はドレスを預からなかった。でも年が明ける直前、李麦子は、テレサともう一人別の若い女性が血糊のついたウェディングドレスを着ている写真を微博とウィーチャットに投稿した。二人の顔には殴られて痣だらけになっているかのようなメイクがほどこされ、やはり痣みたいな黒い斑を顔に描きこまれた人形をそれぞれ抱えていた。これは、中国で離婚率が上がるにつれて生じている、元DV夫が母親のところから子供を誘拐する問題をテーマにしたパフォーマンスだった。元夫が誘拐するのは、家の後継ぎにするため大事にされる息子と相場が決まっていた。

テレサともう一人のフェミニスト活動家は北京の通りで二つの大きな看板を持ってポーズをとっている。一枚は〈結婚は終わるかもしれないが／DVは終わらない〉、もう一枚は〈子供を誘拐するのは犯罪です〉。李麦子は写真に写っていないが、写真のキャプションを書いたのは彼女で、中国の新しい反DV法は離婚した女性と子供を粗暴な元夫から守ってはくれない、と説明している。李は結局、ウェディングドレスの利用法を見つけたのだ。彼女は別の活動家にバトンを渡し、こうしてフェミニスト運動は続いていく。

女権五姉妹全員が、拘束中に精神的に、場合によっては身体的にも苦痛を味わわされた。それでも彼女たちはフェミニスト・レジスタンスにますます深く関わっている。PTSDに苦しみ、解放後何か月も公安や警察の取り調べに耐えながらも、ほかのフェミニストたちを鼓舞するのに、みずからが果たす役割は大きいとよくわかっているのだ。

彼女たちが解放されてほんの数週間後、肖美麗は微博でちょっと愉快なコンテストを開催した。女性性のステレオタイプに挑戦し、普通とは異なる美を讃える意味で、未処理の腋毛《わきげ》の写真を投稿してほしいと呼びかけたのだ。二〇一五年六月、肖はコンテストの結果を発表した。最優秀賞は杭州の大学院生、猪西西《ジュー・シーシー》その人だった。フェミニスト活動を続けたせいで公安に取り調べを受けた彼女である。写真で猪は、首をそらしてバレエのアラベスクのポーズをとり、目を閉じてうっとりとほほ笑んでいる。袖なしのワンピースを着て、長い髪を両腕で持ちあげ、未処理の腋の下を堂々と見せていた。優勝賞品として贈られたのはコンドーム一〇〇個。「いまではこれまで以上に腋毛が誇らしいよ」と猪は記者たちに語った。

コンテストが終わらないうちから、微博に投稿された写真は優に一〇〇万ビュー以上を稼いだ。コンテストは無害で、政治とは無縁に見えるが、これはじつは女権五姉妹犯罪容疑者のイメージを中国の厳しいネット検閲を乗り越えて微博上で広く拡散する、きわめて巧妙な戦略だった。コンテストは、自分の体を愛し皮肉なユーモアのセンスを持つ女権五姉妹を、燦然と輝く魅力的なロールモデルにしていることは明らかだからだ。

二位に同率で入って賞品(バイブレーター)を獲得したのは活動家の李麦子で、上半身には何もつけず、唇には消防車みたいな真っ赤な口紅を塗り、何か訴えるように両腕を上に伸ばして、腋の下にうっすらと茂る毛を見せている。そして、乳房の上に黒い漢字の文字が躍っていた。〈腋毛有愛／家暴有罪〈腋毛は愛／DVは犯罪〉〉

また、三位を分け合った二人のうち一人は、女権五姉妹の韋婷婷だった。入賞写真の中で彼女は、上半身はブラだけ着けて、にっこり笑って固めたこぶしを勝ち誇ったように突きあげている。もちろんこれは、抑圧への抵抗を表す全世界共通のポーズだ。

二〇一六年一二月に武嶸嶸《ウー・ロンロン》が私に言ったように、中国当局がたとえ活動家を黙らせ、行動を制限しようとしても、すでに中国のフェミニスト運動は国境を越えて広がりはじめている。私が彼女と鄭楚然に会ったのは、二人が香港を訪問したときだった。武とは、釈放直後に会って以来久しぶりに顔を合わせたのだが、そのときとはまったく違っていたので驚いた。顔のむくみや黄疸は消え、全身からエネルギーが発散されていた。広東料理のディナーを食べながらおしゃべりするあいだ、彼女の五歳の息子はテーブルの下で遊んでいた。

武は、公安につねに監視されていることについてはもうあきらめていたが、それでも杭州警察は以前よりこちらに敬意を払ってくれているようなので、ほっとしているという。そればかりか、最近では冗談さえ口にするようになっていた。二〇一六年九月に杭州でG20サミットが開かれる直前、彼女のもとに捜査官から電話が来た。

「武嶸嶸、G20では何か予定していることがあるのか？」彼は尋ねてきた。

「べつに何も。どこかに観光旅行でも行くわ」武は答えた。

「それはいい考えだ。どこに行くつもりだね？　われわれが連れていこう」

「息子は上海のディズニーランドに行きたがってる」

「いつがいい？　八月末か九月の第一週が好都合だが」まるで、客の要望に応えようとする旅行代理店の店員のようだった。

上海で、ディズニーランドを巡るあいだじゅう捜査官につけまわされるのは勘弁してほしかった。でも、監視について文句を言えば、捜査官たちはかえって締めつけを厳しくするはずだから、別の戦術を使うことにした——誘うのだ。

「息子はほんとに手に余るから、あなたがたが一緒についてきてくれて感謝してるの。この子の世話を手伝ってね！」彼女は大げさな口ぶりで言った。捜査官たちはたちまち姿を消し、旅行の残りは二人きりで楽しめた。

さて、私は香港からニューヨークに移る予定だったので、鄭楚然は、現在広州を発って、ニューヨークのフォーダム大学で法学の修士課程にいる親友のフェミニスト活動家、梁小門に渡す土産を私に預けた。鄭は髪の毛を一本、頭から抜いた。それは、フェミニスト・シスターをとても恋しく思っているという意味を持つシンボルだった。「髪の毛にはその人のDNAが含まれていると聞く。だからこの髪は、たとえ離れていてもシャオメン（梁のあだ名）と一緒にいるよ、っていう意味なんだ」彼女は言った。

私がニューヨークで梁小門に鄭の友情のしるしを渡したときには、梁はすでに、呂頻が米国で作った新グループ〈チャイニーズ・フェミニスト・コレクティヴ〉の中心メンバーになっていた。二〇一七年一月二一日、彼女をはじめとする米国在住の数十人の中国人フェミニストたちがワシントンDCに集まり、ドナルド・トランプの大統領就任式に抗議する数百万人のデモ行進〈ウィメンズ・マーチ〉に加わった。これは一日に集まった抗議行動としては、アメリカ史上最大規模のものとなった。彼女たちは微博に写真や動画を投稿し、中国にいるフェミニスト・シスターを勇気づけようとした。

梁はニューヨークで、李麦子(世界各地をめぐる講演旅行でそこに立ち寄った)、それに米国で活動するほかの二人のフェミニスト、リウ・シントンとディ・ワンとともに、中国人女性たちのためのフェミニスト活動ワークショップを開催した。そのあと梁、李ほか、数人の女性たちはトランプタワーに向かい、ミソジニーとセクハラに反対する抗議活動を二か国語でおこなった。

梁は二〇一七年四月、バーナード大学でおこなわれた中国人女性のリーダーシップ会議でこう話した。「私は中国のフェミニスト運動の中で覚醒しました。ここにいる中国人女性たちは、米国で学んでいる、あるいは働いている特権を活かして、中国政府が女性の権利を弾圧しているという事実に気づくべきです。みんなが勇気を持って、おおやけの場でフェミニズムについて話しましょう」ほとんど女性ばかりの聴衆に向かって、梁は熱心に訴え、おのおのの大学で独自に中国人フェミニスト・グループを作り、中国本国にいる友人たちに情報を送ってほしいと話した。

二〇一七年二月、国際女性デーに世界じゅうで女性たちがストライキをする記事の投稿を阻止するという名目で、微博が〈女権之声〉のアカウントを凍結すると発表したとき、梁やリウ・シントンをはじめとするフェミニストたちはそれに抗議して、タイムズスクエアで自分たちの口に絆創膏を貼り、体をビニールで包んで、口をつぐまされることへの怒りを表し、それを動画撮影した。二〇一七年の〈女権之声〉アカウント凍結は一か月間だけだったが、二〇一八年三月八日の国際女性デーの夜、微博はまたしても〈女権之声〉アカウントを凍結し、本書が発刊される時点でも依然それは続いている。今回は、フェミニスト活動家たちが中国内外（たとえばニューヨークのセントラルパーク）でカーニバルのようなカラフルな衣装を着て、ロシアの過激パンクロック集団〈プッシー・ライオット〉を思わせるマスクをつけ、〈葬式と再生の儀式〉よろしく、「フェミニズムは死せず！」、「フェミニズムは不死！」などと書かれた旗を振って踊っているところを撮影して、それを投稿した。

「女性である私に、国はない。女性である私に、国はいらない。女性である私にとって、国は全世界である」呂頻はヴァージニア・ウルフの言葉を引用する。中国人フェミニストは、中国にいるにしろ、米国にいるにしろ、ほかのどこにいるにしろ、国境を越えて同盟を組まなければならない、と彼女は考える。さもないとフェミニスト運動は、先の見えない、障害だらけの年月を乗り越えられないだろう、と。中国当局がしだいに攻撃的になって、フェミニストのSNSアカウントを凍結したり、フェミニスト一人ひとりを追いつめたりするいま、フェミニスト運動をグローバル化し、「同時にあちこちの戦場で闘う」ことがとても重要だと考えている。

中国人フェミニストたちは、米国のほかにも英国、香港、台湾、カナダなど他国にも移住しつつある。武嶸嶸は二〇一七年の春に香港大学の法学部の修士課程への進学が決まったが、当初は中国当局が移動を認めなかった。彼女の故郷である山西省の公安部は、「現在も捜査中の違法案件」に関わっているという理由で、香港への渡航を禁じた。武が山西警察に行き、渡航禁止命令に異議を申し立てると、警官は彼女に言った。「学校に行くのはあきらめろ。何の意味がある？　おうちに帰っておとなしく暮らせ」

武は弁護士を雇って、山西省公安部の二つの地方事務局に対して訴訟を起こし、その後公安捜査官との議論を収録した写真やテキストを微博に定期的に投稿しつづけた。とうとう、二〇一七年九月に香港大学で彼女が履修する授業が始まった直後、当局が譲歩して渡航許可を出し、武は大学院生として出発できることになった。

王曼《ワン・マン》は香港大学で社会福祉学の修士号を取得しようとしているし、肖美麗をはじめとする一部のフェミニスト活動家たちも海外留学を考えている。そんなとき、二〇一八年四月に、北京大学が #MeToo 運動に従事する学生の一人を脅すという出来事が起きたが、同級生の多くや他大学の学生たちが、セクハラの訴えをそうしてつぶそうとする動きに抵抗を続けた。

中国でフェミニストが弾圧されたことで一部の活動家は留学したり、海外で仕事を見つけたりしたが、私がインタビューした、当局の追及を受けた活動家たちの中で運動をやめたいと言った人はごくわずかだ。二〇一七年、白菲《バイ・フェイ》は上海から北京に移住して、フェミニスト専門書店／図書館の設立をめざした。上海で人気の高かった、穎朱《イン・ジュー》が立ちあげてグロリア・ワンが経営していたフェミニスト書店／図書館『女書空間《ニューシュー・コンジエン》』は警察の強制捜査を受けて、二〇一六年に閉店していた。

広州はフェミニストの中心地になった。韋婷婷が、新たなNGO〈広州ジェンダー教育センター〉に加わるため、北京からそこへ移ってきたのだ。二〇一七年九月、韋は、中国のバイセクシャルたちの暮らしを記録したドキュメンタリー作品『バイ・チャイナ』を監督し、公開した。〝ジーナ〟も二〇一六年に杭州から広州に引っ越し、現在もフェミニストの組織化に深く関わっている。

女権五姉妹で最も名を知られている李麦子は、二〇一七年一〇月、エセックス大学で人権について理論と実践を学ぶ修士課程に入り、全世界をまわって講演活動もおこなっている。勾留後から熱心に学びはじめた英語で話すこともあるという。二〇一七年四月にニューヨークで一緒に朝食をとったとき、数か月間の予定で北京に戻ろうとしていた。私は、また逮捕される恐れがあるのに不安ではないのか、と尋ねた。彼女はいまも政府を批判する発言を続けているのだから余計に。英国の大学で修士課程を履修しようとしているので、中国政府が高度な教育レベルという点でも世界のリーダーだというイメージを発信しようとしているいま、あえて自分を逮捕はしないだろうというのが李の考えだった。

「いずれにしても、心配したって仕方がないよ。それにあたしは自分で自分を検閲するようなことはしない」

講演のために世界をまわってみて、李は世界じゅうの女性たちの問題と中国人女性の問題をつなげて考える大切さを学んだ。「中国で政治情勢が悪化しているのは、じつは世界的な傾向なんだ。たとえばロシアでも、プーチンの権力強化のために右派ポピュリストが扇動している。いま世界じゅうで民主主義の後退が起きてるんだよ。エジプト、インド、トランプ政権下のアメリカ、みんなそうだ」

李は、こうして表に出るようになった自分こそが、中国のフェミニズムについて世界に伝え、フェミニストの国際的な連帯を築く役目を担うべきだと考えるようになった。「これまで世界じゅうのフェミニスト・シスターがあたしたちに協力するため、オンラインでもオフラインでもたくさんの運動をしてくれた。もし国際的なつながりを構築できたら、将来的にたがいに助け合えると思うんだ。似たような問題にぶつかってる女性たちが世界じゅうにいる」

中国政府によるソーシャルメディアを使ったプロパガンダの手法がますます巧妙になり、

極端に国家主義的で外国人やムスリムを嫌う感情を、若者のあいだに広めている、と李は警告する。感化された人たちの一部は、中国の評判を傷つける言説を叩くためなら何でもする。そういう敵意に満ちた集中攻撃が見られたのが、楊舒平《ヤン・シューピン》という女性が二〇一七年五月にメリーランド大学で卒業スピーチをしたときのことだ。彼女はそこで、アメリカのクリーンな空気と民主主義を褒めたたえた。「空港を出て大きく深呼吸をした瞬間、自由を感じました……民主主義と自由は、闘って手に入れる価値のある新鮮な空気です」楊は聴衆に向かって言った。

楊のスピーチはネットに流され、何百万人という中国人が視聴した。そして、一部の人々はすぐさま彼女にこれでもかと誹謗中傷をぶつけた。『人民日報』がこの悪意ある国家主義的怒りの火に油を注いだ。「メリーランド大学の中国人学生の偏見あふれる卒業スピーチが酷評される」という見出しのもと、楊を個人攻撃する記事を掲載したのだ。記事は「中国の誤ったステレオタイプを強調している」と彼女を非難し、「……スピーチの中の嘘っぱちが人々の気持ちを傷つけ、国のイメージに泥を塗った」という一般中国人の怒りのコメントを引用した。

『人民日報』の攻撃が微博ユーザーを堰き止めていた水門を開き、これまで以上に性差別的な誹謗中傷がどっと寄せられた。「奴隷並みに人の足を舐めるのがうまい女だ。中国にわざわざ戻ってこなくていいぞ。わが母国にはおまえみたいなビッチは必要ない」。楊はこうした敵意ある反応に「ひどく不安になり」、微博に謝罪のコメントを投稿した。「心から謝罪するとともに、みなさまのご理解をいただきたく存じます。深く反省し、今後けっしてこのようなことはいたしません」

政府が画策するオンラインの過激な国家主義はしばしばミソジニーまみれの誹謗中傷の形をとり、中国人フェミニストをわざわざ選んで、裏切り者の〝非国民〟呼ばわりする、と李麦子は言った。「フェミニストは叩かれ、人々に反乱を起こさせようとする〝外国勢力〟だと中傷される。この種の国家主義は将来もっとひどくなる恐れがある。あたしたちはいよいよ追いつめられてるんだ」。政府は〝フェミニスト〟を政治的に危険な、見つけしだい非難していい単語だとまんまと位置づけ、フェミニストだと宣言した女性は誰でも、悪質で性差別的な罵詈雑言をネット上で徹底的に浴びせられることになるのだ。

皮肉なことに、政府がフェミニスト活動家を弾圧する一方で、大企業は市場でフェミニズムが持つパワーに気づきはじめ、女性のエンパワメント——もちろん政治的な意味で——を表現するブランドを使って、中国という高いポテンシャルを持つ巨大市場に乗りだしはじめた。

たとえば二〇一六年、日本の化粧品ブランド〈SK－Ⅱ〉の、結婚に抵抗する〝剰女《ションニュー》（売れ残り女）〟をテーマにしたエモーショナルなCMは、中国であっという間に広まり、公開して最初の数日間だけで数百万人の視聴数を稼いだ。『婚活マーケットを乗っ取ろう』と題したこの宣伝動画は、無理にでも結婚しなければならないという常識とは別の生き方としてシングルライフを楽しんでいる、実際の女性たちを取りあげている。（じつを言うと、私はこの動画を制作した広告代理店〈フォースマン＆ボーデンフォース〉の顧問をしている。とはいえ、このＳＫ－Ⅱの動画のことは聞いていなかった。）ネット上で活躍するコメディアン〈パピちゃん〉も二〇一六年にポップカルチャー・フェミニストとして注目を集め、微博で二五〇〇万フォロワーを誇るだけでなく、風刺を使った〝セルフメディア化（自媒体《ズーメイティー》）〟動画で企業から数百万ドルもの資金調達に成功した。その動画は、中国社会の性差別的ダブルスタンダードを茶化すものだ。

エンターテインメント業界も、伝統的なジェンダー規範に挑戦する音楽や映画を求める若い中国人女性に商機があると気づきはじめた。中国でいま最も人気のあるポップスターは李宇春《リー・ユーチュン》（クリス・リーの名でも知られている）という女性で、ベリーショートの髪型にだぶだぶのパンツスタイルという中性的なイメージで売りだし、英『ガーディアン』紙によれば、「伝統に歯向かう」のが好きだと話しているらしい。彼女の二〇一六年のアルバム『野蛮生長《イエマンションジャン》』は発売直後の一六日間で、ビヨンセの『レモネード』が一年間で売れた枚数を超えてしまったという。彼女はまた〈ロレアル〉や〈グッチ〉と契約を結び、二〇一七年には〈ディーゼル〉のブランド・アンバサダーになった。

李宇春に続いて登場した中国の最新のジェンダーフルイド〈時間の経過や状況に応じて変化する性〉

のバンド〈Acrush〉〔いまはFANXYREDに改名〕——五人の若い女性たちで構成されるが、〝ボーイズ・バンド〟と名乗っている——は、二〇一七年四月にファースト・シングルを発売する前でさえ、すでに微博で七五万人以上の熱烈なファン（ほとんどが女性）にフォローされていた。Acrushの〈A〉はギリシア神話のアドニス〔〝美しい男性〟の代名詞でもある〕の頭文字を表しており、ニュースメディアに掲載されたバンドのデビュー記事によれば、これは、中国の主流メディアが押しつける甘ったるい女性らしさのスタンダードを毛嫌いする都市部の若い女性たちを惹きつけようとする、所属ポップ音楽事務所〈浙江話題カルチャーメディア〉の戦略の一環らしい。〈浙江話題カルチャーメディア〉は、一般的な社会規範からはずれた、ジェンダーフルイドなバンドのイメージに合う若い女性タレントを探すため、全国規模のオーディションをした。「彼女たちはカジュアルな男の子の格好をするのを楽しんでいるし、自分から男の子みたいに歌おうとしている」CEOの天王海《ワン・ティエンハイ》は『ガーディアン』紙にそう語り、政治的な意味はいっさいないと主張した。

バンドのヒップホップおよびラップ風のデビューシングルは、なんと『行動派《シンドン・パイ》』という題名だ（とはいえ、のちに英訳は『行動《アクション》』に変更された）。ミュージックビデオには、髪を短く刈りこみ、革ジャンとパンツ姿（一人は野球帽風のキャップを前後逆向きにかぶっている）の五人の女性が現れ、股をつかむようにしてダンスする様子が流れる。社会や国が押しつけてくる壁を壊せ、という内容のあちこちに、中国のフェミニスト活動家の言葉の影響が見て取れる。

これ以上、無意味な存在でいるのがいやなんだ……
このラベル、どうしたら剝がせる？
そうすれば、好きなように生きられるのに……
こんな弱い自分に我慢しつづけるのは耐えられない
行動派になって戻ってこよう！……

メンバーの一人、二一歳の陸柯燃《ルー・コーラン》は、かつてよく男の子みたいな見た目のせいで女子トイレから追いだされたことがあり、『ガーディアン』紙にこう語った。「私たちがファンに伝えたい大事なメッセージは、自分に正直になるのが大切だってことだ」。一八歳から二四歳までの五人のメンバーを愛をこめて〝美青年たち〟と呼ぶ女性ファンたちは、メンバーが登場すると悲鳴をあげ、興奮の涙を流す。

それでも、この五人はおおやけの場で自分の性的指向を話すことを禁じられていると聞き、中国の政治環境の締めつけがいかに厳しいかつくづく実感させられる。中国人フェミニスト研究者のディ・ワンは、中国の #MeToo 運動に何千人もの人々が参加し、セクハラをみずから糾弾しようとする人が一般に増えていることが示されたのは事実だが、「サバイバーが自分の性的指向や性自認、ジェンダー表現を気持ちよく明らかにできる、協力的な場所はまだない」と指摘する。

それでも二〇一二年には映画市場として世界第二位の規模を持つようになった中国で、女性のエンパワメントをテーマにした映画が記録的な興行収入をあげる兆しが見えている――中国政府が規制をやめてくれさえすればだが。二〇一七年五月に中国で公開された『ダンガル　きっと、つよくなる』は実話をもとにしたボリウッド映画〔インド・ムンバイで製作される映画全般をさす言葉〕で、二人のインド人女性が父親の特訓を受けてレスリングのチャンピオンになるというサクセス・ストーリーだ。娘の一人ギータは、女の子だからといって自分をいじめた少年たちをやっつけてしまう。そして、成長したあかつきには、英連邦競技大会コモンウェルス・ゲームズのレスリング競技でインド女性で初めて金メダルを獲得する。映画は大ヒットを飛ばし、一〇月には約二億ドルを稼ぎだして、中国市場最高の興行収入をあげた映画の一つとなった。ニテーシュ・ティワーリーが監督したこの作品は、性差別的ダブルスタンダードや若い女性が結婚を強要されるなど、中国と似たようなインドのジェンダー・ステレオタイプに抵抗する女性レスラーたちを描いている。

二〇一七年六月には、ワーナーブラザース／DCのスーパーヒーロー・ムービー『ワンダーウーマン』が中国で公開され、一〇月までに全世界の合計興行収入のほぼ四分の一に当たる九億ドル以上を稼いで、それまでのところ、中国が米国に次ぐこの映画最大級のマーケットとなった。『ワンダーウーマン』はパティ・ジェンキンスという女性が監督した、女性のスーパーヒーローを主役にしたハリウッドで初めての大作で、『ガーディアンズ・オブ・ギャラクシー』や『マン・オブ・スティール』といった、ほかの男性スーパーヒーローものが中国で公開直後の週末に稼いだ興行収入額をもしのいだ。『中国日報』によれば、中国の映画会社〈テンセント・ピクチャーズ〉と〈ワンダ・ピクチャーズ〉もこの映画に投資したらしい。

二〇一七年六月、鄭楚然は〈女権之声〉に『ワンダーウーマン』を観た感想を含む興味深い記事を書いた。この映画は、たとえばワンダーウーマンであるダイアナのセクシーさを強調しすぎていたり、男性主人公とお決まりの恋愛関係になったり、多くの点でフェミニストの期待を裏切った、と批判した。しかし、私が心をつかまれたのは彼女の記事の後半で、それはまさにフェミニスト宣言になっていた。それまで映画の大きな欠点について述べていたにもかかわらず、鄭は主人公の半神半人のダイアナを自分と重ねはじめる。〝人間〟の果てしない残虐さと戦うダイアナに同情の涙を流し、人類を破壊から救おうとする彼女の純真な希望が崩れたとき、同じ苦い失望を味わう。「私もやはり、熱烈な理想主義に燃えるフェミニストだ。女性を解放し、ジェンダー平等を願い、あらゆる抑圧や残酷な扱いからすべての人を救いたい」と鄭は書いている。

彼女は、ダイアナの自分探しの闘いと、中国で当局に追われたフェミニスト活動家としての経験を比較して、社会は思っていたよりはるかに野蛮なのだと気づいて恐怖し、世界からミソジニーに満ちた醜い暴力を消し去ることなど本当に可能なのかと自問自答する。

この数年、本当に多くの人たちが私に尋ねてきた。私たちの理想の目標って正確にはいったい何？　社会主義？　資本主義にもとづいたリベラルな民主主義？　フェミニストのユートピア？　ダイアナは半神半人だが、それでも戦争の暴虐に終止符を打とうとしながら数々の過ちを犯してしまった。私たち「フェミニスト」はただの人間だ。それでいったいどうやって、この長く遅々として進まない唯一無二の正しい道を、私たちの力で世界に持ちこめるというのか？

女性たちがフェミニストとして目覚めるには、それぞれに独自の道のりがある、と鄭は述べる。それはゆっくりとした覚醒かもしれないし、打ちのめされるような苦しみの体験に促されたのかもしれない。新たな性自認や性的指向から気づきがもたらされる人もいるだろう。あるいは心に大きな傷を残す性加害の被害者もいるだろう。「私たちの覚醒には、深い痛みや興奮、恐怖がともない、その中から啓示が閃いて、抗いがたいパワーとともに真実が降りてくるのだ」

勾留を解かれたあと、鄭は他国の女性運動についてあれこれ読み漁った。二〇一七年八月、ロシア南部の黒海近くで野営し、フェミニズムについて話し合った五人の女性たちが警察に逮捕され、取り調べを受けた。ロシア警察は、今後いっさい〝過激派〟活動には従事しないという宣誓書に署名をさせてから、ようやく女性たちを釈放した。メキシコでは、女性の権利を求めた数十人のフェミニスト活動家が、報復として無残に殺害された。アルゼンチンでは、二〇一五年の大規模な抗議行動のあと一連のフェミサイドが起き、女性運動が再び活気づいた。ブラジルでは、アルゼンチン以上に残酷なフェミサイドがいくつも起き、たとえば二〇一八年三月にリオデジャネイロで、黒人でレズビアンでフェミニストの地方議会議員、マリエル・フランコが暗殺された。そしてもちろん、米国ではドナルド・トランプが大統領に選出された。

二〇一七年一二月に鄭楚然が初めてニューヨークを訪れたとき、私は彼女と活動家の梁小門とともに、トランプタワーの外でおこなわれた性暴力サバイバーのための #MeToo 抗議集会に参加した。私たちはまた、ほかの数人の中国人フェミニストや、エジプト系アメリカ人でフェミニストのモナ・エルタハウィ（著書『*Headscarves and Hymens: Why the Middle East Needs a Sexual Revolution*（ヘッドスカーフと処女膜：中東になぜ性革命が必要なのか）』）と一緒にディナーを囲んだ。二〇一一年のエジプト革命のとき、モナはエジプトの治安部隊に拘束され、暴力や性的暴行を受けて、左腕と右手を骨折した。その後モナは「生き延びたことを祝って」両腕にタトゥーを入れた。彼女は鄭にそれを見せた。その一つは古代エジプトの女神セクメトという復讐と性をつかさどる神であり、「どちらも私に必要だから」とモナは言った。モナの加害と癒しの物語を聞いたあと、鄭は涙を流しながら彼女を長いこと抱きしめていた。

「世界じゅうのフェミニストたちがそれぞれの闘いをしているけれど、危機に見舞われたときにはいつも、ともに立ちあがり、たがいに助け合う」鄭は別の機会に会話したときにそう言った。「権威主義や縁故資本主義は世界じゅうでつながり、どんどん強力になっていく。だから私たちフェミニストも力を合わせないと、敵の力でばらばらにされてしまう」

しかし、鄭はよく共産党を茶化してはみせるが、彼女も、私の知るほかのどのフェミニスト活動家も、政府の転覆は求めない。「共産党が崩壊したらどうなるかって人はよく話すけど、たとえ共産党が敗れても、私たちは依然として男性優位主義のリーダーたちや父権制と闘っていかなきゃならない」と鄭は言う。「私たちは遠い将来を見据えて、力を蓄えておかないと」

中国人フェミニストの中には――資本主義はその性質上、女性を食い物にするようにできている、と考える鄭を含む――女性に対する抑圧と闘おうという自分たちの本来過激なメッセージが、消費者フェミニズムという、政治とは無関係な形で企業に勝手に利用されていることを嘆く者もいる。しかし呂頻は、そんなふうに中国で企業がフェミニズムに新たな関心を寄せることが、逆説的に政治運動の維持にも役立っていると論じる。「企業が巨大市場でフェミニズムを利用して利益を得ることは、中国のフェミニズムにとって、必ずしも悪いことじゃないと思う」と彼女は言う。「政府が私たちを黙らせようとしても、「企業が担ぐフェミニズムが」私たちのメッセージを拡散させ、女権についての議論を広めてくれるかもしれない」そして彼女は〈水清ければ魚棲まず（水至清則無魚《チージーチンゾーウーユー》）〉という中国のことわざを持ちだした。つまり、運動は純粋なイデオロギーだけでは続かない、ということだ。「どんな組織も一〇〇パーセントフェミニストというわけではないし、自分では何もせずに他人の批判ばかりしている知識人だけでは革命は起こせない。だって連中は妥協したり、他人と協力したりできないから。活動家は現実世界で行動し、現実の問題を解決しなきゃならないのよ」

呂頻は、フェミニスト弾圧は〈外松内緊《ワイソンネイジン》〉だと表現する。つまり当局は、対外的には、たいして抑圧的なことはしていないかのような印象を与えながら、国内のフェミニスト運動を完全につぶそうとする、ということだ。今後の闘いはきわめて難しくなるだろうと彼女は予想していて、共産党と関係を持たないフェミニスト活動家全員が地下活動を余儀なくされるかもしれないと言う。

「でも、活動を敵より長生きさせないと」呂頻は言う。

二〇一八年四月に本書を書き終えたとき、中国で生まれたばかりのフェミニスト運動がこれからも存続できるかどうか予測はできなかった。長い目で見れば、フェミニズムは徐々に勝利を収め、社会はより開かれていくだろう。いまから何年も経ったあと、女権五姉妹の逮捕拘束は、共産党の家父長制的権威主義に対する組織的抵抗の歴史の中で、大きな転換点だったことがわかるかもしれない。

中国の男性支配者たちは、独裁政権の将来にとってジェンダー抑圧がきわめて重要だと考えていて、だからこそ、女性自身がみずからの体と生殖を管理することを求めるフェミニズムは、中国がめざす、優生学的な観点で人口を増加させようとする人口計画とは真っ向から対立する。中国の人口問題は今後ますます厳しくなり、共産党の維持存続の闘いにも不安要素が増えることを考えると、フェミニズム弾圧はさらに激しさを増すだろう。

実際、フェミニズムへの反発は中国だけでなく、世界じゅうで高まっている。人権団体〈フリーダム・ハウス〉によれば、台頭する中国に対して米国が世界のリーダー役を下りたいま、ロシア、ハンガリー、トルコといった国々でミソジニーにまみれた独裁者たちが女性の権利を剝奪しようと躍起になっており、二〇一七年はこの数十年で最も民主主義が危機にさらされているという。

この危機の時代にあって、私たちは中国および米国を含む世界じゅうで広まる権威主義にどう対応すべきなのか？　まずは家父長制と闘おう。それにはフェミニスト活動を支持し、女性の権利を勝ち取ることが、民主主義的自由を脅かすミソジニーの圧力を止める最適な方法だ。

本書の幕開けとなった曲、『全女性たちの歌』のミュージックビデオの中で、鄭楚然は中国南部の海岸でサンダルを手に持ち、裸足で立っている。波がそばで砕け、白い泡の跡を残して消えるあいだ、彼女は抑圧から自由になりたいと歌う。ビデオは北京、杭州、広州にいる五人のフェミニストを交互に映し、女性たちは抑圧に負けずに立ちあがる歌をうたっている。

私たちは、世界は平等だと信じている
これは自由と自尊心の歌
あなたも仲間に入らないか
一緒にいつまでも闘って権利を勝ち取ろう
もう怯えずに外に出たい
ハラスメントを受けずに美しさを求めたい

公安の厳しい監視を受けながら、女権五姉妹は自分たちの潔白について、恐ろしい男性襲撃者について歌う。

眠りから目覚めて、彼を捕まえよう
罪を犯したのは私じゃない

韋婷婷と王曼は、北京の青々とした竹林の中で、ユーモアのセンスがない、お上品ぶった
かわいくない女、という性差別的な典型的フェミニスト像を否定する。

私はあなたに品定めされるためじゃなく
自分のために歌う

武嵘嵘は広州の緑あふれる公園で歌う。

私にはすてきな夢と
心から願う願望がある

曲は、並んで座る鄭楚然と李麦子がにこにこしながら、精神の解放を祝って終わる。

疑いやからかいに負けず
困難が私を強くした

匿名のインタビュアーが、盛りあがるメロディをBGMに、勾留後の暮らしについて尋ね、若き活動家たちは自分のことや、彼女たちを追及した公安のことを冗談のタネにする。

「失業しちゃったから、毎日家でぼうっとしてる」と韋は言う。

李はパスポートを没収されたことと失業について冗談を言う。

「早く容疑を解いてよ！　いつになったらパスポートを返してくれるの？」

鄭は真顔で皮肉を言う。「私の人権団体も閉鎖されちゃったから、仕事を変えたんだ。いまじゃ、しがないビジネスウーマンだよ」

ビデオは、連帯に喜びを見出し、弾圧者の言いなりになるのを拒む、笑っている五人の女性たち全員のスローモーションのモンタージュで終わる。画像が消えて黒い画面になる前、女性たちは腕を曲げ、Vサインを振る。李がカメラをまっすぐに見て、絶対的な自信をこめて宣言する。「中国のフェミニスト運動はどんどん大きくなっていくと信じてる」

家父長制の敵とされる李麦子、鄭楚然、韋婷婷、武嵘嵘、そして王曼は国じゅうの女性たちに向かって歌う。「眠りから目覚めて！」と。彼女たちは歌ううちに、日常にずかずかと踏みこんできた公安捜査官の横暴に打ちのめされてしまう普通の人間から、弾圧に抵抗しようと女性たちに呼びかける復讐の天使に変身する。世界最強の権威主義政権とずっと対峙してきたが、それでも持ちこたえ、これまでのところ勝ちぬいている。政府の抑圧にもかかわらず、女権五姉妹は輝かしき伝説となり、伝説の鳥、精衛さながら舞いあがって、たとえどんなに時間がかかっても海を埋めようと心に決めている。

謝辞

私に話をしてくれたすべての人々に感謝を。あなたがたがしてくれたことに正しく報い、中国史上かくも複雑な時代をなんとか理解できていることを願うばかりだ。とくにお世話になったのは、呂頻、鄭楚然、李麦子、武嶸嶸、韋婷婷、王曼、テレサ・シュー、陸軍、肖美麗、張累累、猪西西、〝ジーナ〟、劉巍、袁莉、馮媛、梁小門、韓東方である。本書に名前を挙げた方々は、中国のフェミニスト運動に携わる人たちのほんの一部で、今後もっと大勢の著者がこの運動について取りあげてくれることを望む。

私の誠実な編集者、オードリー・リムに感謝する。本書の重要性を認識し、よりよい原稿にするため想像力豊かなアイデアを出してくれた。ヴァーソウ・ブックスのチームにもお礼を申しあげたい。とくに原稿整理編集者のサラ・グレイ、制作担当編集者のダンカン・ランスラム、公報担当のエミリー・ジャナキラム、米国マーケティング部長のアン・ランバーガーに感謝を。

寛大にもアイリーン・チョウが初稿と最終稿を読み、貴重なコメントをくれたのは幸運だった。内容の一部に目を通し、示唆に富むコメントをくれたリサ・エストリークにも感謝している。

コロンビア大学の二〇一六年メロン客員教授職に私を推薦してくれたドロシー・コーには恩義を感じている。私はそこでこの本の着想を得たのだ。二〇一六年三月に私を講演に呼んでくれたコロンビア大学ウェザーヘッド東アジア研究所に感謝する。そこで「習近平時代のジェンダーおよび社会管理」という講演をし、中国の家父長制的権威主義について初期構想を発表した。

私を信じてくれたエージェント、マリシア・ジャスチャキヴィッチに心から感謝する。モナ・エルタハウィにもお礼を申しあげる。彼女はこの本を執筆する私を熱心に励まし、不安を消す方法を教えてくれた。レベッカ・カールもどうもありがとう。あなたの学識はすばらしく、この仕事に対する支援も忘れがたい。

本書の一部は、さまざまな媒体で私が書いた記事が元になっている。二〇一八年の『ワシントン・ポスト』紙に特集記事「習近平の権威主義的権勢を支える中国における性差別」を書いたときの編集者、カレン・アタイアに、そして二〇一八年『ニューヨーク・タイムズ』紙の特集記事「〈一人っ子政策〉が廃止された中国で、なぜ中国人女性はもっと子供を持とうとしないのか?」を編集してくれたステファニー・ジャイリーに感謝する。二〇一八年米国公共ラジオ《NPR》ホームページに「#MeToo 運動の口封じをしようとする中国」という特集記事を書いたときの編集者、ハンナ・ブロックとアレックス・レフに礼を言う。『ディセント』誌二〇一六年秋号に「中国の女権五姉妹」という記事を書いたが、私に声をかけてくれたカーヴァ・アソーカとサラ・レナードに感謝する。『ガーディアン』紙で二〇一六年に書いた特集記事「中国人フェミニストに刺激を受けて、トランプに抵抗した女性たち」の編集者、アナ・リーチに感謝を。『*The Wiley Blackwell Encyclopedia of Gender and Sexuality Studies*』で「フェミニズム、中国」という項を担当させてくれた編集者ナンシー・ネイプルス、ありがとう。そして『ディセント』誌で、二〇一三年に私の記事を採用してくれたジェフリー・ワッサーストロムに感謝を。

中国のフェミニスト活動についてすばらしい報告書を書いてくれたディディ・カースティン・タトローにはとても感謝している。それはきわめて重要な資料となっただけでなく、すばらしい反ＤＶ活動家キム・リーのことも紹介してくれた。私が博士課程の研究をおこなっていた、清華大学社会学部の全担当教授に感謝する。WAGIC.com の共同創始者で編集者でもあり、旧 Twitter アカウント @halfthesky49 のシェイ・キーホウにも礼を言いたい。

この中国に関する本を書きながら、もうやめてしまおうかと思うたびに、たくさんの人がさまざまな形で支えてくれた。とくに以下の人たちに感謝する。ステファニー・クレイン＝

アールブラント、オスカー・アルカンタラ、テッド・アンソニー、アレック・アッシュ、バオ・プー、アンジー・ベッカー、ソフィー・ビーチ、サラベス・バーマン、ビル・ビショップ、ローレル・バウマン、タニア・ブラニガン、アダム・ブルックス、ジュリア・ブロサード、メリンダ・ブッシュ、メリッサ・チャン、ユアン・チャン、エレイン・チェン、チェン・ヤーヤ、ルネー・チアン、ファライ・チデヤ、マイク・チノイ、ジョアンナ・チウ、レノーラ・チュー、クリフォード・クーナン、ヘザー・クロス、キャス・カミンズ、マウラ・カニンガム、デボラ・デイヴィス、ランジータ・デ・シルバ・デ・アルウィス、ジュリア・ファムラーロ、メイ・フォン、ハワード・フレンチ、ポール・フレンチ、ミシェル・ガーノー、ボニー・グレイザー、ジェレミー・ゴールドコーン、ホルヘ・グアハルド、ポール・ヘノル、エリザベス・ヘノル、ジェーン・ヘイワード、ゲイル・ハーシャッター、アルバート・ホー・チュン＝ヤン、ハンソン・ホン・フィンチャー、マーラ・ヒヴィステンダール、デニス・ヘイランド、スージー・ジェイク、サラ・ジョーンズ、ジャン・キーリー、デボラ・クリシャー＝スティール、スザンヌ・クアイ、カイザー・クオ、シアミン・クワ、エリザベス・ラクチャー、インディラ・ラクシュマナン、クリスティナ・ラーソン、スーザン・ローレンス、チン・クワン・リー、キム・リー、ルイーザ・リム、リディア・H・リウ、ジョナサン・マン・ホー＝チン、ルー・ミアオキン、クリスティー・ルー・スタウト、メリッサ・ルドケ、エリザベス・リンチ、ダーシー・マッケイ、レベッカ・マッキノン、エヴァン・メデイロス、ジュディ・メリネク、トレイ・メネフィー、カール・ミンズナー、T・J・ミッチェル、デヴィッド・モーザー、タマラ・ノッパー、ブレンダン・オケーン、エヴァン・オスノス、アイリーン・オーティス、マリン・オウド、ジェームズ・パルマー、パン・ユエ、ブレンダ・ピッツ、ヴィヴィアン・ポン、オリヴァー・ラドケ、メリッサ・レイワース、マゲーナ・レイマース＝フィンチャー、ソフィー・リチャードソン、バーニス・ロメロ、ロバート・ラトレッジ、パオラ・サダ、サラ・シェイファー、デヴィッド・シュレージンガー、アンドリュー・シャウ、ペギー・シャウ、ジューン・シー、ヴィクター・シー、クリストフ・シュタインハルト、ダーモット・タトロウ、ノラ・テハーダ、ケイト・スレルフォール、カーク・トロイ、ケリー・ツァイ、アン・タムリンソン、コリーン・ヴィグニエル、グロリア・ワン、アリス・ウォン、ミンキー・ウォーデン、ワン・ヤージュエン、ヤン・ホンジュン、シャーロット・ヤン、シュー・シー、ゼン・ジンイエン、ティアンキ（キキ）・ジャオ、イン・ジュー。

〈チャイニーズ・フェミニスト・コレクティヴ〉には心から感謝したい。〈ヒューマン・ライツ・イン・チャイナ〉の女権五姉妹逮捕に関する出来事のタイムラインは、とても役に立った。また、私の一冊目の著書『*Leftover Women: The Resurgence of Gender Inequality in China*』の講演のために私を招待してくださったみなさん、それに参加してくださったみなさんにお礼を申しあげたい。SNSで私について言及したり、著作を支持してくださったりしたみなさんにも感謝する。

まさにフェミニストのパイオニアでありつづけた母ビヴァリー・ホン＝フィンチャーに感謝する。いまは亡き父ジョン・フィンチャーにも感謝を。

私にたくさんの喜びをもたらしてくれる子供たち、エイダンとリアムにもありがとうと言いたい。成長する過程で、世界を少しでもよくする努力を続けてくれると嬉しい。

最後に、夫マイク・フォーサイスにお礼を。適切な編集作業、励まし、友情、長年変わらぬ私への信頼に感謝を捧げたい。

解説

阿古智子

恋愛、進学、結婚、出産、育児、仕事など、人生の重要な節目の選択を自ら行うために、中国の女性たちは闘い続けてきた。しかし、その度に国家の決定に振り回され、家庭の不当な介入に遭い、社会の圧力に押しつぶされそうになり、何度も挫折を味わった。

私は農村調査で一九九〇年代から中国の数多くの農村を訪れているが、村民委員会の黒板には、各家庭の子どもの数や女性が避妊手術をしたかどうかまで、プライバシーなど省みることなく、堂々と書かれていた。多くの強制的な中絶手術が残酷な形で行われ、一人っ子政策に違反して生まれた子どもは「黒孩子《ヘイハイツ》」（闇っ子）とされ、戸籍が与えられなかった。捨てられ、あるいは売られて、孤児院や業者の手に渡った女児は数えきれない。

一方、望まない中絶をしなければならなかった私の友人の友人は、その数ヶ月後に、出産を促進する政策が出され、大きなショックを受けた。四川地震や新型コロナなど、大規模な災害や感染症の流行で多くの死者が出た際には、唯一の子どもを亡くした親たちが一人っ子政策を恨んだ。

中国政府は一九七九年から二〇一四年まで厳しい産児制限を課していたのだ。それが今や、急速な人口減少に歯止めをかけるのに必死だ。少子化対策を担う国家衛生健康委員会は二〇二四年一〇月、SNSで「女性が子どもを産む四つの大きなメリット」と題した文章を投稿し、出産が子宮筋腫の発生率を下げ、妊娠に卵巣がんの発症を防ぐ一定の作用があると述べた。さらに、中国では妊婦は物忘れしやすいと言われているが、「妊娠は女性を賢くさせる」とまで記した。あまりにも滑稽で自分勝手な論理だと、女性たちを中心に批判の声が上がった。

本書のタイトルである「フェミニスト・ファイブ」（女権五姉妹）、つまり、李麦子、鄭楚然、韋婷婷、武嶸嶸、王曼の五人のフェミニストたちは、男女平等を、家庭内暴力に対する法律の整備を訴え、LGBTQの権利のためのパフォーマンス・アートを実践していたが、公共交通機関でセクハラに対する抗議を計画していた二〇一五年の国際女性デー（三月八日）の前夜、一斉に拘束され、一ヶ月以上にわたって勾留された。

草の根のフェミニズム運動

中国における草の根のフェミニズム運動は、一九九五年に北京で開催された世界女性会議がきっかけとなり、飛躍的に高まったと言われている。元『人民日報』記者の馮媛らによる反DVネットワーク〈反家暴ネットワーク〉、〈北京為平婦女権益機構〉、元『中国婦女報』記者の呂頻らによるメディア監視機構〈女権之声〉（二〇一八年閉鎖）、元国家経済体制改革委員会職員のレズビアン・アクティビスト何小培《フー・シャオペイ》らによる〈粉色空間文化発展中心〉などが設立され、ジェンダーに関する研修や講座、シンポジウム等が活発に行われるようになった。

当時、中山大学で教鞭を取っていたドキュメンタリー作家の艾暁明《アイ・シャオミン》らの演出が評判を呼んだインディペンデント演劇『ヴァギナ・モノローグス』（陰道独白）は、中国の多くの都市だけでなく、ニューヨークやロンドンでも上演され、女性と身体の権利についての議論の輪が広がっていった。そこには、トランス女性、性暴力被害者、セックスワーカーも参加し、男児出産を求められる農村女性、母親世代の人口抑制政策下のIUDの経験、性別移行の経験などをテーマにしたアクティビストの実践が語られた。

フェミニスト・ファイブらが男女トイレの便器の比率の不公平、オールジェンダーやバリアフリートイレの不足に抗議するため、広州市で男子トイレを占拠したのは二〇一二年のことだった。同年一二月一日の人権デーには、肖美麗らが血糊で染めたウェディング・ドレスで〈血濡れの花嫁〉のパフォーマンス・アートを行い、各地の公安局にDVに対する政策立案を求めた。

二〇一三年には、海南省で小学校校長と住宅管理局の職員が六人の女児をホテルに連れ込んだという事件で、アクティヴィストの葉海燕《イエ・ハイイェン》が「ホテルに行くなら私を呼んで。小学生には手を出すな」と記したプラカードで自撮り運動を展開した後、逮捕される。艾暁明は「ホテルに行くなら私を呼んで。葉海燕には手を出すな」と発信し、肖美麗は抗議の「フェミニスト・ウォーク」で北京から広州まで、二三〇〇キロあまりを歩いた。

同年、郭晶《グオ・ジン》が中国で初めて就職の性差別訴訟で勝訴を勝ち取り（のちに郭晶は、新型コロナのロックダウン下の武漢での経験をまとめた『武漢封鎖日記』を出版）、二〇一四年に女性労働労働者の権利保護団体〈尖椒部落〉（二〇二一年閉鎖）が設立され、職場でのセクハラや就職差別、結婚や出産への圧力といった問題に取り組んだ。

二〇一五年には反DV法が可決されるが（二〇一六年三月施行）、「女権五姉妹」が警察に拘束され、フェミニスト団体は相次いで閉鎖に追い込まれていく。国家新聞出版広電総局はドラマなどで同性愛を取り上げることを禁止した。

#MeToo 運動の広がり

本書が出版された二〇一八年には、ＥＭＳ（電子機器の受託製造サービス）世界最大手の富士康《フォックスコン》の工場でセクハラ防止制度の創設を求め、#MeToo 運動（中国語では近い発音の漢字を組み合わせ「米兎」運動と表現）が広がりを見せた。近年私は、自分が長く取り組んできた中国の市民社会の研究との関わりで、#MeToo 運動やフェミニズムに注目し、本書に登場する女性たちを含む多くの中国人フェミニストと関わっているが、女性たちがなぜ怒り、抵抗を続けているのか、その歴史的経緯や社会的背景を、本書を読むことで一層明確に理解できた。本書がカバーする時期の後になるが、二〇一八年の #MeToo 運動に関係する事件の一部を、ここで少し紹介しておこう。

まずは、北京航空航天大学・陳小武教授による大学院卒業生・羅茜茜（二〇一一年博士課程修了）に対する性暴力である。本件は、一二年後の羅茜茜の告発について、大学がその事実を認定する形となった。陳小武は十数年間にわたって少なくとも七人の女子学生にセクハラを行い、そのうちの一人を妊娠させたという。羅茜茜が二〇一七年一〇月に大学に連絡した当初、大学の反応は鈍かったが、彼女が名前を明かして行った投稿がネット上で拡散し、『人民日報』が世間に訴えた彼女の決断を支持する論説を掲載すると、大学は直ちに対応したのである。

北京大学・瀋陽教授の性暴力は、二〇年後の李悠悠（一九九五年北京大学入学）の告発によって大学が対応する形となった。瀋陽は李悠悠の親友である高岩に性暴力を行った上、彼女を精神病だと中傷し、一九九八年三月に自殺に追いやったという。これに対して北京大学は再調査を決定し、瀋陽がその後異動した南京大学も専門のワーキンググループを設置して調査し、瀋陽に辞職を勧告した。

同じく二〇一八年には、性暴力被害者の李奕奕（当時一九歳）が甘粛省慶陽市西峰区にある百貨店の八階から飛び降りて自殺した。加害者を適切に処罰しなかったとして関係当局は、激しい批判を浴びた。二〇一六年九月の高校三年生一七歳の時、李奕奕は担任・呉永厚からセクハラ行為を受け、両親は学校を提訴したが、二〇一七年五月の呉永厚への処罰は一〇日間の行政拘留だけで不起訴処分となっていたのだ。李奕奕は四回も自殺未遂を繰り返したという。李奕奕の自殺後、市の教育局は呉永厚の教師の資格を取り消したが、それにもかかわらず、呉永厚は同じ学校で教師を続けていた。二〇一八年八月になって一転、検察は呉永厚を公訴した。二〇二〇年四月、強制猥褻罪で懲役二年、刑期終了後も三年間は教育事業、未成年と接触する仕事に関われないという判決が下された。

「弦子」のニックネームで知られる周暁璇が、中央電視台（ＣＣＴＶ）の人気キャスターの朱軍からセクハラの被害に遭ったことを告発したのも二〇一八年だった。二一歳のインターンだった二〇一四年、弦子はＣＣＴＶの番組「芸術人生」のインターンをしていた。その司会者の朱軍から更衣室でセクシュアル・ハラスメントを受けた弦子は、恥辱感ですぐに助けを呼べなかった。しばらくして、大学の教員、ルームメイト、弁護士らと共に警察署に出向き、訴状を提出したものの、警察は「朱軍は有名人だから、あなたに起きたことを話すと彼のファンである視聴者を失望させ、ＣＣＴＶに恥をかかせることになる」と述べ、弦子が訴えを取り下げるよう両親を説得しようとした。当時、公安が本人確認のために撮影したワンピースの行方はわからなくなり、裁判所は楽屋の外の廊下に設置された監視カメラの映像の証拠としての使用を認めず、公開審理を拒否した。そして、朱軍は法廷に一度も姿を見せなかった。

強化される統制、根強い家父長制的支配

二〇一九年に香港で逃亡犯条例改正案に反対するデモが盛り上がりを見せた後、二〇二〇年の国家安全維持法の施行で、香港、中国において一気に政府による統制が強化された。さらに、新型コロナウィルスの流行下で市民を監視するシステムが本格的に構築され、長期にわたるロックダウンを強いられた人々は心身を疲弊させ、生活の困窮や病気によって命を落とした者もいた。

そのような中で、街頭に出て社会運動を展開することはできず、大学のLGBTサークルの微博《ウェイボ》アカウントが一斉に閉鎖されるなど、インターネットを通しての活動も制限を受けたが、女性たちはあきらめずに行動を続けた。封鎖された街へ生理用品を届ける活動や、ステイホーム下でDVを監視する反DVミニワクチンアクション（反家暴小疫苗）がその一例だ。二〇二二年、八人の子どもを産んだと地元では表彰されている徐州市の家庭で、人身売買の被害者と見られる女性が首に鎖がつけられた状態で見つかった際には、ソーシャルメディア上に真相を明らかにしようとしない政府への憤怒の声が溢れ、関係当局による投稿の削除が全く追いつかない状況だった。

弦子のケースは二〇二二年に敗訴が確定した（ちなみに、弦子を民事訴訟で訴えたCCTVの朱軍は、二〇二三年九月に訴訟を取り下げている）。しかし、弦子は女性たちの抵抗と問いを、悔しさや傷とともに歴史に残そうとした。弦子を応援するために、第一審には何百人もの支援者が看板を掲げて裁判所の外で待っていた。弦子と支援者らのオンライン上でのやり取りに関して検閲が強化され、警察の取り締まりの強化もあり、第二審で裁判所に集まることができたのは一〇〇人以下であったが、それでもリスクを冒して全国から支援者が集まったことに対し、弦子は「中国では何年もの間起きなかった奇跡」と述べた。

彼女たちの言葉と行動は、水の滴りが川になるように、社会の不正義に抵抗するための流れを生み出していった。弦子をはじめとする性暴力の被害者たちは、#MeToo運動の数え切れないほどの支持者と友達になり、互いに支え合い、性暴力やジェンダー平等に関する意識向上を目指して活動を続けた。本書に登場する少なからぬ女性たちもこの運動に関わっている。

しかし、中国の家父長制的支配は根強く続き、フェミニストにとって厳しい環境と向き合わざるを得ない。ミソジニー（女性蔑視、女性嫌悪）の風潮も広がり、ネット空間ではフェミニストに対して差別的言論活動が展開されている。例えば二〇二一年、肖美麗が微博《ウェイボ》への投稿をきっかけに激しいネット・ヘイトスピーチに晒されている。〈女権之声〉の裏アカウント「回聲《フイシヨン》 Huisheng」（声を取り戻す）が「肖美麗を支援し、ジェンダーに対するテロリズムに反撃する」という文章を発表し、アーティスト＆アクティビストグループ〈紫皮蒜〉がフェミニズム・アート「ネット暴力言論博物館」で七〇〇枚の赤い横断幕に女性に対するインターネット上のヘイトスピーチを記して抵抗した。

女性記者へのセクハラの状況を調査し、#MeToo 運動に深く関わり、香港の民主化運動についても報じていたジャーナリストの黄雪琴は逮捕され、二〇二四年六月に国家政権転覆扇動罪で懲役五年の実刑判決を受けた。彼女と同時期に逮捕された労働活動家の王建兵をサポートしようと、黄雪琴の「雪《シュエ》」と王建兵の「兵《ビン》」と中国語の発音が同じ「餅《ビン》」をつなぎ合わせ、「雪餅《シュエビン》に注目し二人の釈放を求める」ソーシャルメディアのキャンペーンは、判決が確定してからも続いている。

本書が指摘しているように、今日の中国のフェミニズムは二〇世紀初頭から続く中国の歴史的伝統の中で理解する必要がある。女性たちは家父長制的支配に抗い、女性の解放を求めてきたが、一九二〇年代には「ブルジョワ・フェミニズム」が男性共産主義者たちによる糾弾の対象となり、中国共産党政権は、階級闘争を全てに優先させるとして、「男女平等」を全面に掲げながらも「女権」（フェミニズム）を認めてこなかった。改革開放政策によって市場経済が導入され、中国経済がグローバル経済とのリンケージを強める中で、ジェンダー格差はより顕著になっており、ポスト天安門事件時代の維権運動や新公民運動においても、ジェンダーの視点が欠けており、男性中心主義が目立つ。二〇二一年に張高麗前副首相から性的関係を強要されたとSNSで告発したプロテニス選手の彭帥《ポン・シュアイ》はその後、沈黙せざるを得ない状況に追い込まれている。天安門事件の学生リーダーだった王丹や新公民運動の主要メンバーで人権派弁護士だった滕彪《トン・ビャオ》など、セクハラや性暴力の容疑がかけられた著名な公共知識人や民主活動家は、十分な説明責任を果たしていないとして批判を受けている。

しかし、戦いの場は中国国内だけでない。今や多くのフェミニストが海外に拠点を移し、国内の活動家や女性たち、海外の市民や活動家、専門家とも連携しながら、グローバルな活動を展開している。抵抗を続けるシスターたちは、今よりもずっとひどい家父長制的構造の下で革命を志した女性たちの不屈の精神を確実に引き継いでいる。

索引

あ

艾未未 アイ・ウェイウェイ（Ai Weiwei）……137
艾暁明 アイ・シアオミン（Ai Xiaoming）……137, 174
愛知行研究所（Aizhixing Institute）……038, 120
アジア・ソサエティの『チャイナ・ファイル』（Asia Society's China File）……078
アトウッド , マーガレット（Atwood, Margaret）……237
『あなたの体は戦場だ』（*Your Body is a Battleground* (silkscreen)）……130
雨傘運動（Umbrella Movement）……123
益仁平 イーレンピン（Yirenping）……036, 038, 044, 046, 095, 190, 197, 199, 200, 217-20, 246
「家出をしたあとノラはどうなったか」（魯迅）（"What Happens after Nora Leaves Home?" (Lu Xun)）……158
叶（葉）海燕 イエ・ハイイエン（流氓燕）（Ye Haiyan (aka Hooligan Sparrow)）……039, 137, 192
『野蛮生長』イエマンションジャン（Growing Wild (album)）……266
いじめ , 中国の学校でよくある（bullying, prevalence of in Chinese schools）……124
イプセン , ヘンリック（Ibsen, Henrik）……157
上海平民女学校（Shanghai Pingmin Girls' School）……161-2
インスタグラム（Instagram）……050
インターネットとフェミニストの覚醒（internet, and feminist awakening）……050–83
応飈 イン・ビァオ（Ying Biao）……072
ウィーチャット（WeChat）……010, 012, 014-5, 028, 036, 050-1, 053, 067-8, 073-4, 078, 080, 123, 140, 144, 185, 202, 229, 255
ウイグル人女性（Uyghur women）……074, 244-5
ウィメンズ・マーチ , 2017 年（Women's March (2017)）……259
五毛党 ウーマオ・ダン（"fifty-cent party" (wumao dang)）……061
武嶸嶸 ウー・ロンロン（Wu Rongrong）……010, 031, 035-8, 040-3, 051-2, 069-71, 084-6, 088, 092-7, 103, 120-1, 124, 148, 179, 181, 184-5, 218, 246-7, 257-8, 261, 277-8
蔚之鳴婦女センター（Weizhiming Women's Center (Hangzhou)）……036, 042, 070-1, 179, 184
危志立 ウェイ・ジーリー（Wei Zhili）……052
韋婷婷 ウェイ・ティンティン（Wei Tingting）……010, 012, 019, 027-8, 032, 037, 043-4, 046, 049, 051-2, 089, 103, 111, 135, 254, 257, 262, 277-8
為平 ウェイピン（Wei Ping (Equality)）……111, 173, 249
微博（Weibo）……012, 015, 039, 050-1, 053-4, 056-64, 066-8, 074-80, 107-8, 123, 134, 137, 140, 143, 145, 177, 196, 213, 229, 235, 239, 244, 255-6, 259-61, 264-7
"微博の春"（"Weibo Spring"）……057
『ウォールストリート・ジャーナル』紙の中国語版ウェブサイト（*Wall Street Journal* Chinese website）……054, 058, 062
ウルフ , ヴァージニア（Woolf, Virginia）……260
『売れ残り女：性差別の復活』（フィンチャー）（*Leftover Women: The Resurgence of Gender Inequality* (Fincer)）……016, 132, 175-7, 233
『エコノミスト』（*Economist*）……245
エコノミスト・インテリジェンス・ユニット（Economismt Intelligence Unit）……242
絵文字 , ハッシュタグで使う（emojis, use of in hashtag）……079
延安文芸座談会（"Talks at the Yan'an Forum on Liter

ature and Art"（Mao））……164
エンスラー，イヴ（Ensler, Eve）……174
オーウェル，ジョージ（Orwell, George）……224
オーストラリア，子供や若年層に対する性犯罪についての法律（Australia, law regarding sexual offenses against "children and young people"）……130

か

『ガーディアン』（*Guardian*）……266-8
カール，レベッカ（Karl, Rebecca E.）……159, 167, 170
海外の敵対勢力／の影響（"hostile foreign forces/influences"）……048, 078, 215
　外国勢力（"foreign forces"）；西側の敵対勢力（"Western hostile forces"）も参照。
外国勢力（"foreign forces"）……081, 086, 091, 190, 265
　海外の敵対勢力／の影響（"hostile foreign forces/influences"）；西側の敵対勢力（"Western hostile forces"）も参照。
何殷震（何震）かいしん，かしん（He-Yin Zhen (aka He Zhen)）……155-6
海淀区警察署（Haidian Public Security Bureau）……048
海淀区勾留センター（Haidian District Detention Center）……046, 053, 084, 096, 103
高岩 ガオ・イエン（Gao Yan）……081
高君曼 ガオ・ジュエマン（Gao Junman）……161
高瑜 ガオ・ユー（Gao Yu）……223
"過激な男らしさ"カルト（hypermasculine personality cult）……026, 225-6
過激な男らしさ（strongman rule）……026, 224
家庭内暴力（domestic violence）
　猪西西の博士論文のテーマ（as Zhu Xixi's Ph.D. dissertation topic）……072
　ーに対するはじめての全国的な法律（first nationwide law against）……111
　ーに対する法律の不在（absence of national law against）……017
　フェミニストの問題として一（as issue for feminists）……017, 032
　李彦，ーの犠牲者（Li Yan as victim of）……122
　ーを普通のものとして経験する人々（people who experience it as growing up thinking it is normal）……112
家父長制的権威主義（patriarchal authoritarianism）……010, 013, 025, 118, 221, 250-1, 274
『環球時報』（*Global Times*）……061, 199, 238, 244-5
監視技術（surveillance technology）……080
漢民族女性（Han Chinese women）……073, 240, 244, 246, 251
キーホウ，シェイ（Kehoe, Seagh）……073
キム・リー（Kim Lee）……019
虐待／暴力／嫌がらせ（abuse）
　性暴力（sexual abuse）も参照。
　多くのフェミニスト活動家が経験している（as experienced by many feminist activists）……021, 024, 112, 116, 118, 121, 130, 246
　オンライン上の嫌がらせ（online abuse）……060, 264-5
　人権侵害（human rights abuse）……019, 092, 254
　弁護士による嫌がらせ（of power by lawyer）……106-9
許志永 きょしえい（Xu Zhiyong）……218
巨人教育公司（Juren Academy）……198
ギルマーティン，クリスティーナ（Gilmartin, Christina）……159-62
『近代以前の中国、韓国、日本における女性と儒教文化』（*Women and Confucian Cultures in Premodern China, Korea and Japan*）……227
郭建梅 グオ・ジエンメイ（Guo Jianmei）……040, 194
郭於華 グオ・ユーホウ（Guo Yuhua）……170-1
クラウドファンディング（crowdfunding campaign）

……138
クリントン，ヒラリー（Clinton, Hillary）……011, 058-9, 173
クルーガー，バーバラ（Kruger, Barbara）……130
グロッサー，スーザン（Glosser, Susan）……158
検閲（censorship）……014-5, 052
公益法グローバルネットワーク（Global Network for Public Interest Law (PILnet)）……200
抗議運動（protests）……010, 032, 044, 050, 055, 067, 070, 075, 086, 092, 121, 123, 135-7, 157, 162, 169, 203, 205-6, 211, 223, 253, 259-60, 272
婦人科の検査を受ける義務があることに抗議する（gynecological exams, protest against）; 男子トイレ占拠アクション（Occupy Men's Toilets protest）も参照。
杭州公安部（Hangzhou Public Security Bureau）……179
広州ジェンダー教育センター（Guangzhou Gender and Sexuality Education Center）……111, 128, 262
江沢民 こうたくみん（Jiang Zemin）……224
『高中生科学的性教育』（*Senior Middle-School Student Scientific Sex Education*）……134
広電物業管理（Guangdian Property Management）……208
コウ，ドロシー（Ko, Dorothy）……151, 153, 157, 163
交流への障壁（communication, barriers to）……082
胡錦濤 こきんとう（Hu Jintao）……224
国際女性デー（International Women's Day）……010, 015, 027, 032-3, 035, 043, 069, 075, 079, 084, 123, 162, 166, 168-9, 248, 260
国際人権賞（International Human Rights Award (American Bar Association)）……190
〈獄中日記〉（"Prison Notes" (Wei Tingting)）……012, 028
五四時代（May Fourth era）……157, 161, 171
国家衛生計画出産委員会（National Health and Family Planning Commission）……234, 245
胡也頻 こやひん（Hu Yepin）……165
婚姻法（Marriage Law）
新たな法律上の解釈（new judicial interpretation of）……066, 175
－の記載（described）……167
婚姻率（marriage rates）……242
『婚活マーケットを乗っ取ろう』（"Marriage Market Takeover" (video)）……266
婚前交渉（premarital sex）……133-4

さ

蔡英文 さいえいぶん（Tsai Ing-wen）……018
『サウス・チャイナ・モーニング・ポスト』（*South China Morning Post*）……072, 249
サハロフ，アンドレイ（Sakharov, Andrei）……254
山西省の公安部（Shanxi Public Security Bureau）……261
家国天下 ジアグオ・ティエンシア（family-state under heaven (jiaguo tianxia)）……025, 224
家風 ジアフォン（family values (jiafeng)）……229-30
西安巨子生物（Xi'an Giant Biogene）……206
向警予 シアン・ジンユー（Xiang Jingyu）……162
蒋永萍 ジアン・ヨンピン（Jiang Yongping）……170
ジーナ（仮名）（Gina (pseudonym)）……148-9, 179-86, 198-9, 262
新浪微博（Sina Weibo）……056
沈陽 シェン・イエン（Shen Yang）……080
ジェンキンス，パティ（Jenkins, Patty）……269
尖椒部落 ジエンジアオ・ブールオ（Jianjiao buluo）……079
ジェンダー規範（gender norms）……013, 016, 177, 230, 266
ジェンダー平等（gender equality）
急速な経済発展に駆りたてられて性

差別が復活する（resurgence of as driven by breakneck economic development）……178
共産党革命と初期の毛沢東の時代に中心的な問題だった（central importance of during Communist revolution and early Mao era）……015, 158-60, 170
国際女性デーの議題として（as issue for International Women's Day celebrations）……162
ジェンダー平等ワークグループ（Gender Equality Work Group）……031
所有する資産（in property wealth）……175-7
1990年代に男女格差が大きくなった（gender inequality deepening of in 1990s）……016, 024, 174
中国の若い世代がますます共感を寄せる（young people in China as increasingly embracing）……187
注目が集まっている（surge of interest in）……215
－についての公開ディスカッション（public discussion on）……185
子宮内避妊器具の強制装着（IUDs, forced implantation of）……232, 234-5
『侍女の物語』（アトウッド）（The Handmaid's Tale (Atwood)）……237
『シックスス・トーン』（*Sixth Tone*）……110, 134
児童虐待（beatings, of children）……021
児童婚（child brides）……162, 167
児童へのレイプ，中国の法律上の定義（child rape, as defined by Chinese criminal law）……193-5
シモンヌ社（Simone Accessories）……211
〈シモンヌ〉社の高級ハンドバッグ工場（Simone luxury handbag plant）……211
趙五貞 ジャオ・ウージェン／趙女士（Zhao Wuzhen (Miss Zhao)）……158
趙思楽 ジャオ・スーロー（Zhao Sile）……109
招聘 ジャオピン（Zhaopin）……242
肖美麗 シャオ・メイリー（Xiao Meili）……020, 032, 050, 067, 078, 109, 132-45, 217, 254, 256, 261
上海中華女界連合会（Shanghai Federation of Women's Circles）……161
上海婦人連合会（Shanghai Women's Federation）……168
張北川 ジャン・ベイチュワン（Zhang Beichuan）……240
張麗佳 ジャン・リージア（Zhang, Lijia）……137
張累累 ジャン・レイレイ（Zhang Leilei）……020, 074, 140, 143-5
穎朱 ジュー，イン（Zhu, Ying）……262
秋瑾 しゅうきん（Qiu Jin）……003, 024, 148-52, 179
習近平 しゅうきんぺい（Xi Jinping）……011, 013-4, 025-6, 061, 073, 078, 093, 220-30, 248
朱小梅 ジュー・シアオメイ（Zhu Xiaomei）……208-9, 214
猪西西 ジュー・シーシー（Zhu Xixi）……069-72, 096-7, 109, 148-9, 181-2, 256
徐静蕾 シュー・ジンレイ（Xu Jinglei）……244
習大大 シュウダーダー（Xi Dada (Big Daddy Xi)）……224-5
シュー，テレサ（Xu, Teresa）……028, 043, 045-6, 104-8, 110, 248, 253, 255
薛必群 シュー・マンズー／チャールズ・シュー（Xue Manzi (Charles Xue)）……061
儒教（Confucianism）……227-8
出産許可証（准生証）（"reproduction permit"）……243
出生証明書（birth certificates）……243
出生率（中国）（birth rate (China)）……232-4, 236-7, 243-4
女娃 じょあ，自由と国の解放をかけて闘う中国人女性のメタファー（Jingwei, as metaphor for struggle of Chinese women fighting for freedom and country）……150

『少年中国説』（*Shaonian Zhongguo* (Young China)）……160
消費者フェミニズム（consumer feminism）……273
『女界鐘』（"The Women's Bell" (Jin Tianhe)）……154
女権／女性の権利（women's rights）
概念（concept of）……154
国連サミット（UN summit）……011
人権としての－（as human rights）……173
政府からの－に対する攻撃（government assault on）……259
中国のフェミニズム史上（history of in China）…… 011-2
－に対する習近平の反対（Xi Jinping's opposition to）……220
－についておおやけに議論できる場がどんどん縮小されている（shrinking public space for discussing of）……015
－についてオンラインで議論（online debates about）……073
他の国での運動（movements in other countries）……271-3
女権団体（women's rights organizations）……157, 173
『女権に勉る歌』（"Demand Women's Rights" (song)）……149
女子トイレの少なさ，フェミニズムの問題として（insufficient toilets for women, as issue for feminists）……017, 031
女子保護協会（Girls' Protection Foundation）……195
女子無賃労働（girl bondservants）……162
女性運動（婦女運動）（"women's movement" (funü yundong)）……173
女性という概念（woman, as construct）……157
女性誌（women's journals）……157
女性，大学に行っている（women attendance of at university）…… 017
共産党は女性を革命運動に引きこもうと努める（Communist Party's effort to mobilize）……162
女子トイレの少なさ，フェミニストの問題として（insufficient toilets for as issue for feminists）……017, 031
"女性らしさ"の基準（defining norms for）……227, 230, 232, 251
大学教育を受けた漢族女性をターゲットにした、政府の出生主義プロパガンダ（pro-natalist propaganda aimed at college-educated Han Chinese women）……025
中国都市部の女性の就労率（labor-force participation rate for urban women in China）……170, 172, 174
中国の女性人口（population of in China）……013
抵抗運動のなかの－の役割（role of in resistance movements）……017
都会の女性の平均年収，男性の比較としての（average salary of urban woman as compared to man）……016
－の解放（emancipation of）……152-3
－の定年（retirement age for）……171
フェミニストを自認（identification of as feminists）……017, 064
不動産資産からの排除（as missing out on residential property wealth）……016, 175, 177
女性の運動（運動婦女）（"movement of women" (yundong funü)）……173
女性の解放（women's liberation）……153-5, 160, 165, 167, 171
『女性の解放という問題について』（何震）（"On the Question of Women's Liberation" (He-Yin Zhen)）……155
女性の権利を求める活動家への弾圧（women's rights activists, crackdown on）……015, 022, 026, 153
女性の権利を求める弁護士による運動（women's rights lawyers, movement of）

……190–203
女性の同性愛 (lesbianism)
拉拉 ラーラー（レズビアン）(lala (lesbian))
も参照。
カミングアウト (coming out as) ……120, 124
－の描写 (characterization of) …… 140
熱拉 レラ (Rela app) ……239
〈女性は家庭に戻ろう〉運動 ("Women Return to the Home" (nüren hui jia) movement) ……172
所有する資産における性差 (property wealth, gender gap in) ……175
中国労工通訊 ジョングオ・ラオゴントンシュン (China Labor Bulletin) ……111, 203-10
『中国婦女報』ジョングオ・フーニュー・バオ (*China Women's News* (*Zhongguo Funü Bao*)) ……064-6
鄭楚然 ジョン・チューラン［別名：大兎］(Zheng Churan (aka Da Tu [Big Rabbit/Giant Rabbit])) ……010, 012, 030-7, 043, 051-3, 067-8, 088-9, 097-8, 103, 109-10, 147, 181, 212-6, 246, 257-73, 275, 277-8
剰女 ションニュー ("leftover" woman (sheng nü)) ……016, 047, 177, 265
新華社通信 (Xinhua News Agency) ……032, 054, 062, 196, 233
〈人口および家族計画を全面的に拡大し、包括的に人口問題を解決する決定〉("Decision on Fully Enhancing the Population and Family Planning Program and Comprehensively Addressing Population Issues" (State Council)) ……178
人口計画／政策 (population planning) ……098, 235, 239, 242-4, 247, 251, 275
人口（中国）(population numbers (China)) ……232-4, 239, 242
「新時代の女性」("New Era Women") ……230
「新女性たち」("new women") ……157
身体，戦場としての (body, as battleground) ……102-47
清朝 (Qing dynasty) ……149, 151-2, 154, 156, 228
金天翮 ジン・ティエンホー (Jin Tianhe) ……154
新東方調理職業技能訓練学校 (New Oriental Cooking School) ……198
罪びと－B シンナービー (Sinner-B) ……031
新文化運動 (New Culture Movement) ……157
『人民日報』(*People's Daily*) ……032, 039, 058, 078, 222, 238, 264
黄瑞黎 スイ - リー・ウィー (Sui-Lee Wee) ……235
スタイネム，グロリア (Steinem, Gloria) ……217
須藤瑞代 (Mizuyo Sudo) ……154
ストックホルム症候群 (Stockholm Syndrome) …… 097, 127
ストライキ (strikes) ……075, 203, 205-6, 208-9, 211-2, 260
『精衛石』(秋瑾) (*Stones of the Jingwei Bird* (Qiu Jin)) ……024, 149-52
性教育 (sex education) ……130, 134
性差別、女性も男性も－を非難するようになる (sexism, ordinary women and men as criticizing) ……076
生体情報 (biometric information) ……142
性的虐待 (sexual assault)
アメリカの児童・生徒に対する－ (against student in US) ……195-6
ヴェラ・ルイ・ライ＝イウ（呂麗瑶）(of Vera Lui Lai-yiu) への－……128
高岩への－ (of Gao Yan) ……081
ソフィア・ホアン・シュエチン（黄雪琴）への－ (of Sophia Huang Xueqin) ……128
中国政府は－について信頼できる統計値を発表していない (Chinese government as not releasing reliable statistics on) ……132
中国の子どもたちに対する－ (against children in China) ……192-6

著者たちの記憶（author's memories of）……021, 124-7, 130-1
桐柏県の子どもへの－（of children in Tongbai County）……192-4
鄧玉嬌への－（of Deng Yujiao）……038, 040, 218
－の通報（reporting of）……131
白霊の－（of Bai Ling）……128
羅茜茜への－（of Luo Xixi）……129
ルイーザ・マック（麦明詩）への－（of Louisa Mak）……128
『性の弁証法―女性解放革命の場合』（ファイアストーン）（*The Dialectic of Sex: The Case for Feminist Revolution* (Firestone)）……240
性暴力，女性も男性も－を非難するようになる（sexual violence, ordinary women and men as criticizing）……076
性暴力（sexual abuse）
共産党が脅威を感じはじめた（cases of as threatening to Communist Party）……025
北京の幼稚園での－（at Beijing kindergarten）……196
－への意識を高めるため、長距離を徒歩旅行する（walk to raise awareness about）……020, 050, 067, 136
西洋式の／西欧のフェミニズム（"Western feminism"）……025, 078, 222
世界経済フォーラムのジェンダー・ギャップ指数（World Economic Forum's Global Gender Gap Index）……174
世界女性会議（UN World Conference on Women (1995)）……064, 173
セクシュアル・ハラスメント（sexual harassment）
アメリカの女性が職場で経験する－(of US women at work)……131
武嶸嶸への－（of Wu Rongrong）……038
女性工場労働者への－（of women factory workers）……111
女性ジャーナリストへの－（of women journalists）……111, 128
政治的に危険な話題として（as politically sensitive topic）……111
大学生の－（of college students）……110
中国人男性のほとんどが、－の最も基本的な概念さえ理解してない（most Chinese men as lacking even most basic understanding of）……110
中国でどのくらい－が広がっているかがわかる調査結果（surveys attempting to measure prevalence of in China）……110
中国の法律には－のはっきりした定義がない（Chinese law as lacking clear definition of）……111
テレサ・シューへの－（of Teresa Xu）……105-10
反セクハラを訴える行動（demands for action against）……014
フェミニストの問題として（as issue for feminists）……017
北京師範大学の報告（report of at Beijing Normal University）……076
中国政府は－についての信頼できる統計値を発表していない（Chinese government as not releasing reliable statistics on）……132
－防止を訴えるネット上の声（online calls for end to）……079
報復を経験したという報告（retaliation for reporting of）……131-2
“ワンワン”の－（of "Wanwan"）……076
－を経験した中国の女性の割合，馮媛によると（percent of women in China who have experienced, according to Feng Yuan）……111
世帯登録／戸籍（household registration (hukou)）……034, 112, 243
浙江大学（Zhejiang University）……072
浙江話題カルチャーメディア（Zhejiang Huati Culture Media）……267

『全女性たちの歌』(“A Song for All Women”)……009-10, 029, 149, 253, 275
全米民主主義基金(National Endowment for Democracy)……218
宋王朝(Song dynasty)……228
宋秀岩 そうしゅうがん(Song Xiuyan)……078, 222
ソーシャルメディア(social media)
　ーでの連帯キャンペーン(solidarity campaigns on)……050
　フェミニズムを意識させる役割(role of in promoting greater feminist consciousness)……018
　熱拉(Rela app)…… 239
　若いフェミニストの影響力(young feminists' influence on)……240
『ソフィ女士の日記』(*The Diary of Miss Sophia* (Ding Ling))……163-4
ソフィア・ホアン・シュエチン(黄雪琴)(Huang Xueqin, Sophia)…… 128
曽全燕 ゾン・ジンイエン(Zeng Jinyan)……204
曾飛洋 ゾン・フェイヤン(Zeng Feiyang)……209
孫文 そんぶん(Sun Yat-sen)……149, 151

た

『大学』(The Great Learning)……227
大規模お見合い計画(mass matchmaking initiatives)……238-9
『大公報』(Dagong Bao)……158
台湾(Taiwan)
　現代の中国人フェミニストはーを選ぶ(as destination of choice for today's Chinese feminists)……152
　ーのジェンダー観(attitudes toward gender in)……135
淘宝(Taobao)……137-8
タトロー, ディディ・カースティン(Tatlow, Didi Kirsten)……069
『ダンガル きっと、つよくなる』(*Dangal* (Bollywood film))……269
嘆願書/陳情書(petitions)……015, 040, 053, 068, 078, 080, 121, 129, 136, 143, 213
湯建 タン・ジエン(Tang Jian)……209
男子トイレ占拠アクション(Occupy Men's Toilets protest)……031, 037, 048, 051, 116, 135
男女のバランス(中国)(sex-ratio imbalances (China))……233
男女平等 ナンニュー・ピンドン(equality between men and women (nannü pingdeng))……163
七七 チーチー(Qiqi)……079
陳全国 チェン・チュエングオ(Chen Quanguo)……074
チベット人女性(Tibetan women)……073
チャールズ・シュー/薛必群 シュー・マンズー(Xue, Charles (aka Xue Manzi))……061
曹国偉 チャールズ・チャオ(Chao, Charles)……055
チャイナ・チェンジ(China Change)……190
チャイナ・デジタル・タイムズ(China Digital Times)……196
チャイニーズ・フェミニスト・コレクティヴ(Chinese Feminist Collective)……082, 259
常伯陽 チャン・ボーヤン(Chang Boyang)……199, 217, 219
中国公安部(Chinese Ministry of Public Security)……142
中華全国総工会(All-China Federation of Trade Unions)……203
中華全国婦女連合会(All-China Women's Federation)……022, 053, 065, 078, 203, 215, 222, 230, 249
『中国SNS〈微博〉のスーパースターは誰か?』(“Who Are China's Weibo Superstars?” (BBC))……059
中国家族計画協会(China Family Planning Association)…… 110

中国共産党（Communist Party）
－初期のスローガンとしての女性解放（liberation of women as rallying cry in early days of）……024, 152-3, 161, 170-1
女性の運動／運動婦女 ユンドン・フーニュー（"movement of women"（yundong funü））……173
女性の権利に関するおもな活動はすべて、中華全国婦女連合会のもとでおこなうよう求める（as requiring all major women's rights activities to be affiliated with All-China Women's Federation）……022
女性を革命運動に引きこもうと努める（efforts of to mobilize women to join revolution）……162
『人民日報』, 中国共産党の公報（People's Daily as official mouthpiece of）…… 078
性差別的なダブルスタンダードにさらされる女性幹部党員（women cadres of as subjected to sexist double standards）……167
性的虐待事件が－への脅威になった（sexual abuse cases as threatening to）……025
男女平等をうたい続ける（as continuing to endorse gender equality）……163
男女平等を公式には支持する（as officially endorsing gender equality）……249
中央委員会での女性代表者（female representation on Central Committee）……231
中流階級のフェミニストと労働者階級の女性との階級を越えた協力は、－から脅威とみなされるだろう（cross-class collaboration between middle-class feminists and working class women likely to be viewed as threat by）……214
－の長寿政権（longevity of）……013, 221
フェミニストという言葉を敵視（stigmatization of term feminist by）……067
フェミニズムを脅威と考える（as seeing feminism as threat）……187
中国共産党中央紀律検査委員会（Central Commission for Discipline Inspection）……072
中国国際金融（China International Capital Corporation）…… 077
中国女性映画フェスティバル（China Women's Film Festival）……111
「中国女性の問題：罠からの解放」（"The Chinese Woman Question: Liberation from a Trap" (Wang Huiwu)）……160
中国女性弁護士公益協同ネットワーク（Public Interest Collaborative Network for Women Lawyers in China）……053, 191
『中国青年報』（*China Youth Daily*）……239
『中国「絶望」家族―「一人っ子政策」は中国をどう変えたか』（メイ・フォン）（*One Child: The Story of China's Most Radical Experiment* (Mei Fong)）……232
中国で法規上禁じられている雇用における性差別（gender discrimination in employment as technically illegal in China）…… 236
曹菊の代理訴訟（lawsuit on behalf of Cao Ju）……198
ジーナの代理訴訟（lawsuit on behalf of Gina）……198
性差別に注視する中国の若い女性（young Chinese women as concerned about）……214
フェミニストの問題として（as issue for feminists）……017, 040, 066, 172
中国伝媒大学（Communication University of China）……132
『中国日報』（*China Daily*）……039, 270
「中国の"売れ残り"女性たち」（フィンチャー）（"China's 'Leftover' Women" (Fincher)）……058
『中国フェミニズムの誕生』（コウ）（*The Birth of Chinese Feminism* (Ko)）……151-2
中山大学（Sun Yat-sen University）……067-8
中鉄物流集団（China Railway Logistics Group）……206
チン，エイミー（Qin, Amy）……151
陳小武 チン・シアオウー（Chen Xiaowu）…… 129

陳独秀 ちんどくしゅう（Chen Duxiu）……161
『財新』誌（*Caixin* magazine）……122
曹菊 ツァオ・ジュー（仮名）（Cao Ju (pseudonym)）……198
曹順利 ツァオ・シュンリー（Cao Shunli）……086
曹雅学 ツァオ・ヤーシュエ（Yaxue Cao）……190
ツイッター（Twitter）……050, 054-6
『天義』ティエンイー（*Tianyi* (Natural Justice)）……155
貞操信仰（"chastity cult"）……133
丁玲 ていれい（Ding Ling）……163, 165-7
ティワーリー，ニテーシュ（Tiwari, Nitesh）……269
デジタル独裁国（"digital dictatorship"）……080
鉄の娘（鉄姑娘）（"iron woman/women"）……167, 169
テンセント・ピクチャーズ（Tencent Pictures）……270
杜芳琴 ドゥー・ファンチン（Fangqin Du）……227
同性婚（same-sex marriage）……135, 239, 253
道徳学校（"morality schools"）……231
トフティ，イリハム（Tohti, Ilham）……188
トランプ，イヴァンカ（Trump, Ivanka）……211
トランプ，ドナルド（Trump, Donald）……075, 211, 259, 272
鄧小平 トン・シアオピン（Deng Xiaoping）……171, 224
鄧玉嬌 ドン・ユージアオ（Deng Yujiao）……038-40, 218

な

七〇九事件（"709 crackdown"）……189
『南方都市報』（*Southern Metropolis Daily*）……039
西側の敵対勢力（"Western hostile forces"）……078, 222
外国勢力（"foreign forces"）；海外の敵対勢力（"hostile foreign forces/influences"）も参照。
『女書空間』ニューシュー・コンジエン（Nüshu Kongjian）……262
〈女声報〉ニューション・バオ（ウィミンズ・ジャーナル）／のちの〈女権之声〉ニューチュエン・ジョン・ション（フェミニスト・ヴォイシズ）（*Women's Voices Journal (Nü Sheng Bao)* (later *Feminist Voices* [*Nüquan zhi Sheng*]))……066
『ニューヨーカー』（*New Yorker*）……077
『ニューヨーク・タイムズ』（*New York Times*）……063-4, 069, 077, 151, 203, 235
『人形の家』（*A Doll's House* (play)）……157
妊婦差別を根拠に訴訟，〈中鉄物流集団〉に対して（pregnancy-discrimination lawsuit, against China Railway Logistics Group）……206-7

は

バージン・コンプレックス（処女情結）チューニューチンジエ（"virgin complex" (chunü qingjie)）……133
バーク，タラナ（Burke, Tarana）……014, 077
ハーシャッター，ゲイル（Hershatter, Gail）……167
バイセクシャリティ（bisexuality）……135, 262
『バイ・チャイナ』（Bi China (documentary)）……262
バイデン，ジョー（Biden, Joe）……011
白菲 バイ・フェイ（Bai Fei）……118, 121-4, 262
白霊 バイ・リン（Bai Ling）……128
包卓軒 バオ・ジョウシュエン（Bao Zhuoxuan）……189
包龍軍 バオ・ロンジュン（Bao Longjun）……189
パピちゃん（Papi Jiang）……266
パフォーマンス・アート（performance art）……017, 031, 040, 048, 094, 102, 203
バレンタインデー・アクション〈血濡れの花嫁〉（"Bloody Brides" Valentine's Day action）……032, 040, 135, 253

パワー, サマンサ (Power, Samantha) ……011
反右派運動 (anti-rightist campaign (1957))
……167
反家暴ネットワーク (Anti-Domestic Violence Network) ……173
反セクハラ広告キャンペーン (anti-sexual harassment ad/campaign) ……138-9, 143
反 DV 法 (anti-domestic violence law) ……017, 019, 032, 111, 121, 173, 249-50, 255
韓東方 ハン・ドンファン (Han Dongfang)
……204-5, 207-8, 210
韓浩月 ハン・ハオユエ (Han Haoyue) ……235
韓寒 ハン・ハン (Han Han) ……244
番禺打工族センター (Panyu Workers' Center)
……208-10
日立金属 (Hitachi Metals) ……208
「ビッグV」("Big V' (Weibo account)) ……054, 057, 061-2
一人親 (Single parenthood) ……243-4
一人っ子政策 ("one-child policy") ……232, 235-6
向陽花女工センター (Sunflower Women Workers' Center) ……111
美麗的女権徒歩 ビューティフル・フェミニスト・ウォーク ("Beautiful Feminist Walk") ……
067, 136
ヒューマン・ライツ・イン・チャイナ (Human Rights in China) ……087
ヒューマン・ライツ・ウォッチ (Human Rights Watch) ……142
ファイアストーン, シュラミス (Firestone, Shulamith) ……240
『ヴァギナ・モノローグス』(*The Vagina Monologues* (play)) ……174
ファン・イーイン (Fan Yiying) ……134
〈飯否〉ファンフォウ (Fanfou) ……055
華建インターナショナル (Huajian International) ……211
撫順伝統文化学校 (Fushun Traditional Culture School) ……231
『婦女声』フーニューション (*Women's Voices* (*Funü Sheng*)) ……161
婦女能頂半辺天 フーニューネンディンバンビエンティー (天の半分は女性が支える)
("women hold up half the sky" (Mao)) ……170
フェイスブック (Facebook) ……050, 054-6
フェミニスト (feminist (nüquan zhuyi zhe))
共産党が一という言葉を敵視 (Communist Party's stigmatization of term) ……067
一という用語の使用 (use of term)
……012, 063
一を政治的に危険な単語と位置付ける政府 (government as making it a politically sensitive term) ……265
〈女権之声〉フェミニスト・ヴォイシズ (Feminist Voices (Nüquan zhi Sheng)) ……015, 018-20, 023, 052, 064, 066-7, 075, 080, 135-6, 229, 247, 254, 260, 270
フェミニスト講習会 (training sessions in feminism) ……121, 182, 192, 202
フェミニスト宣言 (feminist manifesto) ……154, 270
フェミニスト徒歩旅行 (feminist trek) ……
136-7
フェミニストの行動を弾圧する政府 (feminist activism, government crackdown on) ……013, 015, 020, 022, 026, 144, 179, 250, 262, 265, 273-4, 276
フェミニストのデザイン (feminist designs)
……137
女権五姉妹 フェミニスト・ファイブ (Feminist Five, nüquan wu jiemei) ……050
李麦子 (Li Maizi (n.e Li Tingting)); 王曼 (Wang Man); 韋婷婷 (Wei Tingting); 武嶸嶸 (Wu Rongrong); 鄭楚然 [別名:大兎] (Zheng Churan (aka Da Tu [Big Rabbit/Giant Rabbit])) も参照。
オンライン上の連帯 (online expressions of solidarity with) ……012
海外のメディアの注目 (international me

dia attention of) ……105
継続するハラスメント (continued harassment of) ……093-101
勾留 (detention of) ……010-11, 027-49, 084-93
世界的な連帯の波 (as having wave of global solidarity) ……092-3
釈放の決定 (decision to release) ……093
—の知名度 (fame of) ……095
「犯罪容疑者」として (as "criminal suspects") …… 011, 093, 098, 199-200, 215, 256
PTSDの経験 (experiences of post-traumatic stress disorder by) ……098, 100, 103, 179, 255
—への取り調べ (use of persecution of)……247
『ミズ』誌の〈二〇一五年の最も刺激的なフェミニスト〉(on Ms. Magazine's list of "Ten Most Inspiring Feminists of 2015") ……147
フェミニズム/女権 (feminism (nüquan zhuyi))
共産党は—という言葉を意図的に避ける (Communist Party's deliberate renunciation of) ……163, 168
広州, —の中心地としての (Guangzhou as feminist epicenter of) ……262
国外に出る中国人フェミニスト (diaspora of Chinese feminists) ……083, 260-3
消費者フェミニズム (consumer feminism) ……273
西洋式の/西欧のフェミニズム ("Western feminism") ……025, 078, 222
中国革命の歴史において重要な役割を果たすも、今では忘れられている (as playing key but often forgotten role in China's revolutionary history) ……153
フェミニストを名乗る中国人女性の増加 (increasing number of Chinese women identifying as feminists) ……017
ブルジョワ・フェミニズム ("bourgeois feminism") ……024, 163
—へ注目が集まっている (surge of interest in) ……215
—への反発 (backlash against) ……026, 222, 275
矛盾だらけの政府の立場 (government's stance on as full of contradictions) ……249
メリアム・ウェブスター社が二〇一七年の〈今年の言葉〉として発表 (as Merriam-Webster's word of the year for 2017) ……014
—を熱心に唱える (embrace of) ……178
馮媛 フォン・ユエン (Feng Yuan) ……111, 173, 249-50
婦女連合会 (Women's Federation) ……121
「婦人運動解決案」("Resolution on the Women's Movement") ……162
婦人科の検査を受ける義務があることに抗議する (gynecological exams, protest against) ……040, 069, 071
二人っ子政策 ("two-child policy") ……233-4, 236, 243
プッシー・ライオット (Pussy Riot) ……146, 260
フランコ, マリエル (Franco, Marielle) ……272
フリーダム・ハウス (Freedom House) ……275
ブルームバーグ・ニュース (Bloomberg News) ……063
ブルジョワ・フェミニズム ("bourgeois feminism") ……024, 162-3
米国雇用機会均等委員会 (US Equal Opportunity Commission) ……131
『ペインフル・ワーズ』("Painful Words" (photo essay)) ……122
『北京青年報』(*Beijing Youth Daily*) ……237
北京大学 (Peking University) ……081-2
北京衆澤婦女法律相談サービスセンター (Zhongze Women's Legal Counseling Center) ……194

「北京＋20」(UN Beijing 20 summit) ……093
『ヘッドスカーフと処女膜：中東になぜ性革命が必要なのか』(エルタハウィ) (*Headscarves and Hymens: Why the Middle East Needs a Sexual Revolution* (Eltahawy)) ……272
黄溢智 ホアン・イーチー (Huang Yizhi) ……020, 032, 198
黄文海 ホアン・ウェンハイ (Huang Wenhai) ……204
黄西華 ホアン・シーホウ (Huang Xihua) ……234
侯涵敏 ホウ・ハンミン (Hou Hanmin) ……244
包弁婚 (arranged-marriage system) ……160, 162, 167
暴力 (beating)
子供への一 (of children) ……112-5
女性への一 (of women) ……111
法輪功 (Falun Gong) ……187
彭麗媛 ほうれいえん (Peng Liyuan) ……225
〈ボールド・シスターズ〉アクション ("Bald Sisters" action) ……032, 067
ポスター (posters) ……143, 224
大字報 ダーズーバオ (big-character (dazibao)) ……081
ホモセクシャリティ／同性愛 (homosexuality) ……074, 120

ま

マー，ジャック (Ma, Jack) ……137
マッキノン，レベッカ (MacKinnon, Rebecca) ……052
マック，ルイーザ (麦明詩) (Mak, Louisa) ……128
マン，スーザン (Mann, Susan) ……227
ミンズナー，カール (Minzner, Carl) ……226
メイ・フォン (Mei Fong) ……232
妾制度 (concubines) ……162
婦女伝媒監測網絡 メディア・モニター・フォー・ウィメン・ネットワーク (Media Monitor for Women Network) ……066, 173
毛沢東 もうたくとう (Mao Zedong) ……158-60, 164-5, 169-71, 224-5
茉莉花 モーリーフォア ("Moli Hua" (Jasmine Flower) (song)) ……049
モナ・エルタハウィ (Eltahawy, Mona) ……272
孟晗 モン・ハン (Meng Han) ……209

や

楊占青 ヤン・ジャンチン (Yang Zhanqing) ……217
楊舒平 ヤン・シューピン (Yang Shuping) ……264
楊漢軍 ヤン・ハンジュン (Yang Hanjun) ……249
岳昕 ユエ・シン (Yue Xin) ……081, 248
原新 ユエン・シン (Yuan Xin) ……239
袁莉 ユエン，リー (Yuan, Li) ……054, 056-63
ヨウク (Youku) ……076

ら

拉拉 ラーラー (レズビアン) (lala (lesbian)) ……030-1, 090, 110
ラウアー，マット (Lauer, Matt) ……014
「労工通訊」ラオゴントンシュン (*Labor Bulletin* (Laogong Tongxun)) ……205
『ラジオ・フリー・アジア』(Radio Free Asia) ……205
肖美麗 リアン・シャオメイ (Liang Xiaowen) ……020, 032, 050, 067, 078, 109, 132-45, 217, 254, 256, 261
梁莹菲 リアン・シンフェイ (Liang Yingfei) ……122
李莹 リー・イン (Li Ying) ……067
李雪順 リー・シュエシュン (Li Xueshun) ……176
李達 リー・ダー (Li Da) ……161
李麦子 リー・マイズー (本名：麦婷婷 リー・ティンティン) (Li Maizi (n.e Li Tingting)) ……009, 019, 028-9, 031-2, 035-7, 043-6, 048, 051-2, 080, 088, 090-1, 102-5, 108, 110, 112-8, 121-2, 127,

129-30, 135, 146-7, 181, 187, 246, 253-6, 259, 262-5, 277-8
李陽 リー・ヤン (Li Yang) ……019
李彦 リー・ヤン (Li Yan) ……121
李宇春 リー・ユーチュン (クリス・リー) (Li Yuchun (aka Chris Lee)) ……266
〈一歩踏みだす (リーン・イン)〉女性たち ("Lean In" groups) ……214, 216
劉巍 リウ・ウェイ (Liu Wei) ……190-4, 196-7, 199-203
劉師培 リウ・シーペイ (Liu Shipei) ……155
リウ・シントン (Liu Xintong) ……259-60
『烈女伝』リエニュー・ジューアン (*Biographies of Exemplary Women* (Lienü zhuan)) ……228
『蓮花』リエンホウ (*Lotus* (Lijia Zhang)) ……137
離婚 (divorce) ……162, 243
劉暁波 りゅうぎょうは (Liu Xiaobo) ……017, 080, 254
呂頻 リュー・ピン (Lü Pin) ……018, 020, 032, 052, 064-6, 075, 078, 082-3, 121, 136, 235-6, 247, 254, 259-60, 273-4
リュー, リディア・H (Liu, Lydia H.) ……151, 154-5, 164-5
梁啓超 りょうけいちょう (Liang Qichao) ……151, 154
ルイ・ライ＝イウ, ヴェラ (呂麗瑶) (Lui Lai-yiu, Vera) ……128
陸柯燃 ルー・コーラン (Lu Keran) ……268
陸軍 ルー・ジュン (Lu Jun) ……096, 217-21, 246
羅茜茜 ルオ・シーシー (Luo Xixi) ……129
周蕾 レイ・チョウ (Rey Chow) ……157
レイハン, ディルヌール (Reyhan, Dilnur) ……074
レイプ・カルチャー (rape culture) ……127
「レイプするのに完璧な獲物」("perfect rape victim") ……129
レイプ被害 (rape victims)
　児童レイプの被告 (child-rape victims) ……195
　一の数 (demographics of) ……131
　「レイプするのに完璧な獲物」("perfect rape victim") ……129
「熱拉」レラ (Rela) ……239
〈連帯〉, ポーランドの独立労働組合 (Polish Solidarity) ……210
連帯キャンペーン (solidarity campaigns) ……050
ロイター通信 (Reuters) ……062
労働者の権利, 擁護するフェミニストの主張 (labor rights, feminist activities linked to concern for) ……012, 053, 152, 208, 214
労働者の団体運動 (workers' collection action) ……204-12
魯迅 ろじん (Lu Xun) ……158

わ

ワインスタイン, ハーヴェイ (Weinstein, Harvey) ……014, 077
『われわれ、労働者たち』(*We, the Workers* (documentary)) ……204
ワン, グロリア (Wang, Gloria) ……262
王剣虹 ワン・ジエンホン (Wang Jianhong) ……161
『ワンダーウーマン』(*Wonder Woman* (film)) ……269-70
〈ワンダ・ピクチャーズ〉(Wanda Pictures) ……270
王政 ワン・チャン (Wang Zheng) ……153, 157, 163, 168-9
ワン, ディ (Wang, Di) ……259, 268
王天海 ワン・ティエンハイ (Wang Tianhai) ……267
王会悟 ワン・フイウー (Wang Huiwu) ……159-61
王培安 ワン・ペイアン (Wang Peian) ……234, 245
王曼 ワン・マン (Wang Man) ……010, 028, 037, 044, 046-9, 051-2, 086-7, 098-101, 103, 261, 277-8

万延海 ワン・ヤンハイ（Wan Yanhai）……120
王宇 ワン・ユー（Wang Yu）……187-92, 201-2
“ワンワン”（“Wanwan”）…… 076

A

Acrush……267
BBC, 鄭楚然が〈二〇一六年の女性一〇〇〉に選ばれた（BBC, as naming Zheng Churan on list of 100 “inspirational and influential women of 2016”）……147, 215
CSISの〈中国パワー・プロジェクト〉（CSIS China Power Project）……233
DNAのデータベース（DNA database）……142
#FreeTheFive（#FreeTheFive hashtag/campaign）……050, 092
#IAmABillboard……143
LGBTQの権利（LGBTQ rights）……030-1, 116, 135, 152
Libcom.org……052
#MeTooハッシュタグ／運動（#MeToo hashtag/movement）……014-5, 023, 039, 076-80, 111, 128-9, 248, 261, 268, 272
People.com.cn……039
〈RYBエデュケーション〉（RYB Education）……196
SK-II……265-6
#WalkAgainstSexualHarassment……143

原註

2018年3月8日の国際女性デーの夜、検閲当局は微博の〈女権之声(フェミニスト・ヴォイシズ)〉のアカウントを禁止し、翌日にはウィーチャットが〈女権之声〉のアカウントを消去した。オンラインにアップされたエッセイの多くは〈女権之声〉が情報元になったが、国営メディアは絶えず投稿を削除しているため、一部しか記載していない。情報のほとんどは、私が録音した個人的なインタビューから得たものだ。場合によっては二次資料で補足し、それについてはメモをつけた。事実確認には細心の注意を払ったつもりだが、誤りがあればすべて著者の責任である。

エピグラフ

P. 003 …………… 秋瑾, "Excerpts from Stones of the Jingwei Bird," in *Writing Women in Modern China: An Anthology of Women's Literature from the Early Twentieth Century*, edited by Amy D. Dooling and Kristina M. Torgeson (New York: Columbia University Press, 1998), 45.

序章

P. 009 …………… ア・カペラでうたう、中国語の歌声:この一節は下記の記事のなかに異なる形で掲載されている。Leta Hong Fincher, "How Chinese Feminists Can Inspire Women to Stand Up to Trump," *Guardian*, November 23, 2017, theguardian.com.

P. 009 …………… 全女性たちの歌:彼らの曲 *Nüren zhige* を著者が翻訳したもの。フェミニスト・ファイブの釈放から半年後に投稿された彼らの曲の YouTube のタイトルは、*Do You Hear The Women Sing*。8章「全女性たちの歌」も参照。

P. 011 …………… 〈習近平は、フェミニストを弾圧する一方で、女性の権利を話し合う会議を主催するつもり? 恥知らずにも程がある〉: @HillaryClinton, tweet, 7:39 a.m., September 27, 2015.

P. 012 …………… 大兎…プロレタリアートは君たちに連帯する!:これらの投稿のいくつかは Wei Zhili により翻訳され、保存されていた。"Free the Women's Day Five! – Statements from Chinese workers and students," Nao's blog, March 13, 2015, libcom.org.

P. 013 …………… 二〇一八年三月一一日…可能になったのである:これらの一節は一部、下記の記事にすでに指摘されている。Leta Hong Fincher, "Xi Jinping's Authoritarian Rise in China Has Been Powered by Sexism," *Washington Post*, March 1, 2018, washingtonpost.com.

P. 014 …………… 中国の外では…: Mimi Lau and Mandy Zuo, "#MeToo? Silence, Shame and the Cost of Speaking Out about Sexual Harassment in China," *South China Morning Post*, December 8, 2017, scmp.com; 米辞書出版大手…: "Word of the Year 2017: 'Feminism' Is Our 2017 Word of the Year," n.d., accessed February 16, 2018, merriam-webster.com.

P. 014 …………… 二〇一七年一一月、三人のフェミニスト活動家が…: Qiao Long, "Chinese Feminists Forced to Leave City Ahead of Fortune Global Forum," *Radio Free Asia*, December 1, 2017, translated and edited by Luisetta Mudle, rfa.org.

P. 015 …………… 規定に反した：Jiayun Feng, "WeChat Censors Victim of Sexual Harassment in Shanghai, Who Is Criticized for 'Overreacting,'" *SupChina*, November 30, 2017, supchina.com.

P. 015 …………… 凍結当時…：Jiayun Feng, "Chinese Social Media Censors Feminist Voices," *SupChina*, March 9, 2018, supchina.com.

P. 015 …………… 女性の人権をつぶそうとする…：この一節と、他の一節は違う形で下記の雑誌のなかに掲載されている。Leta Hong Fincher, "China's Feminist Five," *Dissent*, Fall 2016, dissentmagazine.org.

P. 016 …………… ところが一九九〇年代になって経済改革が進むにつれ…：Isabelle Attan., "Being a Woman in China Today: A Demography of Gender," *China Perspectives* 4 (2012) : 5–16. Philip N. Cohen and Wang Feng, "Market and Gender Pay Equity: Have Chinese Reforms Narrowed the Gap?" in *Creating Wealth and Poverty in Postsocialist China*, edited by Deborah S. Davis and Wang Feng (Palo Alto: Stanford University Press, 2009) も参照。

P. 016 …………… ＨＳＢＣ銀行の報告によれば…約三・三倍：Zhang Zhi Ming, Dilip Shahani and Keith Chan, "China's Housing Concerns," *HSBC Global Research Report*, June 7, 2010, p. 5. 中国の住宅不動産の価値は、2010 年 2 月に中国の GDP の 3.27 倍、109 兆人民元を突破した。

P. 016 …………… 二〇一七年末には約四三兆米ドル：2017 年末時点の中国の GDP の 3.3 倍、約 273 兆人民元、これは約 43 兆米ドルに相当する。

P. 016 …………… 現在のような大きな富の性差…：Leta Hong Fincher, *Leftover Women: The Resurgence of Gender Inequality in China* (London: Zed, 2014) .

P. 018 …………… 共産党系新聞が特集ページで…：Emily Rauhala, "Chinese State Media Attacks Taiwan's President for Being a Single Woman," *Washington Post*, May 25, 2016, washingtonpost.com.

P. 019 …………… 漏れ聞こえた検閲命令によれば…：Anne Henochowicz, "Minitrue: Delete Op-Ed on Tsai Ing-wen," *China Digital Times*, May 25, 2016, chinadigitaltimes.net.

P. 019 …………… 裁判でのこの勝利は…：Fincher, *Leftover Women*.

P. 025 …………… 大学教育を受けた漢族女性をターゲットにした…：Susan Greenhalgh, "Fresh Winds in Beijing: Chinese Feminists Speak Out on the One-Child Policy and Women's Lives," *Signs* 26, no. 3 (2001) : 847–86.

1 中国の女権五姉妹

P. 028 …………… 〈獄中日記〉：Wei Tingting, "What Happened on March 7," Yuzhong zhaji, *Prison Notes* (3) .

P. 029 …………… 「鬱々気分に負けるもんか…歌をうたったりした」：ウィーチャットに投稿されたエッセイはその後削除された。そのため、彼女の学術的な論文に書かれた勾留についての箇所から引用した。Tingting Wei, "A Look at the Beijing Conference Through Lesbian Eyes," *Asian Journal of Women's Studies* 21, no. 3 (2015) : 316–25.

P. 032 …………… 「国益を守るため」：Didi Kirsten Tatlow, "Women in China Face Rising University Entry Barriers," *New York Times*, October 7, 2012, nytimes.com.

P. 033 …………… 蔓延する痴漢行為に関する調査結果：Xinhua, "Chinese Public Calls for Harsher Sexual Harassment Penalties," *XinhuaNet*, August 22, 2017, xinhuanet.com.

p. 037 …………… 母親の体が弱く…：Viola Zhou, "How One of China's 'Feminist Five ' is Fighting for Women's Rights, Even After Jail," *Inkstone*, March 8, 2018, inkstonenews.com.

pp. 037-08 …… 「つまり二八歳までしか生きられない…」「もし被害を訴えたら…」「一八、九歳の女の子には…」：Wu Rongrong, "How I Became a Women's Rights Advocate," *China Change*, April 27, 2015, chinachange.org.

p. 038 …………… 北京愛知行研究：「愛知」は「愛、知識、行動」を意味する。エイズの中国語表記「ai zi bing」をもじったものだ。

p. 039 …………… 『南方都市報』に掲載された鄧の談話：Sophie Beach, "Deng Yujiao Tells Her Story; Protesters Express Support," *China Digital Times*, May 25, 2009, chinadigitaltimes.net.

p. 039 …………… 「そもそもどうして彼女が法廷に…」：Cai Ke, "Waitress Who Killed Official Spared Jail," *China Daily*, June 17, 2009, Document5chinadaily.com.cn.

p. 039 …………… 「政府官僚がどうしてそんなに…」：Bob Chen, "China: Netizens Stand with the Waitress Who Killed an Ofiicial," *GlobalVoices*, May 17, 2009, globalvoices.org. 元の中国語のブログの投稿は削除された。

p. 039 …………… 「彼女は何があっても無実…」：Raymond Li, "Mixed Opinions on Deng Yujiao Verdict," *South China Morning Post*, June 17, 2009, scmp.com.

p. 048 …………… 「驚いたよ。…」：王曼は 2013 年、『ニューヨーク・タイムズ』紙のディディ・カースティン・タトロー記者に、〈売れ残り〉の女性というレッテルがもたらす制約について語った。"Rejecting the 'Leftover Women' Label," *New York Times*, April 23, 2013, nytimes.com.

2 インターネットとフェミニストの覚醒

p. 052 …………… フェミニスト活動家たちは、中国じゅうのほかの人々にも…：Eric Fish, "Interview: Masked Chinese Activists 'Show Solidarity' with Detained Feminists," Asia Society blog, April 7, 2015, asiasociety.org/blog.

p. 052 …………… デジタル著作権の専門家…：Rebecca Mackinnon, *Consent of the Networked: The Worldwide Struggle for Internet Freedom* (New York: Basic Books, 2012).

p. 053 …………… 労働運動のオンラインプラットフォーム Libcom.org で言及：Wei Zhili, "Free the Women's Day Five! – Statements from Chinese workers and students," Nao's blog, March 13, 2015, libcom.org.

p. 053 …………… 発起人たちはその嘆願書を…：Didi Kirsten Tatlow, "Supporters of Detained Feminists in China Petition for Their Release," *New York Times* Sinosphere blog, April 1, 2015, sinosphere.blogs.nytimes.com.

p. 055 …………… すると二〇〇九年七月六日…：Edward Wong, "China Locks Down Restive Region After Deadly Clashes," *New York Times*, July 6, 2009, nytimes.com.

pp. 055-6 ……… 同じ月、元ジャーナリストで…：Gady Epstein, "Sina Weibo," *Forbes*, March 3, 2011, forbes.com.

p. 056 …………… ツイッターの全世界利用者…：CIW Team, "Weibo's Monthly Active Users Reached 392 Million in 2017," *China Internet Watch*, March 19, 2018, chinainternetwatch.com.

p. 058 …………… 私はそこで、中国政府が…：Leta Hong Fincher, "China's 'Leftover' Women," Ms. magazine blog, November 12, 2011, msmagazine.com/blog.

p. 059 ……………「中国ＳＮＳ〈微博〉のスーパースターは誰か？』: Helier Cheung, *BBC News*, November 29, 2013, bbc.com.

p. 063 …………… 中国政府幹部の家族資産を調査追及する記事：Tania Branigan, "China Blocks Bloomberg for Exposing Finan cial Affairs of Xi Jinping's Family," *Guardian*, June 29, 2012, theguardian.com; Tania Brani gan, "New York Times Blocked by China Aft er Report on Wealth of Wen Jiabao's Family," *Guardian*, October 26, 2012, theguardian. com.

p. 067 …………… 権利証書の大半は男性名義…：Li Ying, "*Wo kan hunyinfa sifa jieshi san*" [My view of the Marriage Law, ju dicial interpretation (3)], August 8, 2011, lady.163.com.

p. 067 …………… やがて〈女権之声〉アカウントは…：呂頻のオンラインのエッセイを参照。"*Xingbie geming buhui shi tanhua yi xian*" [The Gender Revolution Is Not Just a Flash in the Pan] lady.163.com から参照できる。

p. 068 …………… フェミニズムや性差別について…誇りに思うべきです。：中山大学の請願書（原文は危志立によって訳され、一部を私が推敲した)。Wei Zhili, "Free the Women's Day Five! – Statements from Chinese workers and students," Nao's blog, March 13, 2015, libcom.org.

p. 072 ……………「政治統制が緩すぎる」: Viola Zhou, "Chinese Universities Enco urage Professors, Students to Post Online Co ntent That Promotes 'Socialist Values,'" *Sou th China Morning Post*, September 21, 2017, scmp.com.

p. 073 …………… そしてまた、女性の権利について…：S.agh Kehoe, "Plateau Redness and the Politics of Beauty in Conte mporary Tibet," Kehoe's website, March 24, 2016, seaghkehoe.com.

p. 074 …………… しかし、二〇一六年に新疆ウイグル自治区…：Dilnur Reyhan, " 'Mothers Who Educate ': Uyghur Women's Activities in Digital Space," *Women and Gend er in China*, September 25, 2017, wagic.org.

p. 076 …………… 女性が襲われたことに人々から…：Joanna Chiu, "For Chine se Victims of Sexual Assault, 'Going Viral' Is Best Revenge," *Foreign Policy*, April 15, 2018, foreignpolicy.com.

p. 077 …………… 彼が女性たちに送った…：Zhang Liping, "Bank Investigates Alle gations of Suggestive Texts to Interns," *Sixth Tone*, May 27, 2017, sixthtone.com.

p. 077 …………… しかし、インターネットが…：Lü Pin, "Will China Have Its #Me Too Moment?" *Amnesty International*, Novem ber 24, 2017, amnesty.org.

p. 077 …………… しかし中国では、報道の自由が…：Jodi Kantor and Megan Two hey, "Harvey Weinstein Paid Off Sexual Har assment Accusers for Decades," *New York Ti mes*, October 5, 2017, nytimes.com; Ronan Farrow, "From Aggressive Overtures to Se xual Assault: Harvey Weinstein's Accusers Tell Their Stories," *New Yorker*, October 23, 2017, newyorker.com.

p. 077 …………… それでも二〇一八年一月…：Leta Hong Fincher, "China Is Atte mpting To Muzzle #MeToo," *NPR*, February 1, 2018, npr.org.

p. 078 ……………「性差別や性的抑圧が…」: Lü Pin, "What is the significance of China's #MeToo Movement?" *China File*, Ma rch 20, 2018,chinafile.com.

p. 078 …………… そのせいで教授が女性たちに…：Xiao Meili, "Who Are the Yo ung Women Behind the '#MeToo in China' Campaign? An Organizer Explains," *China*

Change, March 27, 2018.

P. 079 …………… 「男性たちも、同じ国で暮らす女性たちの状況に…」: 女性労働者のエッセイは、下記の英訳を参照。Jiayun Feng, "I am a Woman Worker at Foxconn and I Demand a System that Opposes Sexual Harassment," *SupChina*, January 26, 2018, supchina.com.

P. 079 …………… 検閲官の目を避けるために…: Maura Elizabeth Cunningham and Jeffrey Wasserstrom, "Want Insight into China's Political Situation? Keep an Eye on New Animal Memes," *Los Angeles Times*, March 8, 2018, latimes.com.

P. 080 …………… 二〇一七年七月一三日にノーベル平和賞受賞者で…: Chris Buckley, "Liu Xiaobo, Chinese Dissident Who Won Nobel While Jailed, Dies at 61," *New York Times*, July 13, 2017, nytimes.com.

P. 080 …………… デジタル独裁国: Li Yuan, "Stranger Than Science Fiction: The Future for Digital Dictatorships," *Wall Street Journal*, March 1, 2018, wsj.com.

P. 081 …………… 「午前一時に私の顧問が…」: Samuel Wade, "Translation: Open Letter on PKU #MeToo Case," *China Digital Times*, April 23, 2018, chinadigitaltimes.net.

P. 081 …………… 「外国勢力」: Samuel Wade, Josh Rudolph, Sandra Severdia and Ya Ke Xi, "Translation: Yue Xin 'On the Week Since My Open Letter' (Full Text) ," *China Digital Times*, May 1, 2018,chinadigitaltimes.net.

P. 081 …………… 「大学当局の男性各位に尋ねたい。…」: Outrage in China Over Pressure on Student to Stop Activism," *Associated Press*, April 25, 2018, ap.org.

P. 082 …………… 学内の警備員たちは…: "Peking University installs new surveillance cameras to monitor bulletin boards where anonymous #metoo poster was found two days ago." @ShawnWZhang, tweet, 9:48am, April 26, 2018.

P. 082 …………… 「北京大学の大字報事件について…」: Samuel Wade, "Minitrue: Do Not Report on PKU Open Letter," *China Digital Times*, April 25, 2018, chinadigitaltimes.net.

3 拘束と解放

P. 086 …………… 曹は中国の人権問題に関する報告書…: Didi Kirsten Tatlow, "Activist's Death Questioned as U.N. Considers Chinese Rights Report," *New York Times* Sinosphere blog, March 19, 2014, sinosphere.blogs.nytimes.com.

P. 087 …………… 「現在は体調も管理され…」: Human Rights in China, "Supporting Women's Rights in China," April 14, 2016, hrichina.org.

4 あなたの体は戦場だ

P. 110 …………… 「口頭でのセクハラ…露出させられたりした」: Qian Jinghua, "1 in 3 Chinese College Students Sexually Harassed, Survey Says," *Sixth Tone*, September 26, 2016, sixthtone.com.

P. 111 …………… 四〇〇人以上の女性ジャーナリストを調査: Jiayun Feng, "More Than 80 Percent of Female Journalists in China Face Sexual Harassment in the Workplace," *SupChina*, March 7, 2018, supchina.com.

P. 111 …………… また、労働問題に関する…: China Labour Bulletin, "Up to 70 Percent of Women Factory Workers in Guangzhou Sexually Harassed," December 6, 2013, clb.org.hk.

P. 111 …………… 〈為平(平等)〉: 為平による反DV法施行後二年間の調査結果(2018年3月6日時点)。

P. 121 …………… 四川省の田舎に住む…：Didi Kirsten Tatlow, "Chinese Courts Turn a Blind Eye to Abuse," *New York Times*, January 29, 2013, nytimes.com.

P. 121 …………… 李の弁護士は、彼女が…：Didi Kirsten Tatlow, "China, in Suspending Woman's Death Sentence, Acknowledges Domestic Abuse," *New York Times*, April 24, 2014, nytimes.com.

P. 122 …………… 『ペインフル・ワーズ』：Dan Avery, "Gays and Lesbians Wear Their Tormentors' Words on Their Bodies in Emotional Photography Exhibit," *Logo*, November 10, 2015, newnownext.com.

P. 128 …………… 二〇一一年にＡＰ通信に語った話…：Lynn Elber, "Bai Ling Reveals Dark Memories of Chinese Army," *San Diego Union-Tribune*, July 1, 2011, sandiegouniontribune.com.

P. 128 …………… 二〇一七年一一月、元ミス香港の…：Rachel Leung, "#MeToo Movement Unearths Heartbreaking Reality of Sexual Assault in Hong Kong," *South China Morning Post*, December 8, 2017, scmp.com.

P. 128 …………… 広州出身のジャーナリスト…：Catherine Lai, "No #MeToo in China? Female Journalists Face Sexual Harassment, But Remain Silent," *Hong Kong Free Press*, December 5, 2017, hongkongfp.com.

P. 131 …………… 国連によれば、世界じゅうの女性の…：United Nations Secretary-General's Campaign to End Violence Against Women, "About UNITE: Human Rights Violation". 下記よりアセクスできる。un.org/en/women/endviolence/situation.shtml.

P. 132 …………… 中国政府はセクハラや性暴力に…：Emma Fulu, Xian Warner, Stephanie Miedma, Rachel Jewkes, Tim Roselli and James Lang, "Why Do Some Men Use Violence Against Women and How Can We Prevent It?" *Partners for Prevention*, report, September 2013, partners4prevention.org.

P. 133 …………… 一九八〇年代から一九九〇年代に経済改革…：若者のライフスタイルを取り扱った近年の書籍については、下記を参照。Zak Dychtwald, *Young China: How the Restless Generation will Change their Country and the World* (New York: St. Martin's Press, 2018)；Alec Ash, *Wish Lanterns: Young Lives in New China* (London: Picador, 2017)；Jemimah Steinfeld, *Little Emperors and Material Girls: Youth and Sex in Modern China* (London: I.B. Tauris, 2015)；Eric Fish, *China's Millennials: The Want Generation* (London: Rowman & Littlefield, 2015).

P. 133 …………… 「婚前交渉に賛成」：Xinhua, "Over 70 pct Chinese University Students Agree with Sex Before Marriage: Survey," *XinhuaNet*, September 26, 2016, xinhuanet.com.

P. 135 …………… 「近視の人が新しい眼鏡を…女性はほとんどいないことを知った。：Xiao Meili, "China's Feminist Awakening," *New York Times*, May 13,2015, nytimes.com.

P. 142 …………… 「中国当局が、何千万人…」：Human Rights Watch, "China: Police 'Big-Data'Systems Violate Privacy, Target Dissent," press release, November 19, 2017, hrw.org.

P. 144 …………… 「一二月にここ広州で…」："why the Feminist Five were arrested?" Parts of her original Chinese account were later translated and posted here (but the translation differs from mine)：translation by Peng X, "Drinking Tea with China's 'National Treasure': Five Questions," August 28, 2017, chuangcn.org.

P. 146 …………… 聖母マリアさま…あの男を：Pussy Riot, "Punk Prayer," English translation via Genius.com, n.d., (アクセス：

2018年2月4日。下記より参照。genius.com/1001369）.

5　精衛填海

P. 148 ……………… ジーナ（仮名）：ジーナはフェミニスト活動家としてフルタイムで活動し、頻繁に中国の国家安全保障局からの弾圧を受けているため、仮名を希望した。

P. 149 ……………… これは弾詞という…："Excerpts from Stones of the Jingwei Bird," in *Writing Women in Modern China,* edited by Dooling and Torgeson, 41.

P. 150 ……………… 天帝の一人…：Xin Ran, *Message From an Unknown Chinese Mother: Stories of Loss and Love,* translated by Nicky Harman (New York: Scribner, 2010), 163–4.

P. 150 ……………… 「私は［二億人という］大勢の…」："Excerpts from Stones of the Jingwei Bird," in *Writing Women in Modern China,* edited by Dooling and Torgeson, 45.

P. 151 ……………… 『精衛石』：以下も参照。Louise Edwards, *Gender, Politics and Democracy: Women's Suffrage in China*（Palo Alto: Stanford University Press, 2008）.

P. 151 ……………… 「その死から一世紀以上…」：Amy Qin, "Qiu Jin: A Feminist Poet and Revolutionary Who Became a Martyr Known as China's 'Joan of Arc,'" *New York Times,* January 20, 2018.

PP. 151–53 ……… 「一九一一年末までに…」／そんな障壁に風穴を／家計を下支えしていたからだ。：Lydia H. Liu, Rebecca E. Karl, and Dorothy Ko, eds., *The Birth of Chinese Feminism: Essential Texts in Transnational Theory*（New York: Columbia University Press, 2013）, 29–30, 78, 31.

P. 153 ……………… 「フェミニスト運動は…」：Dorothy Ko and Zheng Wang, eds., *Translating Feminisms in China*（Hoboken, NJ: Wiley-Blackwell, 2007）, 4.

P. 154 ……………… 歴史学者の須藤瑞代は…：Mizuyo Sudo, "Concepts of Women's Rights in Modern China," *Gender and History* 18, no. 3（November 2006）: 472–89.

PP. 154-5 ……… 「しかしながら、わが二億人の…」／私はヨーロッパの若い白人男性を…／西欧の上流階級の白人：Translated by Michael Gibbs Hill, edited by Tze-lan D. Sang, in Liu, Karl, and Ko, *Birth of Chinese Feminism,* 208, 2.

P. 155 ……………… 何殷は、家父長的な…：Rebecca E. Karl, "Feminism and Reconceptualizing History: A Brief Comment," *WAGIC: Women and Gender in China,* March 14, 2018, wagic.org.

PP. 155-56 ……… そこで彼女は性差別について…／中国人男性は権力と権威を…：Liu, Karl, and Ko, *Birth of Chinese Feminism,* 51, 2.

P. 156 ……………… 「もし、息子と娘が平等に…」：He-Yin Zhen, "The Feminist Manifesto," translation by Meng Fan and Cynthia M. Roe, in *Birth of Chinese Feminism,* edited by Liu, Karl, and Ko, 184.

P. 157 ……………… 「女性の自己犠牲が…」：Rey Chow, *Woman and Chinese Modernity: The Politics of Reading Between West and East* (Minneapolis: University of Minnesota Press, 1991), 170.

P. 157 ……………… 「フェミニストの"新女性たち"は…」：Ko and Wang, *Translating Feminisms in China,* 8.

P. 158 ……………… 「彼ら自身の解放のメタファー…」：Susan L. Glosser, *Chinese Visions of Family and State, 1915–1953*（Berkeley: University of California Press, 2003）, 9.

P. 158 ……………… 「つまり、ノラにと

って…」／「まず、家庭内で…」: 魯迅「家出をしたあとノラはどうなったか」の英訳は下記より。*Women in Republican China: A Sourcebook*, edited by Hua R. Lan and Vanessa L. Fong (Oxon: Routledge, 2015), 178–9.

P. 159 …………… 「社会と女性が日々結ぶ…」／カールによれば、中国国内での…：Rebecca E. Karl, *Mao Zedong and China in the Twentieth-Century World* (Durham, NC: Duke University Press, 2010).

PP. 159-61 ……… 中国の共産主義者ネットワーク内で／女が熱心に働いて成功し…／一九二一年に中国共産党が…：Christina Kelley Gilmartin, *Engendering the Chinese Revolution: Radical Women, Communist Politics, and Mass Movements in the 1920s* (Berkeley: University of California Press, 1995), 50–2.

P. 160 …………… 「伝統的なジェンダー関係に…」：Ibid., 101.

P. 161 …………… 「彼女たちは、女性こそ…」：Ibid., 57.

P. 161 …………… 李達が失脚し…：Ibid., 68.

P. 162 …………… 五・三〇事件：Ibid., 133.

PP. 162-63 ……… 「独立した婦人部の…」／「こうしてフェミニスト活動からの…」：Ibid., 215.

P. 163 …………… 「婦女解放」：Ko and Wang, *Translating Feminisms in China*, 6.

P. 164 …………… 私は目を上げた。…：Ding Ling, "Miss Sophia's Diary," in *I Myself am a Woman: Selected Writings of Ding Ling*, edited by Tani Barlow with Gary J. Bjorge (Boston: Beacon Press, 1989), 55.

PP. 164–65 …… 「語り手である女性の視線が…」／「"階級"と同様…」：Lydia H. Liu, "Invention and Intervention: The Female Tradition in Modern Chinese Literature," in *Chinese Femininities, Chinese Masculinities*, edited by Susan Brownell and Jeffrey N. Wasserstrom (Berkeley: University of California Press, 2002), 155–56, 150.

PP. 165-6 ……… 共産党の中でも有名人：下記も参照。Tani E. Barlow, *The Question of Women in Chinese Feminism* (Durham: Duke University Press, 2004).

P. 166 …………… 「だから相手を選ぶ余裕はなく…」：丁玲のエッセイのこのバージョンは下記の投稿より。"Thoughts on 8 March (Women's Day)," posted December 16, 2009, on libcom.org.

P. 167 …………… 「女性たちは、生産に果敢に…」：Karl, *Mao Zedong and China*.

PP. 167-8 ……… 「建国当初の一〇年間…」／「これは日々の社会活動を…」: Gail Hershatter, *The Gender of Memory: Rural Women and China's Collective Past* (Berkeley: University of California Press, 2014), 3, 105, 101.

PP. 168-69 …… それでも"女権（フェミニズム）"…／「集会の参加者たちはみな…」: Wang Zheng, *Finding Women in the State: A Socialist Feminist Revolution in the People's Republic of China, 1949–1964* (Berkeley: University of California Press, 2016), 18, 33.

P. 170 …………… 「まさに、女性を『労働を通じて解放』…」：Karl, *Mao Zedong and China.*

P. 170 …………… 一九五二年、国有企業における…／「就職するのに…」：Jiang Yongping, "Employment and Chinese Urban Women Under Two Systems," in *Holding Up Half the Sky: Chinese Women Past, Present, and Future*, edited by Tao Jie, Zheng Bijun, and Shirley L. Mow (New York: Feminist Press, 2004), 207, 208.

P. 170 …………… 「［党の言う］解放は本当の意味の解放ではなかった」：Guo Yuhua, "Collectivization of the Soul: Women's Memories of the Agricultural Cooperative

Movement in the Village of Ji in North Shaanxi," *Chinese Social Science* 4 (2003).

P. 171 …………… 共産党は女性の解放を…：Guo Yuhua, speaking at "Contemporary Research on Chinese Women," workshop in Beijing, organized by CEFC, May 11, 2013.

P. 171 …………… 定年年齢に差：中国の女性と男性の定年年齢の違いの歴史は、下記を参照。Martin King Whyte and William L. Parish, *Urban Life in Contemporary China* (Chicago: The University of Chicago Press, 1984), 195–228.

P. 172 …………… 女性は先に解雇され…：Liu Jieyu, *Gender and Work in Urban China: Women Workers of the Unlucky Generation* (New York: Routledge, 2007).

P. 172 …………… 就職における性差別：Human Rights Watch, "'Only Men Need Apply,'" report, April 23, 2018, hrw.org.

P. 174 …………… 二〇〇三年、映画監督で…：Zeng Jinyan, "*Zhongguo nüquan zhuyi sanshi nian*" [Thirty Years of Chinese Feminism], Initium, September 24, 2015, theinitium.com.

P. 174 …………… 中国国家統計局：Yang Yao, "Pay Gap Still Wide Between Men and Women Despite Improvements," *China Daily USA*, March 13, 2015, usa.chinadaily.com.cn.

P. 174 …………… 世界経済フォーラムのジェンダー・ギャップ指数…：World Economic Forum, "The Global Gender Gap Report 2017," report, November 2, 2017, weforum.org.

P. 175 …………… なにしろそれは二〇一七年末の時点で…：HSBC銀行が提供した数字の分析による。下記を参照。Fincher, *Leftover Women*.

P. 178 …………… 中国国務院の…："*Zhonggong zhongyang guowuyuan guanyu quanmian jiaqiang renkou he jihua shengyu gongzuo tongchou jiejue renkou wenti de jueding*" [State Council Decision on Fully Enhancing the Population and Family Planning Program and Comprehensively Addressing Population Issues], *People's Daily*, January 22, 2007, cpc.people.com.cn.

P. 178 …………… 「人口の質を格上げすること」が重要な目標：人口の質については下記を参照。Ellen Judd, *The Chinese Women's Movement Between State and Market* (Palo Alto: Stanford University Press, 2002).

P. 178 …………… 「高素質な」子供：人口計画における優生学の役割については、下記を参照。Susan Greenhalgh, *Cultivating Global Citizens: Population in the Rise of China* (Cambridge: Harvard University Press, 2010) and Harriet Evans, "Past, Perfect or Imperfect: Changing Images of the Ideal Wife," in *Chinese Femininities/ Chinese Masculinities*, edited by Susan Brownell and Jeffrey N. Wasserstrom (Berkeley: University of California Press, 2002).

6 フェミニスト、弁護士、労働者たち

PP. 189-9 ……… 服を全部脱いで…：Wang Yu, "My Endless Nightmare," in *The People's Republic of the Disappeared: Stories from Inside China's System for Enforced Disappearances*, edited by Michael Caster (Safeguard Defenders, 2017).

P. 190 …………… 「私は中国人なので…」：James Podgers, "Chinese Lawyer Wang Yu Given ABA International Human Rights Award in Absentia," *ABA Journal*, August 6, 2016, abajournal.com.

P. 190 …………… 「この二年間の苦難の日々…」：@YaxueCao, tweet, 9:17 a.m., July 22, 2017. 彼女の宣言の英訳は著者に

よる。

P. 192 …………… 女子生徒への性的虐待：下記のドキュメンタリー映画を参照。Nanfu Wang, *Hooligan Sparrow*, 2016.

P. 193 …………… 被害者は一六人にのぼった：Jiang Aitao, "Teacher Detained for Sexual Abuse in Rural School," *China Plus*, May 27, 2013, english.cri.cn. 劉によれば、この教師は当初 20 人の少女への性的暴行で有罪になったが、そのうちの 2 家族 4 人の少女が訴訟から退いたという。

P. 195 …………… 性暴力防止センターである…：Xinhua Insight, "Underage Victims of Sexual Assault Struggle to be Heard in China," *XinhuaNet*, May 31, 2016, xinhuanet.com.

P. 195 …………… 対照的に、米国では…：Robin McDowell, Reese Dunklin, Emily Schmall, and Justin Pritchard, "Hidden Horror of School Sex Assaults Revealed by AP," *Associated Press*, May 1, 2017, ap.org.

P. 196 …………… 新華社通信によると…：Xinhua, "Police Investigate Child Abuse at Beijing Kindergarten," *XinhuaNet*, November 23, 2017, xinhuanet.com.

P. 196 …………… 「北京の朝陽区にある…」：Samuel Wade, "Minitrue: Don't Report on Kindergarten Abuse," *China Digital Times*, November 24, 2017, chinadigitaltimes.net.

P. 198 …………… 二〇一三年一二月、曹は…：Tania Branigan, "China: Woman Settles in First Gender Discrimination Lawsuit," *Guardian*, January 28, 2014, theguardian.com.

P. 199 …………… ジーナは賠償金が…：彼女は訴訟では別のペンネームを名のっていた。

P. 203 …………… 『ニューヨーク・タイムズ』紙によれば…：Chris Buckley and Didi Kirsten Tatlow, "In China, Wives Fight Back After Their Activist Husbands Are Jailed," *New York Times*, May 18, 2017, nytimes.com.

P. 203 …………… 「氷山の一角にすぎない」：China Labour Bulletin, "Strikes and Protests by China's Workers Soar to Record Heights in 2015," January 7, 2016, clb.org.hk.

P. 203 …………… 「女性の権利と利益を代表し、保護する」：この見解を寄せてくれたジェフリー・ワッサーストロームに感謝する。

P. 204 …………… たとえば、若い世代の労働者の…：下記も参照。Ching Kwan Lee, *Against the Law: Labor Protests in China's Rustbelt and Sunbelt* (Berkeley: University of California Press, 2007).

P. 206 …………… 〈中国労工通訊〉によれば…：China Labour Bulletin, "Pregnant Woman Takes Employer to Arbitration for Unfair Dismissal," June 1, 2017, clb.org.hk.

P. 207 …………… 北京人民法院は女性一人に対し…：Echo Huang, "A Chinese Firm Is Facing a Rare Joint Complaint from Women Workers Fired When Pregnant," *Quartz*, December 11, 2017, qz.com.

P. 208 …………… 会社を訴えて和解交渉を…：China Labour Bulletin, "Sacked Labour Activist Continues to Push for Workers' Trade Unions," September 21, 2015, clb.org.hk.

P. 208 …………… 団体活動中のビデオには…：〈中国労工通訊〉のウェブサイトに掲載された動画は、その後削除された。アクセス：2017 年 4 月。

P. 209 …………… 〈中国労工通訊〉によれば、その後…：China Labour Bulletin, "Unity Is Strength: The Story of the Guangzhou University Town Sanitation Workers' St

rike," October 16, 2014, clb.org.hk.

PP. 210-1 ……… 一九八九年以来、中国政府は…：China Labour Bulletin, "Global Brands Have to Live up to Their Commitments to Chinese Workers," April 28, 2017, clb.org.hk.

P. 211 …………… AP通信によれば…：Erika Kinetz, "Making Ivanka Trump Shoes: Long Hours, Low Pay and Abuse," *Houson Chronicle*, June 27, 2017, houstonchronicle.com.

P. 211 …………… 韓国の〈シモンヌ〉社は…：China Labour Bulletin, "Guangdong Workers Show Once Again How Collective Bargaining Should Be Done," March 13, 2018, clb.org.hk.

P. 212 …………… 「どうして女性労働者は…」: Zheng Churan, "*Zhe shi yi qun chongman liliang de nüren/ Guangzhou Daxuecheng huanweigong weiquan bagong zhi jishi* " [These Are Women with Strength and Power: A Record of Guangzhou University Town Sanitation Workers' Strike to Protect Rights] , August 21, 2014, worldlabour.org.

7　中国の家父長制的権威主義

P. 217 …………… 「中国最大のお尋ね者の一人」: Josh Chin, "Meet Lu Jun, One of China's Most Wanted Social Activists," *Wall Street Journal*, September 6, 2015, wsj.com.

P. 218 …………… 「われわれは捜索を拒絶しました。…」：Barbara Demick, "China Lawyer Who Fought Unfair Arrest Is Arrested," *Los Angeles Times*, August 7, 2009, latimes.com.

P. 221 …………… 二〇一八年三月、中国の立法機関である…：これらの文章のいくつかは、下記に異なる形で掲載されている。Leta Hong Fincher, "Xi Jinping's Authoritarian Rise in China Has Been Powered by Sexism," *Washington Post*, March 1, 2018, washingtonpost.com.

P. 221 …………… 習が権力の座にのぼりつめる以前…：中国の家父長制的権威主義について書いた他の著作には下記がある。Edward Friedman, *National Identity and Democratic Prospects in Socialist China* (Oxon, ME: Sharpe/Routledge, 1995) または Susan L. Glosser, *Chinese Visions of Family and State, 1915–1953* (Berkeley: University of California Press, 2003) . 下記も参照。Tani E. Barlow, "Theorizing Woman: Funü, Guojia, Jiating," *Genders* 10 (Spring 1991) : 132–60.

P. 222 …………… 「〈人権擁護〉や…」: Song Xiuyan, "*Ba jiang zhengzhi guanchuan yu Fulian gaige he gongzuo quan guocheng*" [Speaking Politics Should be Integrated throughout the Whole Process of Reform and Work in the Women's Federation], *People's Daily*, May 19, 2017, cpc.people.com.cn. この記事は筆者により英訳されたもの。

P. 223 …………… 「充分な男気って何？…」: Gao Yu, "Beijing Observation: Xi Jinping the Man," *China Change*, January 2013.

PP. 223-4 ……… それは"七不講（七つのタブー）"…：Chris Buckley, "China Takes Aim at Western Ideas," *New York Times*, August 19, 2013, nytimes.com.

P. 224 …………… 家国天下：Yangshi wei shipin, "*Jiaguo Tianxia*" [Family-State Under Heaven] , CCTV mini-video, February 18, 2018.

P. 226 …………… 数十年にわたって二桁の成長率…：Michael Forsythe and Jonathan Ansfield, "Fading Economy and Graft Crackdown Rattle China's Leaders," *New York Times*, August 22, 2015, nytimes.com.

P. 226 …………… 政府は、経済が全般的に冷えこむ…："China's Economy Set to Slow to 6.5 Percent in 2018 as Government

Turns Off Cheap Money," *Reuters*, January 16, 2018, reuters.com.

P. 226 …………… これは天安門事件直後の…：John Ruwitch and Yawen Chen, "Moody's Downgrades China, Warns of Fading Financial Strength As Debt Mounts," *Reuters*, May 23, 2017, reuters.com.

PP. 226-7 ……… 「中国の一党独裁制は自分で自分の体を食いはじめている」: Carl Minzner, *End of an Era: How China's Authoritarian Revival is Undermining Its Rise* (New York: Oxford University Press, 2018）, xviii.

P. 227 …………… 「この論文集から…」: *Women and Confucian Cultures in Premodern China, Korea and Japan*, edited by Dorothy Ko, JaHyun Kim Haboush, and Joan R. Piggott (Berkeley: University of California Press, 2003), 2.

PP. 227-8 ……… 「男は国のために死に…」／「娘は両親に従い…」: Fangqin Du and Susan Mann, "Competing Claims on Womanly Virtue in Late Imperial China," in *Women and Confucian Cultures*, edited by Ko, Haboush, and Piggott, 225–26, 237.

P. 228 …………… 「第一八回共産党大会以来…」：[Shibada yilai, Xi Jinping zheyang tan "jiafeng"], *People's Daily*, March 29, 2017, politics.people.com.cn. Translation by the author.

P. 231 …………… 「伝統文化」："*Zhenjiang chengli xinshidai nüzi xuetang guifan nüxing zuozi*" [Zhenjiang establishes New Era Women's Schools on Standards for Women's Posture and Appearance], *Tengxun News*, March 26, 2018.

P. 231 …………… 「殴られても抵抗しないこと…」：Yi-Ling Liu, "Chinese Activists Decry So-Called 'Female Morality Schools,'" February 2, 2018, csmonitor.com.

PP. 232-3 ……… 米シンクタンクのブルッキングス研究所によれば…：Cheng Li, "Status of China's Women Leaders on the Eve of 19th Party Congress," *Brookings Institution*, March 30, 2017, brookings.edu.

P. 232 …………… 一人っ子政策：Mei Fong, *One Child: The Story of China's Most Radical Experiment* (Boston: Houghton Mifflin Harcourt, 2016）. 下記も参照。Wang Feng, Baochang Gu and Yong Cai, "The End of China's One-Child Policy," *Studies in Family Planning* 47, no. 1 (March 2016）: 83–6; Susan Greenhalgh and Edwin W. Winckler, *Governing China's Population: From Leninist to Neoliberal Biopolitics* (Palo Alto: Stanford University Press, 2005）.

P. 232 …………… 一九七九年、一人っ子政策が初めて…：World Bank, "Fertility rate, total (births per woman) – China," data.worldbank.org（アクセス：2018 年 3 月 27 日）

P. 233 …………… 今回は逆に、国のために生殖せよと…：これらの文章の一部は、私の論説に別の形で掲載されている。Leta Hong Fincher, "China Dropped Its One-Child Policy. So Why Aren't Chinese Women Having More Babies?" *New York Times*, February 20, 2018, nytimes.com.

P. 233 …………… 中国国家統計局の人口増加計画では…：China Sees Gray Generation as Quarter of Population by 2013," *Bloomberg News*, January 26, 2017, bloombergquint.com.

P. 233 …………… 新華社通信によれば…：Xinhua, "Elders Make Up One-Third of Shanghai's Population," *XinhuaNet*, March 28, 2017, xinhuanet.com.

P. 233 …………… 米シンクタンクＣＳＩＳの…：China Power Team, "Does China have an aging problem?" *China Power*, February 15, 2016, chinapower.csis.org.

P. 233 …………… 中国はまた、人口

の男女比が…：Xinhua, "*Zhongguo weilai 30 nian nei jiang you yue sanqianwan shihun nanxing zhaobudao duixiang*" [30 Million Marriage-Age Men Won't Find Partners in the Next 30 Yea rs], *XinhuaNet*, February 13, 2017, xinhuanet.com.

P. 233 …………… 『*Leftover Women*』：下記も参照。Mara Hvistendahl, *Unnatural Se lection: Choosing Boys Over Girls, and the Conse quences of a World Full of Men* (New York: Pub lic Affairs, 2012).

P. 233 …………… 二〇一七年三月には、中国の二人っ子政策により…：*Xinhua*, Ma rch 11, 2017, xinhuanet.com.

P. 234 …………… 〔二〇一七年の〕政府データ…：Wang Xiaoyu, "NBS: Birthrate Dropped, But More Chinese Couples Had Se cond Child," *China Daily*, January 30, 2018, chinadaily.com.cn.

P. 234 …………… 出生率が期待より低かったことを…：Shan Juan, "Incentives for Second Child Considered," *China Daily*, Febr uary 28, 2017, chinadaily.com.cn.

P. 234 …………… 「高齢化を見据えて出生率を高める」："Chinese Lawmaker Pro poses Cutting Nation's High Marriage Age," *Bloomberg News*, March 12, 2017, bloombe rg.com.

P. 235 …………… ＩＵＤの強制装着は「当人の同意もなく…：Sui-Lee Wee, "After One-Child Policy, Outrage at China's Offer to Remove IUDs," *New York Times*, January 7, 2017, nytimes.com.

PP. 235-6 ……… 国が本当に生殖権を…：Lü Pin, "*Kaifang er tai, huibuhui rang nür en zaici shou shanghai?*" [Will opening up the two-child policy cause further harm to wom en?], *Feminist Voices*, October 30, 2015. この記事の著者により英訳されたもの。

P. 237 …………… その適齢期とやらは…："*Bie buxin! 30 sui zhiqian shi nüxing zuij ia shengyu nianling*" [Don't think it's a lie! Yo unger than 30 is a woman's best child-bearing age], *People's Daily*, October 24, 2017, health, people.com.cn.

P. 237 …………… 写真には、頭に角帽をのせ…："*'Yiyu' cheng jiuye ji youshi/zaixiao beiyun nüdaxuesheng zengduo*" ["Already had a baby" becomes a sought-after quality in the job-hunting season—more female university students prepare for pregnancy], December 4, 2015, sohu.com. この記事の著者により英訳されたものを元にしている。

P. 238 …………… たとえば『人民日報』…："*Beijing yi xueyuan 10 yu ming nü daxues heng huaiyun shengzi: qiuzhi you youshi*" [Uni versity in Beijing has over 10 female student mothers: Bright job prospects], People's Da ily, December 4, 2015, edu.people.com.cn.

P. 238 …………… 「女子大学生の愛情あふれる生活…」："*Nü daxuesheng xingfu ai: dayi tongju, daer huaiyun, dasan shengzi,*" April 8, 2017, sohu.com.

P. 238 …………… 二〇一七年五月、中国共産主義青年団は…：Du Xiaofei, "Com munist Youth League Vows to Help Unma rried Young People," *People's Daily*, May 18, 2017, en.people.cn.

PP. 238-9 ……… 『環球時報』紙は、多くの若い独身社員たちが…：Zhao Yus ha, "Staff Complains About Obligatory Bli nd Dates as China Sees Single People As Pro blem," *Global Times*, May 21, 2017, globaltim es.cn.

P. 239 …………… それに、青島大学医学部元教授の…：Song Jingyi, "Wives In Sham Marriages Hidden in the Shadows," *Ch ina Daily*, April 22, 2016, chinadaily.com.cn.

P. 241 …………… 経済的階級を打破するためには…：Shulamith Firestone, *The Di*

alectic of Sex: The Case for Feminist Revolution (London: Verso, 2015［1970］), 11.

P. 242 …………… 中国最大の就職ウェブサイトの一つ…：Zhaopin Limited, "Zhaopin Report Found China's Working Women Less Keen on Childbearing," *Cision PR Newswire*, May 11, 2017, prnewswire.com.

P. 242 …………… 二〇一六年に英調査会社…："China's High-Earning Consumers to Surge by 2030: Report," *XinhuaNet*, November 5, 2016, xinhuanet.com.

PP. 243-4 ……… 二〇一六年、中国で婚姻届を提出した夫婦は…：Ministry of Civil Affairs of the People's Republic of China, "2016 Social Service Development Statistical Communique"; 下記も参照。Xuan Li, "China's Marriage Rate Is Plummeting – And It's Because of Gender Inequality," *The Conversation*, October 11, 2016, theconversation.com.

P. 243 …………… 婚姻率が今後も低下していくかどうか…：下記も参照。Wives, *Husbands and Lovers: Marriage and Sexuality in Hong Kong, Taiwan and Urban China*, edited by Deborah S. Davis and Sara L. Friedman (Palo Alto: Stanford University Press, 2014).

P. 244 …………… 二〇一五年七月、当時四一歳…：Emily Rauhala, "Why China Stops Single Women From Freezing Their Eggs," *Washington Post*, August 4, 2015, washingtonpost.com.

P. 244 …………… 『環球時報』によれば、二〇一五年一月…："Xinjiang Official Calls for Fewer Births, Later Marriage in Rural South," *Global Times*, January 23, 2015, globaltimes.cn.

P. 245 …………… 「テロとの闘いの一環として…」："Remote Control: The Government in Xianjiang is Trying to Limit Muslim Births," *The Economist*, November 7, 2015, economist.com.

P. 245 …………… 二〇一四年には、南新疆当局が…：Edward Wong, "To Temper Unrest in Western China, Officials Offer Money for Interethnic Marriage," *New York Times*, September 2, 2014, nytimes.com.

P. 245 …………… 共産党は新疆ウイグルでの…：Benjamin Hass, "China Bans Religious Names for Muslim Babies in Xianjiang," *Guardian*, April 24, 2017, theguardian.com.

PP. 245-6 ……… 「貧困、急速な人口増加、公衆衛生の深刻な悪化」："Xinjiang Sets New Child Policy," *Global Times*, August 1, 2017, pressreader.com/china/global-times.

P. 249 …………… 楊漢軍捜査長は…：Nectar Gan, "Chinese Communist Party Targets University Known For Global Outlook," *South China Morning Post*, March 28, 2017, scmp.com.

P. 249 …………… しかし、それから二年が経過しても…：平為による反DV法実施より2年間観察した未発表の報告書(2018年3月6日)、平為による翻訳。

8　全女性たちの歌

P. 259 …………… これは一日に集まった抗議行動としては、アメリカ史上最大規模…：Erica Chenowith and Jeremy Pressman, "This Is What We Learned By Counting the Women's Marches," *Washington Post*, February 7, 2017,washingtonpost.com.

P. 260 …………… 「フェミニズムは死せず！」、「フェミニズムは不死！」：Free Chinese Feminists Facebook 、@FeministChina Twitter site for video and photos を参照。

P. 261 …………… 「学校に行くのはあきらめろ。…」：Sophie Richardson, "China Tells Women to 'Go Home and Live Well,'" *Human Rights Watch*, August 28, 2017, hrw.org.

P. 262 …………… 中国のバイセクシャルたちの暮らしを記録したドキュメンタリー作品『バイ・チャイナ』：Wei Tingting, director, *Bi China*, 2017.

P. 264 …………… 「空港を出て大きく深呼吸をした瞬間…」：Simon Denyer and Congcong Zhang, "A Chinese Student Praised the 'Fresh Air of Free Speech' at a U.S. College: Then Came the Backlash," *Washington Post*, May 23, 2017, washingtonpost.com.

P. 264 …………… 「メリーランド大学の中国人学生の偏見あふれる卒業スピーチが酷評される」：Jiang Jie, "Chinese Student at University of Maryland Slammed for Biased Commencement Speech," *People's Daily*, May 22, 2017, en.people.cn.

P. 266 …………… 彼女の二〇一六年のアルバム『野蛮生長』：brand ambassador for Diesel." Melanie Wilkinson, "Li Yuchun: Meet the Pop Star Taking Gender Neutral Style to China," *Guardian*, October 15, 2017, theguardian.com.

P. 267 …………… 「彼女たちはカジュアルな男の子の格好…」：Benjamin Haas, "Acrush: The Boyband of Girls Winning Hearts in China," *Guardian*, April 30, 2017, theguardian.com.

PP. 268-9 ……… 「サバイバーが自分の性的指向や性自認…」：Di Wang, "What is the Significance of China's #MeToo Movement?" *China File*, March 16, 2018, chinafile.com.

P. 269 …………… 二〇一七年五月に中国で公開された『ダンガル　きっと、つよくなる』…：Amy Qin, "China Fears India May Be Edging It Out in Culture Battle," *New York Times*, September 30, 2017, nytimes.com.

P. 270 …………… 『人民日報』によれば、中国の映画会社…：Rob Cain, " 'Wonder Woman' Winds Up June In China With Super $89 Million," *Forbes*, June 29, 2017, forbes.com.

P. 270 …………… 『ワンダーウーマン』を観た感想を含む興味深い記事：Da Tu (Giant Rabbit), "*Shenqi nüxia' jiujing shibushi yibu nüquan zhuyi dianying?*" [Is Wonder Woman Actually a Feminist Film?], *Feminist Voices*, June 5, 2017. 記事の著者により英訳されたもの。

PP. 272-3 ……… 二〇一七年八月、ロシア南部の黒海近くで…：Tanya Lokshina, "Authorities in Southern Russia Scared of Feminism," *Human Rights Watch*, August 14, 2017, hrw.org.

P. 272 …………… メキシコでは、女性の権利を求めた…：Nina Lakhani, "Mexico City Murders Put Defenders of Women's Rights on High Alert," *Guardian*, August 20, 2015, theguardian.com.

P. 272 …………… アルゼンチンでは、二〇一五年の大規模な抗議行動のあと…：Traci Tong, "The Dangers of Reporting on Femicide in Argentina," *PRI's The World*, November 3, 2017, pri.org.

P. 272 …………… ブラジルでは、アルゼンチン以上に…：Suyin Haynes, "The Assassination of Brazilian Politician Marielle Franco Turned Her Into a Global Icon," *TIME*, March 22, 2018, time.com. 下記も参照。*The Unfinished Revolution: Voices from the Global Fight for Women's Rights*, edited by Minky Worden (New York: Seven Stories Press, 2012).

P. 272 …………… フェミニストのモナ・エルタハウィ：Mona Eltahawy, *Headscarves and Hymens: Why the Middle East Needs a Sexual Revolution* (New York: Farrar, Straus and Giroux, 2015).

P. 275 …………… 人権団体〈フリーダム・ハウス〉によれば…："most serious cri

sis in decades in 2017" Freedom House, "Freedom in the World 2018 – Democracy in Crisis," report, freedomhouse.org.

PP. 275-6 ……… 『全女性たちの歌』のミュージックビデオ：Jing Xiong, "China Feminist Five – 'Do You Hear the Women Sing,'" YouTube, video, September 21, 2015, youtube.com.

謝辞

P. 282 …………… 「フェミニズム、中国」という項：Leta Hong Fincher, "Feminism, Chinese," in *The Wiley Blackwell Encyclopedia of Gender and Sexuality Studies*, edited by Nancy Naples, Renee C. Hoogland, Maithree Wickramasinghe and Wai Ching Angela Wong (Hoboken, NJ: John Wiley & Sons, 2016).

[著者] レタ・ホング・フィンチャー　Leta Hong Fincher

アメリカのジャーナリスト、フェミニスト、作家。現在、コロンビア大学ウェザーヘッド東アジア研究所の研究員。ハーバード大学卒業、スタンフォード大学修士、清華大学でPh.D.取得。中国についての報道に寄与したとして、シグマ・デルタ・カイ賞を受賞している。『ニューヨーク・タイムズ』『ワシントン・ポスト』『ガーディアン』など各紙に寄稿。本書 *Betraying Big Brother: The Feminist Awakening in China* は、アメリカの雑誌『ヴァニティ・フェア』『ニューズウィーク』などでベストブックの一冊（2018年）として選ばれた。

[訳者] 宮﨑真紀　Maki Miyazaki

スペイン語圏文学・英米文学翻訳者。東京外国語大学外国語学部スペイン語学科卒。最近の訳書に、グウェン・アズヘッド、アイリーン・ホーン『そして、「悪魔」が語りだす　司法精神科医が出会った狂気と共感の物語』（海と月社）、トーマス・フィッシャー『いのちの選別はどうして起こるのか――ER緊急救命室から見たアメリカ』（亜紀書房）、メアリー・ビアード『舌を抜かれる女たち』（晶文社）、サマンタ・シュウェブリン『救出の距離』（国書刊行会）、ラウラ・フェルナンデス『ミセス・ポッターとクリスマスの町』（早川書房）など。

[解説者] 阿古智子　Tomoko Ako

1971年大阪府生まれ。東京大学総合文化研究科教授。現代中国の政治・社会変動、人権問題、知識人や市民社会の動向を研究している。主な著書・共著書に『香港 あなたはどこへ向かうのか』（出版舎ジグ）、『超大国・中国のゆくえ5 勃興する「民」』（東京大学出版会）、『貧者を喰らう国――中国格差社会からの警告』（新潮社）など。

フェミニスト・ファイブ
中国フェミニズムのはじまり

2024年12月31日　第一刷発行

[著者]　レタ・ホング・フィンチャー
[訳者]　宮﨑真紀
[解説]　阿古智子
[編集協力]　堀川夢

[発行者]　小柳学
[発行所]　株式会社左右社
〒151-0051　東京都渋谷区千駄ヶ谷3-55-12 ヴィラパルテノン B1
TEL 03-5786-6030　FAX 03-5786-6032
https://sayusha.com

[装丁]　大倉真一郎
[印刷]　創栄図書印刷株式会社